U0431514

认知·情感·意志

[美]詹姆斯·马克·鲍德温 著

李艳会 译

北京邮电大学出版社
www.buptpress.com

图书在版编目(CIP)数据

　　认知・情感・意志 /（美）詹姆斯・马克・鲍德温著；李艳会译. --北京：北京邮电大学出版社，2018.8
　　ISBN 978-7-5635-5468-3

　　Ⅰ．①认… Ⅱ．①詹… ②李… Ⅲ．①心理学－研究 Ⅳ．①B84

　　中国版本图书馆 CIP 数据核字(2018)第 135748 号

书　　名	认知・情感・意志
作　　者	［美］詹姆斯・马克・鲍德温
译　　者	李艳会
责任编辑	徐振华
出版发行	北京邮电大学出版社
社　　址	北京市海淀区西土城路 10 号(100876)
发 行 部	电话：010－62282185　传真：010－62283578
E-mail	publish@bupt.edu.cn
经　　销	各地新华书店
印　　刷	北京财经印刷厂
开　　本	710mm×1000mm　1/16
印　　张	19
字　　数	270 千字
印　　数	1—3000 册
版　　次	2018 年 8 月第 1 版　2018 年 8 月第 1 次印刷

ISBN 978-7-5635-5468-3　　　　定价：49.80 元

如对本书有意见和建议或本书有印装问题，请致电 010－50976448

序　　言

许多大学教师认为我所著的《心理学手册》篇幅太长、价钱太贵,不方便作为教材来指导教学。应他们之请,我编写了本书。我的目标是介绍最新的心理学基础知识,但要控制在一本书的篇幅长度,不要太贵好让学生买得起。从始至终,我都努力简化我的论述,为此常常需要改写整章整节,并且要添加更多的实例和解释。

应广大批评者的一致要求,本书最先介绍神经系统。至于其他方面的改动,由于批评者的意见不一甚至相悖,我就像以前那样主要依据我自己的判断来处理,本书将一一呈现这些改动。我感到很遗憾,因为感觉说并未像信念说那样在读者中激起共鸣。不过,我会在本书中更加清楚地阐述感觉说,也许,读者会扭转他们的态度。学生在学习之初可能会对一些术语困惑不解,为此,我在第一章前对这些术语进行了简短的注解。为了避免因插入太多的索引而使行文壅滞,我在本书开头就列出要引用的作品,读者将能从这些作品中找到详尽的解释。另外,我在每章开头还会指出该章主题在《心理学手册》中对应的章节。

我非常感谢那些审阅、教授或阅读本书的人,尤其感谢那些审阅者。一个人越是知道自己的过错,就越是能体悟到那些忍住不刺探太深的医治者是多么仁慈。

马克·鲍德温

多伦多,1893 年 1 月

术　　语

表象：一个心理图像，是知识或思维的对象。

表征：被记起的表象或复苏的表象。

表象性：与一个意识对象有关。

观念：任何一种心理状态，可以复制或复苏。

主观：指属于主体，即属于意识本身。

客观：指属于意识的对象。

经验性：指属于或来自对事件的观察本身，来自经验。

实验性：同"经验性"。

经验论：一种理论，认为所有的知识都来自经验。

直觉：(1)直接观看的动作，无须任何媒介；

　　　　(2)通过这种动作获得的信息；

　　　　(3)无须证明的知识就是直觉的或理性的知识。

理性：和直觉一样都用于描述知识。

直觉论：一种理论，认为有些知识来自直觉，而非来自经验，与经验论相对。

现象：任何种类的事件、变化等。

综合：(1)一些要素的联合，其中，这些要素隐藏在这个联合中；

　　　　(2)这种联合过程。

整合：(1)一些要素的联合，其中，这些要素仍然可见；

　　　　(2)产生这种要素联合的过程。

功能：(1)机体的活动、过程或表现；

(2)经常出现于意识中的一个事物或事件。

相对:依赖于一定的条件。

绝对:无条件的、不相对的。

内容:材料或质料。

假定:预设。

假设:一个用来解释一系列观察事实的假定。

归纳:建立在观测事实的基础之上。

演绎:在一个普遍原理的保证之下。

情感性:出现于意识中,但没有对象,与"表象性"相对。

因子:一个基本的特质,一个标准或普通价值。

动力:前进的、强力的、作为起因的。

遗传:指生来就有的。

反应:刺激引起的能量释放。

感觉性:引起感觉的。

运动性:刺激或引起运动的。

传入:传向大脑的、感觉性的、向心的。

传出:传出大脑的、运动的、离心的。

周围(外周):身体表面。

中枢:指属于或位于神经中枢或神经系统灰质。

目　录

导　论
第一章　心理学本质　/ 3
第二章　心理学方法　/ 11
第三章　神经系统　/ 17
第四章　心理现象的分类　/ 40

第一部分　一般的心理特征
第五章　意识　/ 45
第六章　注意　/ 56

第二部分　认知
第七章　认知功能的划分　/ 65
第八章　感觉　/ 67
第九章　知觉　/ 86

第十章　保持和复制　/ 99
第十一章　识别和定位　/ 114
第十二章　联想　/ 123
第十三章　想象　/ 133
第十四章　错觉　/ 146
第十五章　思维　/ 155

第三部分　情感

第十六章　感性的本质和分类　/ 171
第十七章　快乐和痛苦　/ 174
第十八章　观念情感的本质和分类　/ 186
第十九章　兴趣、实在感和信任感　/ 188
第二十章　表象性情绪　/ 206
第二十一章　关系性情绪　/ 217
第二十二章　情绪的性质和持续时长　/ 233

第四部分　意志

第二十三章　运动意识　/ 243
第二十四章　不自主运动的刺激　/ 252
第二十五章　自主运动的刺激　/ 262
第二十六章　自主运动　/ 268
第二十七章　自主决策　/ 275

导　论

第 1 章

心理学本质[1]

第一节 定 义

心理学的主题。我们可以把心理学定义为是一门研究意识现象的科学，它是一种意识的现象，包括处于所有阶段的意识。

我说的"意识现象"，是指发生在意识中的事件，指所有属于心理的东西，包括感觉、冲动、意志动作、推理过程等。

心理学的问题：除了自然科学，尤其是生理学的现象外，是否还存在心理现象？这个问题的答案有时候是否定的。唯物主义者告诉我们，心理学是生理学的一个分支，因为研究身体器官机能——肺在呼吸活动中的角色和心脏对血液循环的作用的生理学，也研究大脑的功能，心理学因此也就成了生理学的一部分。

这种把心理现象和身体现象相混淆的做法是错误的，这两类现象在某些具体的方面存在根本的对立。

---

[1]《心理学手册》第1册第1章。在接下来的章节中，笔者都会使用这样的脚注来告诉读者应在笔者所著的《心理学手册》的哪个部分来找到对相应主题的充分阐述，更多的参考书目见《心理学手册》中几个章节的末尾。

心理现象和生理现象的区别。这两类现象之间的对立存在于几个不同的方面。

1. 与运动的关系

器官性功能仅仅是身体器官的运动，也就是物质在空间中的运动。消化功能和血液循环功能是消化器官和血液循环器官各自的活动，研究这些功能的科学不过就是认知所有这些运动。然而，思维或感觉与此截然不同。无疑，思维受制于大脑的一些条件，但我们不能说，思维就是运动，即使最进步的唯物主义，也只能说思维是脑部运动的一种效应或结果。所谓的运动和所谓的心理现象之间并没有什么共同之处，只有在运动的基础上添加一些别的东西，才能产生感觉。如果意识中没有思维这一概念，那么无论对大脑有多么透彻的认识，我们都不会想到会存在思维这种东西。比如，拉比耶先生说，动物体验到的感觉不同于我们所知道的任何一种感觉，就算准确知道动物脑海中都发生了什么，我们仍然理解不了它们的本质，就好比我们再怎么了解听觉器官和视觉器官，也不会明白声音或颜色对于生来就聋或盲的人是什么概念。

所以，我们不能说思维占据空间或具有确切的地点。检验后就会发现，所有这种表达形式都是指思维的生理伴随物。比如，当我们说在布洛卡的大脑回路中定位言语时，得到定位的其实是伴随言语的大脑活动，就算我们所有的话语都烙印在了大脑上，使大脑变成了某种照相胶卷盒，最基本的心理意识仍然是缺席的。

2. 与测量的关系

心理现象不像物理现象那样可以直接测量，因为测量外部事物时，事物的尺寸、程度或范围总能直接给我们提供一些确定不变的标准，但对于意识状态，我们没有如此精确的标准。心理事件在本质上是主观的，所以对它们的测量，总免不了由主观评价引起的各种不确定性。由于一个心理现象总是与另一个物理现象相关联，并且不可能将二者完全分开，所以测量起来就更加困难了。这一点可以从两个最适合进行物理测量的情形——对心理动作持续时间的测量和对感觉强度的测量看出。在前一种测量中，我们假设可以对心理采用时间标准，就如可对物体采取空间标准一样,然而,脑部活动占用的时间与心理活动占用的时间交织在一起,根本无法分开。

3. 人们认识心理状态的方式不同于认识物理状态的方式

物理现象是物质的变化,可以通过感觉认识,所以,医生和解剖学家可以观察到身体的功能。大脑本身只能在做过穿孔手术后才可以通过其活动被观察,不过这种观察方法并不适用于心理状态。个体可通过自己的意识直接认识到这些状态,虽然我们能观察和分析其他人的身体过程,但我们对心理内容的直接体悟都只限于我们自身。

4. 内部性

心理状态的最基本特征就是主观性,在科学界,这个特征最近也被称为"内部性"。主观性指心理状态都与一个自我或主体有关,这个关系把心理状态和外部现象区分开了,而正如我们所知,外部现象是独立于这个关系存在的,就连那些把这两类现象归结为一个原理的人也承认这个区别。在成熟的心理状态中,自我现象已经成了一个反思问题,与非自我相区别。自我与非自我的区别产生于内部,如果没有这种主观起点,它也就无从出现。

5. 心理活动方式明显不同于物理活动方式

随着学习的深入,我们发现了心理综合现象,也就是说,通过心理综合,通过有意识的心理活动,多个意识状态聚集并统一在新的产物中,而这些产物本身在表面上又是简单原始的,但在物质世界,我们找不到心理综合活动所具有的那种统一力。

6. 心理与生理的真正关系

这两类现象把我们引向了两门不同的科学,二者都是关于现象的科学或者说自然科学。心理学绝不隶属于生理学,因为生理学的方法和结果既不触及又不包含心理资料。它们一个是主观科学,一个是客观科学,二者在经验上是严格区别的。

心理学和生理学具有截然不同的对象，但这个绝对区别并不意味着它们实际上是彼此独立的。实际上，它们通过一种联系统一在一起，而唯一与这个相似的联系，就是把化学与生物学结合在一起的那种联系。生命为自然界带来了一类新现象，而生命又只能通过化学变化过程来完成形态变化。所以，带来一类新现象的心理学也是直接建立在生理变化资料的基础上的。二者既相互联系，又彼此区别。生物学家将身体变化（面部表情）的原因归结为某种心理运动，而心理学家同样会把心理变化（感觉）的原因归结为机体的某种状态和功能。

第二节　心理学的困难和错误

之前已经说过，意识是我们称之为心理的东西的一个特征，因此，心理学的困难和错误必然也是报告或解释意识时的困难和错误。无疑，这些困难和错误必然是存在的，若非如此，科学定然要比现在更发达。但它们并不存在于实际的意识报告中，因为意识作为对内部状态的直接感觉，它所揭示的东西都是实际存在和发生的。在解释意识内容或对其进行心理构建时，才可能会出现几种错误。

1. 意识难以与联想和推理区别开

在成人身上，意识的原始内容不再单枪匹马地亮相，而是携带许多复杂的、习得的资料。米尔说："当意识的话语埋藏在许多后天习得的概念之下时，它很难开口。"实际上，心理生活是有高低之分的，也就是说，最初的事物可以向上发展，而这个事实也足以说明产生这个混乱的原因。比如，在研究感官—知觉时，事物的空间定位看似是意识的一个直接动作，但其实是源于对感觉资料的复杂建构。一般记忆过程都本能地信任表象的实在性，而这些表象其实很多都源于联想，结果使我们堕入错觉。这些困难和混乱在高级心理过程中非常突出，所以我们不得不诉诸一些额外的安保措施，不得不借助一些方法把复杂的心理状态还原为简单的意识资料——这种诉求见于意识反思。

反思的运用。就算上述情况不存在，简单的意识，无论多么清晰，也都不足以成为科学研究。意识是对当前的新状态和重新兴起的状态的认识,它只能给我们展现当前条件的作用。要科学地观测心理,我们还需要更多,需要反复使用思维的力量来检验、测试、系统化处理我们从意识中直接获取的知识。物理学不能只做简单的观察,同样,心理学也不满足于此。

所以,通过反思,意识本身成了意识的对象。要观察意识,我必须站在一边,也就是说,与我自身保持距离,然后报告我的意识中都发生了什么。如果要观察注意活动,我就必须留心注意动作,然后对其进行描述。这种反思中存在一种次级或从属的意识,我们在这种意识的基础上观察我们的基本自我。这种双重性,或者说这种在反思时把我们自己置放于我们自身状态之外的努力,构成了新的困难源。

2. 反思的干扰作用

反思被认为是心理过程的自我处理,所以,根据注意律,它必然会发挥一种干扰作用,我们所有的心理状态都会通过注意而变得更紧张。所以,一旦被观察的状态进入了有效观察的范围,它自身的完整性和在心理生活中的重要性就变了。在观测疼痛的强度时,对疼痛的关注使得疼痛更强烈,那些需要仔细应用或需要连续心理努力的作业也会因为反思而完全中止,心理效力的实现需要意识只瞄准一个方向。另外,某些心理状态也使反思根本无法进行,因为它们在短时间内会主导意识,比如强烈的恐惧、愤怒等。心理学必须要充分认识这些状态,因为它们有时实在是太过重要和具有启发性了。实际上,强烈的心理状态,尤其是由心理疾病引起的,通常最能帮助我们认识它们正常的生成过程。

克服这些困难的办法:补充心理源。考虑到这些限制,心理学家不得不采取措施去纠正、补足和扩大反思的范围。一般来说,这些补充性的信息源分为内源和外源。

(1)内源:记忆。内部反思的错误如果是由注意力错乱引起的,那么很大程度上可以用记忆来消除。对于当前不能进行反思的心理状态,可以从过去中提取信息,然后把这些信息当作记忆表象来注意。大脑在这方面的能力是非常惊人的,很多时候,一次模糊或无意义的经验、一个未知的声音、一张模糊的脸、一个影像,就是如此被人想起来并获得理性解释的。心理学家经常会发现自己意识到了一个之前从未意识到的状态,这个栩栩如生再现的状态,对他的心理理论具有特殊的价值和促进作用。

后象或后觉——也就是实际刺激停止作用后留在心理生活中的痕迹,现象进一步巩固了记忆的这种特点。对此,我将详细展开。神经组织具有保持振荡的特点,倾向于使中枢过程及伴随该过程的心理状态持续下去。这种痕迹或后效也可能是出于一种心理必然性,因为注意在转向新经验的过程中,其转移运动也需要时间,在转移期间,并没有什么力量可以将之前的经验驱逐出意识,所以这些先前的经验继续在意识中保留相当长的一段时间。

(2)外源。如果认为内部观察的效用是不可能且危险的,那么单纯地依靠内部观察几乎是同样危险的。如果不能持续地在每个学习阶段利用外部观察,最后得到的,就会是最虚妄的主观系统和最片面的生活观。这一点很明显,所以,就算心理学家再怎么重视内部信息源,他们也承认自己需要关于他人在疾病或健康状态下的经验的可靠记录,并且认为这些记录是非常宝贵的。在这些外部信息源中,我列举如下几种以备不时查阅。

①种族心理学。种族心理学主要研究心理的社会特征和社会产物,这些社会产物包括国家、宗教、习俗和制度。它接受人类学的所有成果,认为它们是心理的外在表现;考察古代哲学、思潮、文明以及孕育了人类心理文化的文学、历史、法律、神话、传统;重视游客针对野蛮人、异教徒和堕落的种族所作的断言,以及社会生活的方方面面。通过人类心理生活的所有这些外部表现,我们可以直接认识人类心理的本质和能力。

②动物或比较心理学。不难想象,动物研究对心理学也极其重要,因为有迹象表明,无论在低等动物还是在高等动物中,都存在意识现象。这类工作已经推动了人类心理的某些研究,据此判断,它可能注定会为人类心理研究带来光明,正如比较解剖学对人类生理学所做的那样。和人类的很多生理功能一样,人类的某

些思维状态也多多少少以一种较为简单和原始的状态或一种更鲜明和主导的状态存在于动物中,故而,我们多多少少需要对这些状态进行一种发生学研究。比如,本能的最完美形式存在于动物中,动物的记忆力通常也高度发达,而且动物某些感官的敏锐性也是人类所无法企及的。为了心理学目的而研究动物时,我们并不局限于观察动物的习性,尽管这种观察确实收效不错。生理学方法在动物实验中要比在人类实验中走得远,在免除一切痛苦的条件下,命不久矣的动物可直接用于神经研究。所以,只要我们能申明一个问题,并且具有设计相关实验的本领,就能通过动物实验来研究这个问题。

③婴儿心理学。研究人类心理的早期阶段也同等重要。通过这种研究,我们可以最大限度地认识心理现象的起点和它们最简单的形式,了解心理是什么要比了解心理将变成什么更重要。通过开设实物教学课,我们可以借助儿童来更正成人就心理成长所作的描述。儿童的心理一开始要低于最高级的动物心理,因为在这个阶段,儿童的潜能尚未发掘,也不如动物的本能丰富。但在快速发育期,身体系统的生长也伴随着心理的演变,其他观察领域则不具备这一观察优势。[①]

④病态心理学。在前面几种信息源中,我们研究的是健康心理,但是现在我们考虑疾病心理,也就是说,深入查看心理生活的一切变态或病态的状况,以便我们能洞悉心理生活的本质和其正常运作过程。病态心理包括所有偏离了正常意识活动的情形,比如梦游、梦、各种精神病、失忆、失语、催眠、白痴、幻觉、意识紊乱等。所有这些情形可以像在其他科学中那样,给我们提供一些有益的视角,深入了解心理在本质上究竟是如何工作的,这一点不言而喻。此外,这些情形还允许我们直接应用差别法,即去掉一个原因或结果的部分,然后观察相应结果或原因的变化,这个方法可以使我们将结果与其真正的原因联系在一起。通过研究精神疾病,我们学会了将病因归结到某些不正常的身体状况,而不是归结为似是而非的心理运动或超自然的力量。很多人都认为,一个一出生就没有感觉能力的人,

---

[①] 关于婴儿心理学的问题和方法,见笔者于1890年12月26日在《科学》杂志上发表的论文。

是自然界给我们专门准备的被试,利用他我们可以应用区别法,我们把研究精神疾病及其治疗的科学称为精神病学。

第三节 心理信息源在意识中的统一

从外部来看,心理学和其他观察科学处于同一水平,但是添加了内部经验后,它就获得了后一种科学所没有的统一性。意识是观察一切自然现象的媒介,在其他科学中,它并不是被观察材料的一部分,而是通常作为一种阻碍性的因素起作用,但在心理学中,意识扮演着一个有用而重要的角色。现象解释在科学中被称为"个人等式",在心理学中,这是一个具有重大价值的操作,因为心理学资料只能从心理的立场得到解释。简而言之,外部观察观察的是物理现象,对心理现象做的外部观察也必然都是借助物理现象完成的,所以,外部观察必须转换为我们的内部生活形式。因此,心理学解释和建构的最终基础是个体的心理经验,但前提是这些经验是正常而典型的。

第 2 章

心理学方法[1]

第一节 科学方法的原理

在开始任何科学研究之前,都需要弄明白方法的问题。关于方法,存在两大问题:第一,目的是什么;第二,实现目的的手段是什么。在前一章关于心理学主题的论述中,我们已经指出了目的。现在,我们需要来讨论手段,也就是来看看,为了得到最普遍和详尽的结果,我们应该通过何种手段或方法来研究摆在我们面前的问题。

客观科学的方法已经为我们解决了这个问题,因为正如我们所说,如果心理学像客观科学那样是一门关于现象的科学,并且像客观科学那样借助对一类现象的观察而前进,那么客观科学所使用过的方法同样可以应用于心理学。

真正的科学方法包括下面三个过程,其中前两个过程属于归纳。第一个过程是观察,也就是通过对手头情形的实际理解,而最大可能地接近现象,这个过程应该囊括一切可靠的证据。如此一来,我们就看清了被处理材料的基本特征,并可

---

[1]《心理学手册》第 1 册第 2 章。

以根据这些特征将这些材料分成几大类。这个过程与其说是自然科学过程,不如说是自然历史过程,因为这个过程只描述而不解释。第二个过程是实验,也就是在不同的条件下观察现象。通过这个过程,我们可以发现基本的原因。进行这个过程靠的是某些次要方法或它自己的准则,从米尔开始,这些准则也被称为"演绎准则"。实验研究的产物是假设或经验律,也就是基于实验结果,针对现象发生的原因而做出可能性或大或小的猜测,这种假设总的来说不再是简单地描述,而是一个解释。第三个过程是演绎,这也是科学方法的最后一个阶段。通过演绎,我们可以把在假设中设立的一般原理应用于相继的个别现象,并且通过重新诉诸经验,而确定这种应用的真实有效性。每次成功的应用都可以进一步夯实这个假设,直到这个假设变为自然律。

第二节 科学方法在心理学上的应用

方法原理在心理学上的应用总的来说是很清晰的,但是,使用这些原理的过程中出现了许多引起激烈争论的问题。这些原理的两大应用领域是心理信息的外源和内源。

1. 内部心理观察

通过接触心理现象,我们发现内部观察可分为三个不同的阶段。在第一个阶段中,意识——也就是那个使得心理现象成为心理现象的内部,最原始的形式是对自我的意识,无论这个原始的意识在一开始是多么模糊,它仍然是一个起点。在意识生活中,没有什么经验能够不留下它的痕迹。一旦产生了经验,也就产生了主观的变化,然后这个变化就成了成熟的内部观察动作的作用对象。在没有主体或客体、没有记忆表象的存储、没有自我的概念时,孩童脑海中闪现的第一缕转瞬即逝的感觉内容,单独来看,也显示出某种原始意识,这种意识便是认识自我的起点。在成人中,这些经验统一成了高级的知性形式,不过它们各自的意义却丢失了。这个经验范畴包括大量的初始经验,这些经验每时每刻都在时间中平稳地传递着某些东西,并且包括我们在回忆、检验和反思之前从它们中所得到的一切信息。第二个阶段的心理状态称为初步记忆,这时候,一个事件在其本身消失后仍然滞留在意识中。刚刚消失的事物悬在我们心头,如一条长长的云带一样悬挂在意识的地平线上。对刚消失之物的记忆是如此迅疾和无意,有时候我们甚至会将它当作我们内部观察的第一个阶段,但这种记忆需要我们立即意识到原始意识。比如,对于一个很响的噪音或一个说出来的单词,只有先快速借助回忆认出它们,我们才能理解它们。在这些情形中,我们已经"立即意识到"了最初的事件,但对该事件所遗后象的检验则极大提升了它的科学价值。第三个阶段是反思或者说是自觉观察。反思是指检查内部世界的事件,把它们当作是我们要认知的独特对象,反思是内部观察的最高级形式。通过反思,我们把内部事件建构成了关于心理生活本质和过程的假设,而这也是完整的方法体系中第二个过程的出发点。

2. 外部心理观察

借助外部观察法,我们要处理上一章提到的各种外部心理信息源。个体意识的封闭本质使得我们只能通过解读外部符号来认识他人的意识,因此,人类的才智和文化所产生的任何产物都成了观察对象,人们希望通过这种观察,把以这种方式发现的、碎片式的真理部分与我们的个体经验协调一致。同样,对儿童和动物的观察也能带来丰富的外部心理信息。

然而,无论是在物质科学还是在心理学中,简单的观察都无法触及问题的本质。很多人认为我们也只能做到这一步了,认为心理学的真正任务就是描述心理现象。不过,由于在这个领域中几乎不存在真实描述,以及观察活动为我们提供了一个非常宽阔的分析领域,我们不得不问:难道没有办法把复杂的心理状态群打碎吗?难道没有办法把个体的心理运动与成人思想所给出的交织在一起的巨大心理线团相分离吗?简单地说,心理学难道就不能进行内部或外部实验吗?最近的研究给出的答案是可以的,不过有重要的条件限制。

第三节　心理学实验

　　心理学非常需要实验。在自然界中,现象背后的原因从来都不止有一个,而实验的功能就是消除多种偶然要素,从而让单独的因素起作用。如果我们能记住这两点,如果能进一步发现没有哪个心理功能可以单独起作用,而是多个功能共同协作并彼此影响,那么,我们很容易就能看出,心理学需要的不仅仅是单纯的观察。比如,一个感觉刺激可能会唤醒一串想法、引起情绪爆发、导致一系列行动,但难道所有这些结果都源于一个单独的原因吗？反过来说,产生行动的原因可能是一丝情绪、一个想法、一段记忆、一个联想、一种感觉、一个灵感,难道简单描述一个结果就能知道引起该结果的原因吗？在心理生活中,前因和后果混淆在一起,无法分开。外部原因或身体原因——一丝气味、听到的一个单词、一阵疼痛、身体内部的一个运动,都可能激发一串观念。这串观念可能会受到一千个条件或情绪的阻挠或推进,受到其他身心因素的影响,所有这些因素一起构成了原因或复杂的前因。思维和感觉的模糊相似之处如气质、遗传和教育,随着个体的不同而不同,而大脑和神经中枢的状况在同一个体中也会随着时间而变化。我们怎么才能在这个网络中,通过观察而找到原因呢？通过观察火焰,是判断不出起火的原因究竟是火柴、闪电、摩擦还是化学反应的。要找到原因,就只有一个办法,那就是实验,即在人为条件下重新建构条件,并且努力只单独展现一个原因。我们也许可以像以前一样,从内部或外部心理方法的角度来看待这种情况。

1. 内部实验

　　内部实验的范围非常狭窄,因为很难完全在心理内部人为地营造出某种心理状态。不过,我们通常可以向自己暗示一些可以改变我们思维或情绪走向以及能够单独影响我们的事情。通过将某些表象,比如,一个好友的惨死固定在脑海中,我们可以观看情绪流动的结果。从一个更广阔的角度来看,一个人可以将他自己放在一系列思维影响下,然后观察他的思维和感觉习惯都发生了什么变化。这样一来,他必须不断地以他的情绪状态为实验对象,结果就培养了那些可以充分代表其性格的状态。对意识的这种蓄意操控在很大程度上需要心理控制和心理注意,需要实验者能够娴熟地观察、如实地描述。

然而,对别人做这种实验要比对自己做这种实验更有效。我们可以对他人做各种暗示,我们可以操控他们的情绪、希望、抱负、计划、思想,就如操作仪器键盘一般。我们或多或少都精于此道,我们可以选取适当的方法让一个人受我们摆布——用钱财刺激一个人,用高位刺激另一个人。所以,教育方法建立在对他人的实验认识上,这些方法包括奖励法、实物教学法、诉诸男性气概法或体罚法,实际上,对儿童的管教都是以这种实验知识为基础的。在催眠状态和婴儿生活中,研究者可以任意选择暗示范围,就算在睡眠状态下,暗示也可以发挥影响,只不过影响力会大打折扣。

2. 外部实验

我们可能会发现,引起心理结果的决定性因素也许是一个身体原因或外部原因,这个可能性为我们开启了外部实验的大门。我们会立即发现,我们也许可以针对机体设置一系列实验,然后确定这些实验都会在意识生活中产生什么结果。也就是说,通过颠倒以普通方法得到的因果关系,我们也许可以看看身体变化会引起什么心理变化,如此一来,通过单个的人为生理刺激,我们就能梳理出心理现象。

我们的日常生活中到处都是这种推理,而这也可以说明,这个方法是站得住脚的。身体生活和心理生活之间的联系如此紧密而确定,我们任何时候都无法忽略它。许多心理状态都是直接由身体状态引起的,对心理疾病的一切治疗也都是依据这一事实。感觉是知识的材料,而据我们所知,感觉来自直接的感官刺激,比如,我们都清楚酒精刺激物会影响心理。以前,人们只是约略感觉心理和身体之间是有联系的,也只是到了现在,人们才普遍赞成把这种粗略的感觉提升为一种科学方法律,这种提升的结果构成了我们说的生理心理学。

一般结论。如此一来,我们得到了关于心理学研究的本质和方法的结论。第一，意识中存在一种活动可以为一门更高级的科学提供必然性和合法性，这门科学是一门归纳的、内部的、描述性的和分析性的科学。这门科学的方法是直接观察法，并且只要它所认知的现象是纯心理的，它就必须先于并包含那些研究身体现象的科学分支。第二，这些心理现象与有机体保持着一种普遍而统一的联系，而通过有机体，我们可以进行生理实验，并让这种实验发挥双重效用：分析现象的起因并确证这些现象的经验普遍性。第三，如果我们不能从身心联系的角度来解释一切心理现象，或者不能证明这些现象离不开这种关系，科学就永远无法达到完满，科学律也永远无法获得最大的普遍性。

第3章

神经系统[①]

第一节 结 构

身体和心理紧密联系,并且真正的心理学方法也肯定都建立在这个基础上,如此一来,我们必须预先对神经系统及其功能有所了解。

神经要素。在我们的知识范围内,我们可以在神经苷脂、神经纤维和神经细胞这些要素之间做出一个二重区分。至于这些要素都是什么,它们的名称所附带的普通含义可以反映生理学家的知识量,也就是说,神经纤维是不同的肌肉团和细胞团之间的线状纽带。或多或少的这种白色线状纤维可以结合在一起构成一个"神经",这个神经可以把一个器官(肌肉、腺等)与一个或大或小的细胞团连接在一起。另一方面,我们只能通过显微镜观察到这些形似烧瓶或长颈南瓜的神经细胞。一个神经细胞可以有好几个颈,看起来延伸进了神经纤维中的那个颈,称为神经细胞的轴突。神经细胞和神经都有核,这些小黑点为原生质所包围。神经为神经节点分割,这些节点就像玉米秆上的节(详见图3-1和图3-2)。

[①]《心理学手册》第2册第1章。

不过，在显微分析水平下，我们在有些细胞上没有发现这类纽带。我们猜测神经细胞和神经纤维会结合起来履行一个共同的功能，不过很多时候，在这两者之间，我们并未发现直接的连接结构。在这种情况中，神经纤维分成了无数的分叉，像一棵树那样，其中，顶部的枝干像神经细胞的方向延伸（详见图3-1）。神经细胞很大程度上都会聚集成细胞团或"中枢"，来自不同位置或器官的神经纤维向这个团或中心并拢，并随着这种并拢而渐渐变得不可见。我们通常说的大脑其实就是一系列这样的中枢，从大脑皮层到脊髓，中枢的尺寸和复杂性都不同。在神经中枢中，细胞被一种称为神经胶质的物质隔开（见图3-1）。大多数神经学家认为，神经胶质也许只是一种连接结构，它本身是非神经性的，最近有些研究则认为，神经胶质是第三种神经要素，它的功能与神经细胞的功能是分不开的。

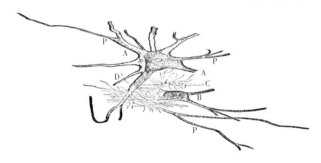

图 3-1　脊髓的一个片段

A 和 B 是神经节细胞；D 是轴突；P 是树突；C 是神经胶质细胞。

图 3-2　神经纤维

a. 轴突；s. 许旺氏鞘；n. 核；p. 核两极的颗粒状物质；r. 郎飞节，髓鞘在这里中止，轴突在此出现。

神经要素在一个系统中的组合。我们提到的神经细胞和神经纤维这些要素一旦离开了彼此，一旦离开了整个生物体，就不再具有功能性的存在，它们必须作为一个整体来接收、登记刺激并对刺激做出反应，它们构成了神经系统。作为一个系统，神经器官对高级生物体至关重要，且有很高的分化程度。我们所说的身体器官都具有自身的统一结构，但是它们的功能性活动则具有一般生命过程的整体性，所以，神经系统的器官具有相应的结构性分化。无论神经系统的三项基本功能即接收刺激、登记刺激和对刺激做出反应的功能，是否是充分的功能性概念，它们都可以帮助我们描述神经器官的三大部分，我们将依次对这三大部分进行介绍。

接收或感觉器官。指神经系统中通常用来接收外部刺激的部分，我之所以说"通常"，是因为我们有理由相信一切神经组织都有接收特性。但是我们发现有一个巨大的纤维通道系统专门用来把身体外周和各种器官的扰动传到高级中枢。此外，这些纤维通道可能具有专门的接收器官，这些器官暴露在特定的刺激下（我们说特定的刺激，其实是指针对特定感官的刺激）。这些特殊的器官只面向特定的感觉，比如眼睛之于视觉、耳朵之于听觉等。相应地，接收器官包括两个不同的部分，感觉传导通路和终端器官。后者（比如说眼睛）接收某种刺激（光），前者（视神经）将它传至大脑。

有些感觉传导通路没有终端器官，而这也足以说明，后者并非该系统的要件，除非系统已经高度分化。击打、在皮肤某点的触摸等都可以刺激到一个感觉神经，即使特殊感觉神经也是如此，然后，感觉神经把它们通过终端器官接收到的感觉传导出去。

特殊感觉神经除了拥有终端器官外，在结构上再无其他特点。特殊感觉神经是指那些传导被组织以及被分类为具有清晰心理特性的感觉的神经，也就是说，对于下面讨论的七大类感觉，每一类都有对应的特殊终端器官，比如肌肉就是肌觉的终端器官。

除此之外，还有许多神经传导通路只能传导一些不那么精确、定位也不那么清楚的刺激,这些通路所能引起的最纯粹、最普遍的心理状态就是快乐和痛苦。这些传导通路与特殊的传导通路相区别,构成了一般感性的生理学基础。

至于分布,感觉器官的大小与身体大小相一致。一般感觉器官都是以非常精细的原纤维的形式散布于身体各部,这些原纤维聚集成束,而这些纤维束在靠近中枢神经传导通路即脊髓时,又聚集成更大的束或神经。比如触觉神经和肌肉运动神经,它们分布广泛,在整体上分成两个柱,构成了脊髓白质的一部分,脊髓后部(在动物中是更远的后上部)称为感觉部(后正中柱)。把代表着依次相接走入脊髓的感觉神经的神经纤维聚集在一起后,这些传导束终止于脊髓(髓质)的上端膨大处,然后在这里又由传导通路发出,通向高级中枢,也就是大脑皮质。这些传导束在脊髓中的位置见图 3-3。

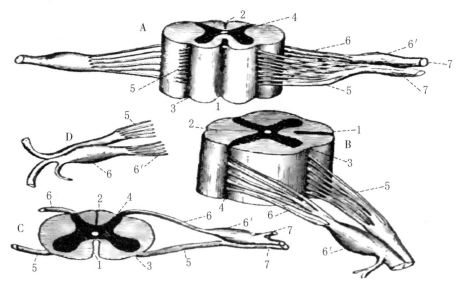

图 3-3　脊髓和神经根

A. 从腹侧观察到的脊髓片段;B. 从外侧观察到的同一片段;C. 脊髓横切面;D. 脊神经的两个根;
1. 前(腹)裂;2. 后(背)裂;3. 沿着前神经根连接线的表面沟;4. 后根源线;5. 一个脊神经的前根纤维;
6. 后根纤维;6′. 后根神经节;7. 前后根结合形成的神经主干最先发出的两个分支。

据猜测,另一个传导束(小脑传导束)也负责把收到的冲动往上传导,这个传导束产生于沿脊髓分布的细胞,并持续向小脑传导冲动。由于小脑也直接与大脑半球相连,所以第二条上传之路便产生了。福斯特进一步假设,到来的冲动也许可以通过脊髓灰质传导,或利用灰质部分中把不同脊髓段连接在一起的纵向纤维传导。

最近的研究发现有助于我们了解感觉传导通道的末端。从身体外周的角度来看,感觉神经的末端为树状分支。往里深入时,这种纤维首先会遇到脊神经节,然后会穿过脊髓后角,结果再次止于"树状结构"的脊髓灰质。在这里,它携带的冲动似乎传递到了一个感觉细胞,从这个感觉细胞发出一个神经纤维,沿着后柱到达上面所说的大脑皮质,并像前面一样终止于"树状结构"(见图3-4)。

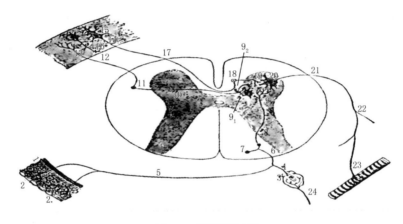

图3-4 脊髓横切面

包括前角、后角、感觉器官(2.皮肤)、肌肉(23)、大脑皮质(12)和脊神经节(3)。感觉传导路线——2、5、3、4、6、7、8、9、9_1、10、11、12、13、14。自发运动路线——15、16、17、18、19、20、21、22、23。反射路线——2、5、3、4、6、7、8、9、20、21、22、23。注意"树状"神经末梢(瓦尔代尔)。

特殊感觉器官的构造更加特殊,在某种程度上指出了它们的几个功能的发展顺序。肌觉面向一切肌肉,触觉和温觉面向身体外周,终端器官则主要存在于皮肤中。①

其他的特殊感觉如视觉、听觉、味觉和嗅觉都有各自的位置,但是它们都群集在一起,而且它们的神经也因为与头颅中的中枢神经群的关系密切而被称为颅

---

① 也存在于口咽黏膜中,其中后者和皮肤共同构成了胚胎外胚层的衍生物。

神经。

反应或运动器官。接收器官和反应器官非常相似,所以可以将二者放在一起讨论。对于最单纯的反应类型,这两种器官完全就是连接在一起的。反应的本质是个功能问题,在此先不讨论,我们现在要关注的是反应器官。

在反应中,我们发现了另外一个神经系统,也就是运动传导通道,它与感觉传导通道极为相似,区别之处仅在于地点和末端的不同。此外,二者的终端器官都是肌肉。感觉传导通道和运动传导通道都直接发起于肌肉,并向脊髓聚合,它们大致构成了脊髓的前部或腹部,也就是所谓的锥体束。运动传导通道与肌肉组织相连,具有完全连续的结构和普遍的位置分布。不过,并不是哪里的运动传导通道都能同样积极地传导所有肌肉的反应,实际上,有些肌肉是完全不在自主控制范围内的,或者只能通过很大的努力才能被带到内部。

运动传导通道的末端更简单。运动传导通道的末端直接产生于皮质细胞,并终止于脊髓灰质前角的树状结构,在这里,冲动为脊髓运动细胞接收,然后由此通过一个具有树状末梢的神经直接传输到肌肉。

脊髓上端有一个膨大,称为延髓,在这里,所有传导通道以及它们向大脑各部位的传导路线都会得到重排。在延髓上方,我们可以再次看到其他白色纤维体,它们有两大功能:第一,把行使同一功能的神经纤维聚集在一起;第二,将这些纤维分给一些胞体,这些胞体正是此类功能在大脑中占据一席之地的地方。在这些高级的白色纤维体中,运动传导通道和感觉传导通道紧密交缠,实验研究只能确定少数的通道是上行还是下行。就算不知道具体怎样,我们也可以确切指出下面几点:

(1)感觉传导束发起于身体外周的各个部分,上行穿过脊髓背柱,在髓质中部分交叉,并延伸至大脑对面半球的表面(主要是后部和下部)。

(2)运动传导束发起于外周的各个部分,上穿脊髓的腹柱,在髓质中部分交叉,并延伸至与运动区域(中央沟两侧的区域,包括旁中央小叶)相对的大脑半球。这些传导通道堆集在髓质腹侧,呈现锥体形状,故而得名锥体束(见图 3-5 和图 3-6)。

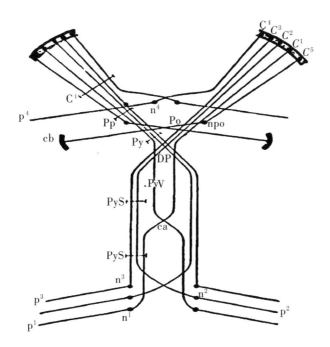

图 3-5 锥体束简图

p^1、p^2、p^3 为身体外周；n^1、n^2、n^3 为源脊核；PyS 为锥体侧束；PyV 为前锥体束；ca 为脊髓前连合；DP 为锥体交叉；Py 为锥体；Pp 为大脑脚；C^i 为内囊；Po 为脑桥；npo 为脑桥核；cb 为小脑；p^4 为颅神经供应的外周；n^4 为颅神经的源核；$C^1 \sim C^5$ 为大脑皮质（奥贝斯坦纳）。

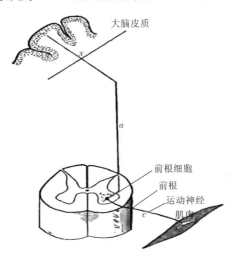

图 3-6 肌肉的神经分布图（埃丁格）

（3）在个体的生命过程中，联络传导束的作用是把大脑皮质的各个部分连接在一起。用埃丁格的话说："它们从一个脑回延伸到另一个脑回，把相邻的部分以及相距甚远的部分连接在了一起。当大脑皮质的两个不同区域在一个共同的行动中联系在一起时,联络神经束就产生了。"(见图3-7)。

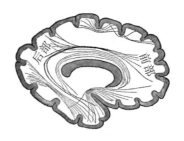

图3-7　一个大脑半球的一部分联络传导束(埃丁格)

联络传导束还包括连接两个脑半球的神经纤维,这种纤维把两个半球变成了与该系统的低级部分相联系的一个单独器官。这种连接存在于两个称之为胼胝体的大神经束和下面的前连合中,其中,胼胝体是把上述脑半球分开的大纵裂的基底(详见图3-8)。

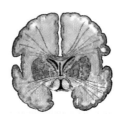

图3-8　胼胝体和前连合的传导通道的额切面(埃丁格)

登记器官。登记器官是指多少有些复杂的细胞要素链,其中,这些要素构成了接收和反应中枢。"登记"一词再次强调了神经过程的整合或发展方面,总体上看,这个系统由两个类似的神经传导通道构成,这两个通道的上端通过这种细胞要素链有机地连接在一起。我们可以简单对此进行说明:M是运动传导通路,S是感觉传导通路,C是中枢要素,它们一起构成了基本的神经弧(见图3-9)。

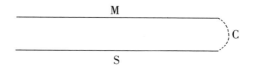

图3-9　基本的神经弧

我们对中枢要素的结构和功能都知之甚少。至于结构,我们最为确定的一点也就是,中枢是由多个细胞构成的,并且可能在任何情况下都是复杂的,这种复杂性是如此的匪夷所思,以至于这一项特征就遮盖了所有其他特征,并且使得研究无法进行。生理学家大致区分了简单的神经弧与具备高度整合的中枢的复杂神经弧堆,但是所谓的简单神经弧只是一个抽象的概念,它取决于对中枢的分析结果。可惜的是,这样的分析还从来没有人做过。实际上,我们所知道的最简单的神经反应,可能也都涉及一个复杂的细胞组织以及许多可互为替换的运动传导束和感觉传导束。这种相对简单的系统存在于海鞘中,后者只有一个具有感觉纤维和运动纤维的神经节(见图 3-10)。

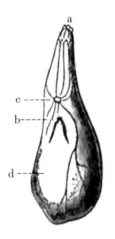

图 3-10 一个海鞘的神经系统(卡彭特)

a. 口;b. 出水孔;c 神经节;d. 肌肉囊。

在分布方面,中枢的神经弧堆也分化形成了层级结构。最简单的中枢神经弧位于神经传导通道的结合点,在这些结合点处,运动神经通道和感觉神经通道或是可以互换能量,或是具有一种非常独立的分布方式而无须向更高级更复杂的中枢求助。这种比较简单的节点就是神经节。比如,从不同脊髓段的任何一侧进入脊髓的神经都与脊髓有小段距离,并发出称为运动根和感觉根的分支分别进入脊髓。在分割点上方的感觉根上,我们可以看到一个肿块,它便是神经节。我们认为,神经节代表一个节点,就好比为乘客换乘和电报信息交换而设立的铁路中转站(见图 3-3)。

脊髓由一系列脊髓段构成，这些脊髓段聚合在一起形成了一个柱，柱中心是一团连续的灰质。灰柱从它的两个后角和两个前角处发出脊神经，这些脊神经左右平齐，并汇合于脊髓外面的膨大处或神经节处。上面已经说过，脊髓上方的神经纤维通道要比下方多很多，从这一点也可以看出，脊髓上方的灰质远多于下方。许许多多个细胞一起构成了下面三个彼此连接的系统：第一，中枢灰质，用以连接脊髓和高级中枢，提供可产生颅神经的细胞；第二，脑盖系统，包括大脑内部的一切组织（最重要的是纹状体和视丘）；第三，表面组织，即大脑，其中灰质排列成层，构成了皮质或外壳和小脑，小脑是大脑后下方，也具有一个类似皮质的结构。为了当前的目的而需要再次指出，第一，脊髓段序列具有层级性，也就是说，结构复杂性不断递进，第二，脊髓段之间的连接是连续的，神经冲动可以贯穿整个脊髓。

第二节　神经系统的功能

神经组织的基本特性。以活体神经组织为对象的实验研究表明，神经组织起源于包含两种功能性要素的原生质。乍一看，神经物质显示出了一种被科学称为应激性的特性，这种特性绝不局限于分化的神经要素。一切有生命的动物组织，一切完全不具有神经系统的有机体，甚至一些敏感的植物都显示有这种特性。不过，至于神经应激性，只要神经物质显示出一种系统的复杂性，那么我们就可以在两个不同的功能种类下思考它。在前面的划分中，我们发现接收器官和反应器官行使同一种功能，即传导功能，而中枢弧作为登记器官则行使整合功能。结合后面的讨论结果，这两种功能可被称为神经功能和感觉功能。

比如，我们可以以图 3-9 中的中枢弧 A 为例，假设它是一个原生质团的中心或核，并假设 M 和 S 这两条线是从中心发向外表面的两个半径，那么，如果这个原生质团在 S 的外端受到刺激，且随后这个被刺激的点发生萎缩，那么就得到了一个应激现象。但是我们可以假设 S 是一条向 A 传导刺激的传导线，M 是引起收缩反应的反向传导线或反应线，二者都属于神经能力的范畴，而把它们聚集在交换枢纽A的过程则属于感觉能力的范畴。单独来看这两个过程,可能会更好理解。

1. 神经功能

神经功能所包括的现象与物理现象极为相似。通过认识光、声和热传播,我们熟知了传导的概念或传导现象,但与神经传导最为相似的则是以金属丝为导线的电传导。就算不去假设神经力与电力是相同的,我们仍然可以借助二者的相似性,更清晰地理解神经传导。

实际上,无论是在当前的学术界还是在普通人中,神经活动都是通过与电活动相比拟而被认识的。根据这个理论,神经传导通道就仅仅相当于是电报系统中的导线,另一方面,中枢则是产生"神经力"的发动机。所以,中枢就是一个存储电池,当感觉传导通道传来一个刺激时,中枢的能量就通过运动传导通道传出去。结果,中枢就成了至关重要的神经代理者或生产者,传导通道只有从中枢电池中充了电后才能投入运转。因此,神经功能只是一种分子状态,在它的作用下,神经通道才能成为一个有效的导线。

该理论受到了理论和实验的双重反对,因为它在传导通道和神经中枢间所做的区分太过绝对和机械。根据这个理论,神经束没有任何独特的动力特征,但是实验研究表明,感觉神经和运动神经的重要部分都有生命,且都有自身的功能。眼球离开眼眶后,失去了与中枢或神经节的一切联系,但仍然显示出了光敏感性,并且在虹膜收缩或扩张过程中有运动反应。弗鲁格坚称,神经冲动在运动神经传导的过程中会增强,而里歇认为,在感觉神经中可能也是如此,有人认为膝跳反射这一普遍现象的发生并未有神经中枢的参与。

另外还有一个更为进步的理论,对于一个敢就纯粹的生理问题有自己看法的人,这个理论似乎更有哲学意义。这个理论认为,神经系统是一个到处充满神经力量或神经特性的生物结构。受感觉器官传来的刺激和自发的中枢放电的影响,这个系统时刻会发生变化,处于一种变动的平衡状态。扰动在一类离心张力和向心张力的作用下,一般会在神经系统中保持着均一的强度。这些张力通过在这个方向或那个方向,在这个传导通道或那个传导通道上的或大或小的效力,而产生了传导或神经功能。所以,神经系统的分化首先是生命过程为了适应多变的环境条件而发生的结构分化。

有一类事实表明,神经冲动很容易地就能传遍整个神经系统。如果传入部分与传出部分具有截然不同的功能,那么这个事实将很难解释,这类事实也都支持"动力"概念。比如,当强度很大时,或者当神经系统受到疾病的刺激时,一个简单的感觉刺激可以引起普遍的应激反应和很大范围的冲动。此外,当一个反射的中枢位于某个脊神经节中时,该反射可能会因为身体其他部分的感觉刺激而部分停止。声音和颜色之间的联想,以及一般的对比活动,都表明不同的感觉区域之间存在这种动力联系。厄本斯特奇发现,音叉在耳边的振动可以提高对颜色的知觉。

然而我们需要解释的是,神经传导是感性论的基础,不过,波浪论或流动论就像在电学中一样,能满足我们的实际需求。神经波浪向中枢运动时,称为向心波浪或传入波浪,向外周运动时,称为离心波浪或传出波浪。传输速率在这两个方向上有些不同,感觉冲动的传导为120英尺/秒,运动冲动的传导为110英尺/秒,通过脊髓的传导要慢很多。

2. 感觉功能

通过结果阐释和生理类比,我们也许可以针对神经中枢的活动指出几个对心理学极有价值的观点,哪怕这些观点并不会帮助我们认识神经动力的起源和本质。

(1)整合。在这些一般观点中,第一点是关于神经中枢的整合功能的。所谓整合功能,就是指通过新的刺激而把该中枢扩建成一个结构更复杂的中枢。高度可塑的神经要素可以通过排列组合而适应更平常同时也是更复杂的反应,于是,这种中枢变成了一个内含多个彼此对抗的刺激的殿堂,其反应就是这些刺激发生利益冲突的结果,而放电通道就是一条最有利于释放未来类似冲动的导线。一个中枢可以通过两种形式的复杂活动而发展:第一,中枢的习惯反应成为了中枢要素的基床,也就是说具有了固定的功能,可以以阻抗最小的成熟通道传输。第二,中枢不断成长,得到了新的也更流动的要素,并且可以做出更复杂和更困难的运动。拿手部运动中枢的生长发育来说,音乐家的精湛琴艺起始于婴儿期对手指运动的刻苦学习。中枢不仅能够使最初刻苦掌握的动作变得自发自动,而且能使我们通过学习而进步,使我们更容易地掌握新的组合,这种双重成长是感觉器官分化成中枢和神经节的基础。基础要素进入了固定的神经节联系,新的自由细胞开始承担更高级的功能,并反过来为习惯所固定,同时让位于其他更复杂的组合。这种整合过程给了神经系统层次性,并且使得它的发育规则更为具体。所以,整合过程代表了一个结构性变化,既变得更简单了,也变得更复杂了。说变得更简单,是因为它使得习惯性的运动变得更为容易和迅速;说变得更复杂,是因为它带来了必须被中枢同化吸收的新要素。

(2)保持。整合概念必然包括变化的持久性概念,因为整合的基础便是变化。如果反应的整合过程扩建了该系统并铸造了其完美适应性,那么我们必须假设,每个反应都为这个系统带来了细微的结构变化。在整合概念之下还包括其他很多东西,从心理学角度来看,这似乎已经足够。保持作为一个生理学原理,也许可以称为功能复杂性的增长,然而整合这个词则是指结构复杂性的增加。

相应地,神经保持概念可以这么定义:神经保持是由先前同一方向上的神经放电引起的一种动力张力或动力倾向状态。这包括两个基本的方面,第一是一般神经活动的动力方面或张力方面;第二是这种张力的特化。也就是说,这种张力存在于由之前类似放电所决定的传导通道中。

(3)选择。感觉功能的第三个特点是选择。选择是指有生命的神经系统在或大或小的适应范围内做出反应的特性。神经系统偏爱某些刺激,当然这里说的偏爱并非是指有意识的选择偏好。有时候,一个神经系统会就某个它在其他情况下拒绝反应的刺激做出反应,或者会区别对待两个在人类的感觉范围内完全相似的刺激,这种无意识的吹毛求疵可以对食物进行一定程度的准确区分。弗鲁格和戈尔茨对无脑青蛙的研究表明,它们会调整自身的肌肉反应,以应对之前从未体验过的肢体姿势。施拉德也报告了许多案例,其中,无脑鸽子表现出了明显的偏好和选择。

这些例子似乎说明,在最纯粹的神经反应类型如那些单纯的神经节反应中,存在一种选择性功能。在这种反应中,意识几乎不发挥什么作用或只发挥非常微小的作用。接收器官的特殊灵巧性,也许可以印证这个解释。说无意识动物在人类无法指出差异的地方会做出选择,就好比说我们会把价值低很多的钱币当成金子用一样。无意识动物并不在两个刺激间做出选择,相反,它只面对一个刺激,然后对它做出反应,而我们则错误地认为另一个刺激也应该刺激到它。神经系统能够从许多相似的触觉中选择吗?磁石可以从众多相似的铁屑中选择性地吸附,道理也是一样的。不过说到底,这些触觉是不同的,这些铁屑也不同。

在此还必须提一提另外一个理论,既是因为有人相信它,也是因为它提出了一个相当合理的哲学假设,我们接下来的讨论可能会说服我们接受它。该理论认为感觉功能包括意识,认为神经活动总是一个有意识的(但不是自我意识的)活动,认为意识的一个基本特征就是偏爱性选择,所以,根据这个理论,上述所有例子中的选择都是意识作用下的真正选择。对神经选择做出的这个解释具有心理学意义,因为它为我们提供了关于有意选择理论的信息。

神经动力发生律。根据上面说的内容,感觉功能这个词语大体上是用来描述神经动力的上升和分布的。接收功能和反应功能都是基本功能,一个必然会产生另一个,因此,所有神经传入过程都会解放传出通道上的能量。"每个刺激都具有一个动力发生力或运动力"也许就相应地成了对该规律的一种特殊说明,而且只有这种说明才能在心理学上做比拟。

第三节 神经反应种类

在"整合"下面说到的神经系统的二重生长,给我们提供了用于区分不同反应的资料。整合过程一方面包含一个下行或"神经节"生长,在功能上表现为更加无意识的肌肉系统反应,另一反面则包含一个上行或"中枢"生长,表现为更加复杂的、需要注意和努力的肌肉活动。这两种生长共同发生,它们的生长结果就是我们的运动经验。从这些经验中,我们可以发现各种程度的神经功能或感觉功能,这种生长从下到上通常可分为三个阶段。

1. 自动反应

神经功能中的自动反应是指自作用,这些自动反应的刺激存在于机体自身的生命条件中。某些机体过程是个体和种族存活的基础,比如血液循环、呼吸和消化等。这些基本功能对外部时空刺激的依赖将会给这些反应带来偶然和多变的特征,而这一特征会危及机体的生命。自动中枢代表着神经中枢中最坚固和固定的部分,同时其本身也非常复杂和精细,这些功能可能不是有意识的,它们最为健康的活动通常都无法为意识所洞察。除了极个别的情况,它们通常不能被意志改变,或不受意识控制。

2. 反射反应

如果一个神经回路对某种刺激的自动反应是单一、明确和特定的,并且在其执行过程中不包含意志,那么它就是一个反射。用更为普遍的术语来说,如果我们能够提前确定一个反应将会以一个特定肌肉动作的形式出现,并且它的发生过程不受我们自己控制或命令,那么这个反应就是一个反射。我们通常会撇清自己,并把这个反应归结于机体或外部刺激。比如,如果一个球突然飞向我的眼睛时,我的眼睛会闭上,或者当这个球突然撞击到我的膝盖时,我的脚会跃起。我们还可以继续深究,说使我闭眼或跳起来的是扔球的人。在意识中,我们把这类反应与我们归结到自身的反应完全区别开来。

从生理方面来看,相比自动反应,这种反应代表着一种更松散的系统。一个反射反应通常在其执行过程中是有意识的,在执行结果上通常也是有意识的,它的中枢在功能上并未与起控制作用的大脑高级中枢分隔开。但是我们知道,这个联系并非是这个反应所必需的,因为在去除了大脑以及与其有关的一切积极意识后(当然,可能是所有意识),这个反应仍然会继续发生。每个脊髓段都有它自己的反应,这些反应独立于它与大脑之间的联系。实际上,如果意识不去关注反射反应,反射反应将是最为完美和纯粹的。根据这些事实,反射应该更多地属于"下行"生长方面,并且和自动反应类似。无脑青蛙的反应非常清楚地说明了纯粹的反射,我们的许多反射都是通过习惯和重复而获得的,从这一点则可以看到下行生长。起初,简单的运动过程和复杂的运动过程彼此黏结在一起,存在于复杂的组织中,它们作为一个整体而具有自发性,成了反射。我们要举的例子是一位音乐家,他在一个管弦乐演奏会上表演到一半时突发癫痫,可在这种明显是无意识的状态下,他仍然准确无误地把演奏进行了下去。当然相比我们的普通行走和书写经验,这是一个极端的例子。许多单个的运动经验可以合并为一个运动经验复合体,结果,一个单独的冲动也许就足够使得这个复合体的所有细节都一一展露。同样,多个简单的神经反应也可以整合为一个复合反射。

这种认识可使我们进一步区分组织程度不同的反射,也就是说,区分所谓的次级自动反应和正常的反射。以我们的行走动作为例,连续的动作并未足够紧密地组织在一起,它们并不同属一个刺激,比如,我们设立的目的地或我们的脚第一次落在人行道上的感觉。但是,连续的步子可能是由已完成步子所传入的连续印象而刺激,结果,每一步都能刺激下一步。在白日梦或走神状态下,第一个有意刺激之后就再无刺激,比如当我们沿着熟悉的小路散步,最后却发现自己走到了没打算去的地方,因此,这个区别只是整合程度的区别。如果中枢的在下行方面的组织程度足够高,一旦开始一串动作就能把它执行到底,那么我们就得到了一个纯粹的反射。如果在每个阶段都需要新的感觉刺激,这个反应就是次级自动的。

3. 自主反应

第三类神经反应称为自主反应,自主反应是指有意识的运动意志所产生的运动结果。自主反应包括所有的有意动作,以及那些由或多或少的努力所产生的动作。自主运动在一些具体方面,如强度、持久性、速度和方向上不同。

在复杂性方面,自主反应无疑代表了神经组织的最高发育阶段,但在固定性和稳定性方面,则代表了最低阶段,自主反应恰与自动反应相对。神经要素处于极端的流动和不稳定状态,自主反应对应有无限多和无限复杂的神经联系,并且相应地有无数个备选的传导通道,随时为感觉刺激的运动爆发做准备。从动力方面考虑大脑中枢的状态时,我们也许会说它的潜能在不停地寻求机会释放,并且它后来在这个传导通道而非在那个传导通道——意识中勾勒设计的通道释放的事实,则表示着它会选择自己的张力线路。

最后一种表达虽然是在生理学层面上的,但足以指出一个可以区分这些反应的生理学事实。任何自主反应的刺激都是一个中枢刺激、一个被意识描述了的刺激,总之至少是如此。如果我们认为只有先解放张力,中枢才能释放能量,那么我们可以把张力的解放分为两类:由传入流引起的解放和由早先的大脑能量释放而引起的解放。前者是反射反应,后者则可能是一个自主反应。自主动作的条件应该至少满足一个,即生理条件。至于这能否普遍地解释自主反应,我们随后将进行判断。

4. 消极反应或抑制

抑制一词包含了一类据我们所知是仅属于神经活动的现象。每个积极反应都伴随有一个反向波,或者说其完整效果会受到抑制。抑制相当于是一个反向力,用来抵消传出的冲动。抑制似乎发生于中枢,所以,一个反应的效力总是因被神经抑制作用而减弱,这种抵消因素已经在特定的神经反应条件下得到了测量。

受抑制程度最轻的反应是反射。一般来说,神经通道或中枢越坚固,抑制效应就越轻,另一方面,与最复杂的中枢活动有关的反应受到的抑制最严重。无论我们怎么理解意志,我们在此都能清楚看到自主控制——意志发挥抑制作用现象的存在。我们需要记住,就算我们认为意志有指导和选择功能,我们也必须为肌肉控制找一个力学基础。

所以,我们说抑制和神经系统的多变性和复杂性是相伴随的,并且它属于神经系统的上行生长方面。

人们现在发现,每个脊髓段的反射都要受到更高脊髓段的抑制,并且反过来抑制更低的脊髓段,这一事实也印证了上述的一般观点。把一只青蛙的腿浸没在稀释的酸液中,结果发现,切除大脑后,该青蛙的腿部反射更加迅速和剧烈,这说明,它的腿部反射受到了皮质功能的普通抑制。依次去除蜥蜴的脊髓段,发现它的尾部反射强度上升。某些精神疾病引起的自动反应、暗示感受反应和固执的冲动反应中,也缺少这种抑制。皮质运动区域受损时,人的运动冲动会比动物的更强烈,狗比兔子更强烈,从这个实验结果中也可以看到这一点。由此我们也可以推知,当我们沿着动物结构往下去时,我们会发现皮质下中枢更加独立,也更少受到抑制。

第四节　推论:所谓的"神经活动原理"

通过前面的讨论,我们现在已经到了可以对"神经活动原理"进行评价的地步,这些原理可从前面引用的更具体的事实中推导出来,而这本身也说明了我们在前面几页描述的概念是正确的。我们现在按逻辑顺序来介绍这些原理。

1. 功能特化原理

根据这个原理,神经系统的不同区域具有不同的专门功能。在大脑生理学和解剖学领域,这个原理产生了最为重要的结果。在大脑表层的局部位置,我们也发现了对心理学极为重要的现象。

特化。考虑到下面讨论的几点,我们也许会提到一两个一般现象。大脑的两个半球共同构成了一个二重器官,就像两个眼睛一起行使同一个功能一样。关于大脑的整体功能,我们也许可以说,任何一个半球都可以单独行使好这个功能。完全切除或毁掉一个半球后,大脑并不会有明显损害,至少它的基本统合活动还可以继续正常进行。此外,两个大脑半球还可以同时分开活动,身体右侧器官受左半球运动区域支配,左侧器官则受右半球运动区域支配,这两侧器官可以同时做不同的运动。当然,有些功能只受一个半球支配,而与另一个半球无关。比如,惯用右手的人的运动言语中枢位于左半球。当然,那些只用一只手完成的精细运动如书写,也许也有相应的功能发展。所以,我们不把大脑看作两个相同的器官,其中每一个都可以执行所有的脑力工作,而是把它当作一个二重器官,其功能部分由两个半球分开完成,部分由二者共同完成。也就是说,这些现象使我们得出以下结论:(1)有一类功能同时受两个半球控制,可能得由它们共同执行,也可能由任何一个执行都可;(2)有一类功能专属于某个半球,只能由该半球执行,另一个半球不得参与。

根据在此描述的现象,我们可以把功能分成三大类。

(1)纯粹的反射功能,受脊髓和低级中枢支配。

(2)自动功能,产生于中枢的"中枢"和"脑盖"系统。

(3)感觉和自主运动,受制于大脑皮质。

如果(1)和(2)放一起构成了一种复杂程度,加上(3)后又构成了另一种复杂程度,那么我们可以用图 3-11 来表示它们的关系,其中回路 s、c、mt 代表一切非自主反应,s、c、sp、mp、c、mt 代表自主反应。

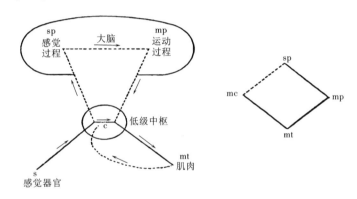

图 3-11　s、c、mt＝反射回路[(1)和(2)]
　　　　s、c、sp、mp、c、mt＝自主回路[(3)]

图 3-12　运动方形图

为了方便后面讨论,我们可以把高级反应单独拿出来并加以简化,比如简化成图 3-12 中的"运动正方形"。在这个正方形中,除了之前的三个要素(sp、mp、mt)外,还增加了一个要素(mc),即已完成动作的意识(在图 3-11 中以虚线 mc 表示),低级中枢(c)不在考虑之列。

从去除了皮质的动物的行为中,我们可以看到皮质除了单纯接收当前刺激并对其做出机械反应外,还能在多大程度上为心理服务。针对这个问题,研究者以青蛙和鸽子为实验对象进行了充分测试。简单地说,实验者发现,在直接相关的环境范围内,它们的生命和反应并未受到损害,它们依然可以存活、呼吸、飞行、看东西、吃食物以及对直接的刺激做出反应；但是，它们不能对间接刺激做出反应，反应大部分不受过去或将来的影响。这些动物缺少了自发性，记忆、概括能力和目的性也都消失了。它们有感觉，但没有知觉，不能对事物进行识别和注意。很明显，这种无脑半球的生物很大程度上不具备协调、记忆、建立联系或者说统觉等功能。根据休谟的知识论，这也指出了我们人类的情况。心理性失明、心理性失聪等术语都是用来描述这种状况的，在这种状况下，我们在生理上仍然看得见，可我们的感觉失去了心理内容。

然而，至于特殊的反应，不同的动物可能具有截然不同的情况。许多在狗和鸟中由低级中枢支配的功能在猴子和人中则是专门由大脑半球支配的，这也证实了上面的观察结果，即曾经是合理理性的反应可能会变成神经性的和机械性的反应。这个被更多实验证明的结论，让我们认识到神经系统在特化方面的巨大灵活性。若这些残疾的动物存活了下来，它们的状况将会改善，会在某种程度上重获自己的智力。

大脑定位。对于一般心理学来说，非常重要的一个问题是，在大脑皮质或灰质中是否存在一些局部区域能给感觉活动和运动活动的执行带来尤为积极的影响。虽然实验结果在这方面分歧很大，但是我们现在一般都认为，确实存在这样的区域，只不过数量有限。运动功能群集在中央沟周围，并且从颅顶向下向前延伸，其延伸路线大致从耳朵口前穿过，腿、胳膊和脸中枢依次向下走。这些器官执行精细动作时涉及的特殊肌肉群，分布在中央沟的两侧。惯用右手的人的言语运动中心位于左半球的第三额回，感觉区域包括位于运动区域后下方的区域，大脑外侧裂基本上是运动区和感觉区之间的水平界限。至于特殊感觉，视觉位于枕叶，包括大脑外侧裂上端的所谓角回。听觉、味觉和嗅觉中枢的位置没那么清楚，大约在颞碟叶，也就是大脑外侧裂下的水平区域。

摧毁人类的额叶似乎会带来一种更高级的"心理性失明"：丧失自主注意、协调和思考的功能。目前广为流传的一个假设是，这些叶是大脑感觉中枢和运动中枢间的联络通道最终聚敛的地方。这个位置与其他区域的失联，将会使后者及其记忆库无法在心理生活中司职。比如,看单词、听单词和说单词这三项功能位于不同的区域,丧失其中任何一项都会损害到言语功能。

2. 无异功能原理

有一类现象表明,不同的神经传导通道并非服务于不同的或特殊的力量,相反,它们是一个公共系统的一部分,服务于共同的生命活动。实际上,我们发现,不同的神经通道可以执行彼此的功能。如果把一个感觉神经与一端切断的运动神经相连,并让它在那个位置上生长,那么,这个感觉神经将会与运动神经一起连续地传导运动冲动,相反也是如此。这类实验的范围非常有限,因为我们既不能在中枢层次上又不能在周围层次上更换神经的末端联系,但是我们手头上的实验结果足以确证感觉神经传导束和运动神经传导束的无异原理。当面向中枢应用时,由于表现形式有变,这个原理又称为替换原理。

3. 替换原理

此处的问题是:一个神经中枢是否可以执行另一个神经中枢的功能?主要针对动物的大脑定位研究表明,可能确实存在这种功能替换,虽然替换的程度可能十分有限。移除一个皮质中枢后,生物体会丧失某种特殊感觉比如说视觉,或者无法控制某个肌肉区域,要很好地解释这个现象,我们似乎可以假设,一个连续的中枢所支配的功能发生了错位。如果被实验动物存活得足够久,它所丧失的功能将会恢复。这里的"似乎"一词要慎重使用,因为我们仍然还不确定,这种功能丧失的真正原因,是因为正常条件下对此功能进行反应的器官整个坏掉了吗?还是因为这个功能只是部分丧失,而剩余的要素或者是暂时性地受"心理休克"抑制,或者是在电刺激的情况中,受到电流分布的抑制呢?据我们所知,很多针对大脑组织的实验,尤其是那些未能以最大细心执行外科方法的实验,功能丧失的原因总是后一种。事实上,在动物和人类中,这种替换现象很少发生,而这也支持了后一种观点。考虑到这些高级生物体中的神经系统更复杂,分化程度也更高,我们也能够从休克理论中预测到这个结果。不过兔子和狗的功能替换,尤其是视觉功能替换,则可能是建立在一个非常坚固的基础上。

4. 特殊联系原理

生物体为功能替换设置的界限可见于贯穿神经系统的"特殊联系",这个原理包括两点含义:第一,神经传导通道只有在中枢或外周具有清晰的联系时,才是特殊的。这些联系使得传导通道履行一个不变的功能,例如,视神经与视网膜和大脑视中枢有特殊的联系,听神经与耳朵和大脑听中枢具有特殊联系。在这种情形中,特殊的是终端器官或中枢,而非神经束。第二,神经中枢只有在其联系使其必然对一个特定的刺激做出反应时,才是特殊的。例如,视中枢通过视神经而与视网膜形成了特殊联系,声音中枢通过听神经而与耳朵形成了特殊联系,如此等等。引起运动反应的刺激有多少种,这些特殊联系就有多少,因此,特殊的事物归根结底其实是刺激和运动。

5. 刺激总合原理

如果刺激轻松冲破了抑制,那么,它就还剩余一部分正能量或者说"分子能"。这种正分子能是用来支持反应或系统消耗的,而负能量则是抑制性的或保守的。所以,剩余的这种能量代表了偏好第二个类似刺激的倾向。所以,当具有相同特征的兴奋不断出现时,就会有某种刺激的总合。以某种旋转方式转动手指后,手指便会为这种运动"做好准备",它们已经具有了对同一刺激再次做出反应的倾向。前后刺激在神经中枢中的结合,能使反应更顺利发生,而这个结合便是总合现象。对此,我们曾惊讶地发现,当前面的电刺激甚至不足以克服中枢的抑制或惯性而无法引起反应时,这个不充分的刺激也使中枢做好了准备,也就是说,当同样的刺激重复了足够多次数后,中枢最终对刺激做出了反应,这种电刺激的最短间隔为 0.001 秒。齿轮连续碰击金属片会发出一种听得到的声音,但是单独击打一次则听不到声音。

对于连续的刺激,不同感官需要非常不同的间隔时间来防止刺激总合或刺激融合。手指每秒能区别 1000 下触击,0.005 秒的间隔足够分离开尖锐的声音。一秒钟对前额电击 60 下以上,刺激就会发生总合。由于视觉后像的停留,视觉的总合作用需要一个更长的时隔,即 0.5 秒。

第五节 对神经功能的总结

现在到了对神经功能做最后总结的地步了,其中受到认可的术语具有很大的心理学意义。所有的巩固或"下行生长"现象,指出了我们所熟知的习惯律,所有特化或"上行生长"现象则说明了顺应律。

习惯律。从生理学上来说,习惯是功能的先前执行所产生的准备状态。从结构上来说,习惯律是指为了一项功能而更好地调整要素的排列,这种排列是由该功能之前的排列变动引起的。从心理学上来说,习惯是指监管的丧失、注意力的分散和意识的下沉。

顺应律。无论是从生理学角度还是解剖学角度看,顺应都是指破除一个习惯,并为接受或适应一个新情况而拓宽机体功能。从心理学的角度来看,顺应意味着活跃的意识、集中的注意力和自主控制,这个心理状态最典型的例子就是我们说的兴趣。习惯和兴趣是心理学的两极,它们分别对应神经系统的最低级活动和最高级活动。

第 4 章

心理现象的分类[1]

第一节 心理现象三大类

心理现象的共有特征是意识,除了这一特征外,心理现象还有一些专属的、可用来区分彼此的特征。根据这些特征,我们可以把心理现象分为三大类。由于这些现象纷繁多样,所以我们有必要对其进行适当分类。每门科学在开始时都需要阐释关于同异的自然知识,然后以这种阐释为起点着手研究。在做这种分类时,我们需要避免两种危险:第一,我们应避免像许多心理学家做的那样,因为忽略了真正的相似点,而把心理现象分成了很多类或者区分了很多官能,结果在某种程度上把心理分割成了独立的藩镇,忽略了所有心理现象的本质统一。第二,我们也应该避免像另外一些心理学家那样走另一个极端去极力反对"官能论",尤其是最近几年走这条路的心理学家,他们都未能认清心理状态的基本差异。

然而,总体上说,无论人们多么努力去对心理现象做进一步的划分,公认的一种方法是把心理现象分为三大类,这三类现象是三类不同心理功能的结果:认知、情感

---

[1] 《心理学手册》第 1 册第 3 章。

和意志。我们可以把第一种称为表象类或认知状态类,把第二种称为情感类或情感状态类,把第三种称为意志类或意志状态类。这三大类心理现象可体现在三个截然不同的命题中,即"我感觉到了什么""我知道了什么"以及"我做了什么"。

我们可以在直接意识中寻找这种分类的基础,也只有诉诸直接经验才能为这种分类辩护。表象状态的共同特征是它们都指向一个事物或对象,只有存在要被认知的东西,认知才能成为一项心理功能。在高级的认知形式中,我们用认知状态来表示对象。在认知的最初阶段,在感觉中,认知的客观方向使我们离开自己去参考一个被呈现在意识中的东西,而这个客观方向性也是认知功能的一个显著特征。

另一方面,情感状态则缺乏客观性这一要素,也就是说,在情感状态中,主要是意识本身受到了情绪(痛苦、恐惧)感染。情感状态可能完全缺乏表象或认知要素,也可能与表象状态以任何联系程度结合在一起。情感状态囊括了最简单的身体感觉和最高级的情绪,并且冲动、气质和各种个人倾向也都在其范围内。

第三类心理现象与前两类形成了强烈的对比,意志状态在意识中的显著特征是努力感,而这是前两类现象所没有的,努力的形式有心理注意、选择和决心。

其他类心理现象也可能表现这个意志要素。我可能会被动地被痛苦或情绪所感染,我也许意识到了许多表象在自由演绎,而我自己则不花费力气去控制或引导它们。这后一种表达也许可以分开作为第三类现象,代表第三类功能。

第二节 三类现象在意识中的统一

在区分了这三类心理现象以及清楚阐述了它们所代表的三个功能后,我们仍然必须记住后者只是功能。这三大功能不是三个彼此平行的心理生活,而是一个统一的生活。它们统一在一个原理中,对此,我们可以从以下几个方面来看。

1. 它们具有统一的目的

这些功能同属于一个心理生物,共同服务于它的发展。身体的统一通过不同器官功能的统一而实现,而所有器官的目的都是保留和发展这个身体,所以,认知功能倾向于保存自我的独立性以及完成自我的使命。"凭借认知,我们理解了行为的目的;凭借情感,我们产生了完成这个目的的冲动;凭借意志,我们合理地管控这些冲动并确保最大的胜利。人无认知则盲,无情感则呆,无意志则为奴。"

2. 它们在共同的活动中是一个整体

每个功能似乎都在基本方面依赖其他功能,所有的思维活动都需要注意,而情感则通常是指导注意或有效防止注意所必需的。在反射活动中,注意似乎是一个代表性的或起联系作用的功能,但当注意作为心理努力而积极起作用时,它具有基本的意志特性。正如我们所说,意志很大程度上是建立在观念和欲望上的,结果,有的心理学派认为意志的本质是观念的冲突,有些心理学派则认为是情感的冲突。情感还包括表象或观点,可以通过记忆或想象也可通过联想而产生,而所有这些都是具有代表性的形式。而且,一个强力的意志动作有时也会在脑海中引起一系列观念,这些观念则又可以引起情感。

3. 它们在意识中完成了形式的统一

完整的心理观起于意识,也终于意识,把意识当作必然的背景和整体的统一形式。意识代表着一个存在单位,是这种三重性活动的主体,并且无论意识的状态是正常的还是不正常的,在这种三重性状态的普通刺激下,意识都可以完成整体的适当平衡和目的。

第三节　主题的划分

通过上述分类,心理学的内容划分成了几个部分,可以方便研究。除了上面所说的三类心理现象,我们还必须考虑这些现象的共同形式也是共同特征——意识。相应地,我们得到了四大主题:

第一部分:一般的心理特征。

第二部分:认知。

第三部分:情感。

第四部分:意志。

第一部分　一般的心理特征

第 5 章

意　识[①]

在前面的章节中,我们虽然使用了意识这一术语,但并未对其作出解释,因为我们假设读者在平常的阅读中已经熟知了该术语所具有的一般含义。然而,我们还是需要在开始时深入认识意识的本质及其在科学中的地位。

第一节　意识的本质

定义。关于意识的本质,除了那些不太重要的观点外,我们也许可以说,在心理学家中流行着两种普遍的意识观:一方面,有心理学家相信意识本身是一项心理功能,可以感知心理及心理状态,就好比视觉和听觉是感知身体的外部官能一样。这种观点基于反思现象,而非我们对直接经验的初始察觉。反思是观察内部状态的高级手段,和感官知觉一样,反思把主体与主体内的客体联系在了一起,但对直接经验的初始察觉与外部知觉毫无相似之处。根据这种意识观,意识并不是心理的基本组成部分,而是外加在心理上的东西,就如可以没有外部感觉、记忆、

[①]《心理学手册》第 1 册第 4 章。

想象一样,心理也可以没有意识。由此可知,这个意识观假设了无意识心理的存在。

另一种观点认为,意识是一切心理状态的共同和必然形式,没有意识就没有心理,意识是区分心理和非心理的界限。

从经验的角度来看,我们可观察到以下两点。

(1)意识并非一种心理能力或能量。意识并不包含有意识的努力或注意,在回忆或做白日梦时,心理状态是不受控制的,而是自由地来来去去,没有任何心理阻碍。我们会充分意识到这些状态的自由流动,尽管我们并未意识到伴随着这种流动的心理努力。

(2)意识不是内部主体用来感知本身状态的心理器官。意识不是一个内部感官,因为所有感官在执行本身功能时都离不开它。感官具有物质基础,意识则依赖感觉中枢整体的健康和正常活动,所以,意识是心理状态的一个条件和辅助特征。[①]

第二节 意识范围

意识范围是意识在任何时候的表象总和,无论这些表象是清晰的还是模糊的。实验表明,意识可以一次记住钟摆的 12~15 下摆动而无须对其进行计数或分组。如果以 5 下摆动为一组,那么意识将能记住 40 下摆动,两下相邻摆动之间的最佳间隔为 0.2~0.3 秒。我们也许可以把意识比作其中有物体散布的视野,在视野中,居于中心的物体是看得最清楚的,边缘处的物体则最模糊,而在中心和边缘之间则对应各种程度的清晰性。在意识中,观念是清晰还是模糊,也是根据它们在心理视野或注意视野中的位置决定的。被注意的观念是最清晰的,与其紧密联系的次之,偶然出现和未被积极注意到的观念则最模糊。它们在这个一般范围中的位置不同,关于它们的意识也具有不同的程度或形式。

---

① 关于无意识心理理论,见《心理学手册》第 1 册第 4 章。

意识的程度。我们可以用一个例子说明。在我写字的时候,我几乎注意不到钢笔划过纸面时发出的噪音。再过一些时间,我就丝毫也注意不到它了,也就是说它进入了潜意识。如果钢笔质量很差,且噪音很刺耳,那么就算我意识到了这种恼人的声音,我也会继续写字而不去注意它。这种状态称作分散性意识。所以,就算周围有无数种事物——桌子、板凳、书,进入我们的心理,我们也对它们无动于衷。如果现在我不自主地注意到了我的钢笔,我对它就有了反应性意识或者说反射注意。如果我自主地检查笔尖想修好它,那么我就是在心理上积极地推出了自己,产生了主动意识或自主注意。当面对许多事物时,如果心理注意集中在一个表象上,那么这种心理状态称为统觉。此外,所有的低级状态,即其中既无自主注意又无不自主注意的状态,一般可称作被动意识(见图5-1)。

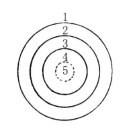

1. 无意识(生理方面)
2. 潜意识
3. 分散性意识 } 被动型
4. 主动意识或注意 { 反应性意识 / 自主意识
5. 统觉

图 5-1 比照视觉而对意识范围的界定

我们有必要指出,观念可以通过所有这些转变形式,从黑暗的潜意识迁至明亮的注意焦点。图像不停地沿着两个方向走,以多种多样的形式彼此作用,最终构成了我们缤纷多彩的内部生活。

统觉。积极意识内所发生的变化,都具有统觉这一特征。统觉是意识中的一种综合过程,通过这种综合,所有心理现象(感觉、知觉、观念)都变成了更高级的关系形式,而且对相关事物的知觉变成了对这些事物的关系的知觉。洛兹说:"a 和 b 这两个表象的作用只是引起一个精神活动,通过这个活动,新的表象如相似、相同或对立才能产生,而若是没有这种新的精神活动,这些新的表象就绝不可能出现。"知觉的关系与关系的知觉不同,统觉是发现关系的综合能力,但是它并不局限于推理过程。统觉是一种基本的现象,发生于心理概括活动的任何阶段。

用统觉一词来表示最宽泛意义上的心理关系创建,是非常重要也是非常有价值的。心理可以动用注意,可以抓住细节并将它们在一个新的心理产物中联系起来,这些心理动作非常清晰也非常常见。而我们对这些动作的研究应该局限于一些特殊的、每一个都对应有一个不同名称的操作过程,比如知觉、观念和判断。统觉一词挑出了这些特殊操作过程所共有的心理动作,即注意的关系建立活动。所以,统觉这个术语强调认知功能作为一个整体的统一性。一般来说,只要心理信息通过一个注意动作而统一成了一个彼此关联的整体,这个动作就是统觉动作。

第三节 意识的发展

意识的开端有着巨大的模糊性。有迹象表明,刚出生不久的婴儿就已经开始有记忆能力和把印象联系起来的能力,但是这种记忆力和联想能力都非常微弱,并且依赖强烈的刺激,比如强光或很大的声音,几个月的婴儿会忘记消失一周的熟人。婴儿的注意在逐渐发展,起初非常模糊和不连续,过了几周后就变得持久和明晰。这一点最早表现在视觉和触觉中,这两种官能发现了空间关系。最早的意识也许只是一团触感觉和肌肉感觉,这些感觉有一部分来自出生前,也许只有当特殊的感官适应了它们所在的环境并且能够对它们的特殊刺激形式产生应激反应时,一般的机体状况才破裂分成多种不同的感觉。触觉和肌觉的最初分离让我们知道了我们自己的身体形式,知道了身体部位的位置,而这也成了我们定位外部物体的起点。身体运动在很大程度上有利于我们理解空间事物的维度、形式和面积。身体运动一开始是随机且不受控制的,源起于身体不时地神经放电。

这时,婴儿进入一个发育阶段,在该发育阶段,身体运动大部分是机体对外部刺激的适应。第六个或第七个月后,婴儿会经常模仿他人的动作。"持续地模仿",也就是不停地尝试,是幼儿的最初自主努力。[①] 这些努力—运动逐渐具有一

[①] 关于婴儿的主动生活的发展,见笔者的论文《婴儿期迹象》(1891年2月27日发表于《科学》杂志)、《婴儿的运动》(1892年1月8日发表于《科学》杂志)、《意志在儿童期的起源》(1892年11月18日发表于《科学》杂志)。

种积极的特征,但即便是经过两到三年,孩子也觉得很难模仿任何给定的动作组合。这种身体控制的现象似乎是意志行使的开端,它包含了一种主观参照。这个参照要比任何纯粹的情感性感觉更清晰和独特,结果,孩子便有了我的概念,有了自我意识。

意识的发展在很大程度上取决于有机体的发育。心理在展现自己的功能之前,感觉器官首先要能行使它们自己的功能。眼睛睁开并做出适当的运动后,视觉印象才能以外部知觉的形式发挥作用。同样,中枢也必须适应它们的反应。如果我们把成熟神经系统的选择性活动比作阻力最小的路线,我们也许可以说,婴幼儿还十分缺少这种路线,他们需要通过实际的练习来建立和维持它们。这些早期的身体变化越确定且越多,心理功能就越可能具有更加复杂的形式。与身体的其他器官一样,大脑不仅会变大,而且会变得更复杂。大脑的尺寸可能在成年之前就已经达到最大,但是它的结构发育才刚刚开始。结构发育是指身体分化为具有特殊功能的身体部分,以及在全身建立各种联系。基底神经节的发育似乎要早于大脑半球,这也是可以预料到的,因为前者关系到身体的基本生命过程。

笔者对一个六个半月大的女婴进行了实验研究,在实验中,让连续照顾女婴五个月的护士离开三星期,三星期后护士归来,结果发现,女婴既不能单独通过护士的脸又不能单独通过护士的声音认出护士,而是通过脸和声音组合在一起才完全认出了她,这个结果也可说明不同表象在心理生长早期阶段的相对价值。

第四节 意识的神经条件

1. 一般条件

关于意识的身体基础,共有两大理论。第一个是由卢先生[①]提出的,认为当我们考虑神经过程的最普遍形式也就是应激性时,神经过程其实到处都是有意识

---

① 贝恩(《情感和意志》附表 A)也认同这个观点,冯特认同一个类似的观点。

的。根据这个观点,每个神经中枢也就是所谓的弧都有它自己的意识,个体的普通意识只是我们所拥有的许多低级意识的结果。可以这么说,大脑意识是我们唯一意识到的意识,但在脊髓和所有的神经节中也都有意识。另外一个或一类理论认为,要想在神经系统中找到意识,前提是这个系统得先有一定程度的发育。所以,在系统的发育过程中,意识只出现在某种整合或"上行生长"阶段。这个理论广为心理学家接受,不过,这种接受更多的是出于分类的目的,而非积极论证的目的。根据这个理论,我们不能否认意识在低级中枢的存在。

另外,我们的个人意识似乎也代表了一种缓慢的、困难的和受阻的——因此也就是高度成熟和平衡良好的整合状态。最顺利的反射都是无意识的,最艰难的决定都是最有意识的。所以,在神经基础上有一定程度的抑制作用是必要的——至少是为了得到生动清晰的意识。

另一方面,当前的一些思考更支持卢先生的理论,因为它们表明我们的区分都是随机的。此外,这些思考至少为我们引入了一些假设性的证据来证明意识与神经反应具有同样的范围,这些思考包括最近的关于所谓多重人格的存在证明,多重人格可以在催眠状态下于同一神经机体中诱导出来。关于多重人格,有人解释说,由于高级中枢受到了抑制而缺少意识内容,所以低级中枢便把以前落在意识范围之外的经验提供了出来,无论如何,这个解释倒是挺有吸引力。此外,在动物机体中,我们很难指出意识的产生至少需要多大的神经复杂度。我们前面说过,大脑和脊髓神经节之间确实可能发生功能替换,而这一现象可能表明,意识具有一个共同要素。

2. 特殊条件

关于神经中枢里的意识都有什么直接条件,又产生了一个问题。假设一个神经机体具有产生意识的能力,那么在什么样的具体状态或情况下,它才能产生连续的意识呢?当前,这个问题的答案更多的是猜想。赫尔岑认为,意识来源于中枢细胞结构的分解或消耗,而这个观点似乎也最有说服力。因为我们知道,注意作为一种集中精神和消耗能量的状态,也是最生动的意识状态;而当大脑无事可做时,比如在注意分散状态或安逸状态时,意识则最为模糊。此外,在睡眠和类似状态下,大脑过程很大程度上会因为缺乏感官刺激或运动刺激而沉寂下来,这时候大脑几乎达到了无意识水平,化学反应和分解则会引起活跃的思维、热量的增加和大脑有机废物的积累。

意识的产生需要整体机制处于正常状态,任何供血障碍以及大脑血管堵塞都会引起眩晕和昏厥。我们一般会说,大脑具有正常的生理关系时,其健康活动可以产生清晰的意识。我们还要记住一点,针对意识产生条件的一切假设都不能阐明意识究竟是什么。关于这一点,就连生物学家施耐德也深信不疑。

第五节 感觉能力和感性

很明显,单是神经活动并不能将我们带入心理科学的领域。无论我们认为这种活动是否完全独立于意识,有一点可以确信:神经活动外在于所谓的个人意识。脑袋被砍掉的人,就算四肢的神经反射再怎么活跃,也无论我们多么坚定地相信他的脊神经节中有一个"内部",他都是无意识的。换句话说,我们大部分的普通神经反应并未踏入我们意识生活的门槛,所以,我们要区分作为一个神经特性的感觉能力和作为一个有意识现象的感觉能力,也就是区别感觉能力和感性。感性是指人在通常情况下对自身经验的意识,而感觉功能则是一个神经功能,据我们所知,它只是可能伴随有意识。

为了有效界定感性,我们可以说:(1)没有大脑就没有感性;(2)没有记忆痕迹就没有感性;(3)没有表达性或适应性的运动反应就没有感性。然而在所有不具备感性的情形中,可能都存在感觉能力,这一点从敏感植物中就可以看出。

通过潜意识的变化,简单的感觉能力可转变为充分的意识。从神经系统方面来看,这些变化指出了一种太过微弱而无法进入感性范围的刺激和反应。尽管如此,它们也影响着意识生活,并给它方向和强度。从身体的角度,在刺激总合原理下,我们也能看到这一现象。

第六节　取决于神经复杂度的意识种类

1. 被动意识

潜意识感性在心里生活中被称为被动意识,与包含或多或少注意的主动性意识形式相区别。笔者发现自己经常在表针转动几下后开始计数,最后总能够说出正确的指针转动数,但并不知道计数之前的转动数。本质使然,被动意识很多时候无法为人察觉,只是在低级的生命形式或在婴幼儿中,它才作为一种与主动意识相区别的普通状态而存在。我们成人从昏迷中刚苏醒过来时会有被动意识,我们听到外面有声音,但不知道它们的含义或关系。关于这个从日常自我意识状态中抽取出的状态,我们可以做如下评论:(1)这是一个纯粹的感性状态或简单意识状态。(2)它并不参照一个外部客体或身体本身,也就是说在内部没有这种参照。(3)它也不把自己作为内部理解对象来参照,不涉及"我的努力"这种自主努力。(4)它没有关系或统觉特性。被动意识不是认知,而是感觉,最纯粹的被动意识是假设性的情感状态。

我们有可能会转而注意到一个模糊的表象,并使其变得生动,而这也说明,人类意识的这些低级形式所对应大脑基础并不是与高级中枢相分离的,而是与其相联合的。实际上,一个自主操作中的神经放电可能会引起一个不含注意的潜意识反应。被动意识的生理基础是大脑某个区域暂时丧失张力的状态,而这个区域具有最高的整合度和不稳定性。

2. 反应性意识

反应性意识是指通常称作不自主注意的状态。在被动意识中,只有刺激的接收才是一个感性问题,在这里,意识似乎也与神经弧的反应部件有关。为了方便讨论,我们也许可以相应地把这种意识形式分解为三个要素,它们对应神经弧的三个要素:第一个是对应着刺激的接收意识,如一个突然出现的响声;第二个是对应登记要素的不自主注意;第三个要素则是对这个声音做出的肌肉反应,比如因猜到有危险而逃跑。典型的大脑过程和典型的心理过程具有相似之处,这个相似性具有最普遍的力量,所以需要我们仔细研究。在这里,我们发现了一些具有根本哲学重要性的问题。

反应性意识的特征。一般来说,这种意识形式的一个明显特征是消耗感。注意,即便是不自主的注意,也总是意味着消耗。进一步命名只会画蛇添足,让本来所有人都可以根据自己的经验而清晰道出的感觉——在心理上被抓住和被带走的感觉,变得更为迷离。

此外,反应性意识还具有另外一个要素,我们称之为疲劳感。这种感觉不同于消耗感,它只产生于长时间的注意或之前就已经有神经消耗的情况下,至于这种感觉是什么,我们也无须进一步描述。

此外,在肌肉方面,我们发现了两类效果:一个特殊刺激所独有的反应性效果,以及伴随着注意本身的特定肌肉动作。后者是恒定不变的,前者则随着刺激的不同而不同。比如,一个学生突然听到有人大声喊自己,这个刺激所独有的惯性反应是一个言语反应,也就是回应说"嗨",或说"到"。但在说话之前,他会发现他自己已经把注意力——可能是他的头部转向了声音的源头,通过这么做,他把一系列神经和肌肉都投入了使用。在这两个反应中,言语反应有意识地回应了受刺激神经弧的运动一端,并且我们也只能说是这个反应遵从了注意。注意性运动似乎专属于注意本身,并且在典型的反应中属于中枢要素。

因此,在反应性意识的运动现象中,有两类要素不能在下面的讨论中混淆:被注意的刺激引起的运动反应和伴随注意本身的运动反应(参见图 5-2)。其中,被添加的新要素[①](cc=协调中枢)是中枢注意过程。一个新的运动过程(mp')被激发了,接着产生了新的肌肉运动(mt')。普通刺激(sp,在本例中是声音)也引起了普通反应(mp、mt,在本例中是言语)。在此,我们仍然用运动方形图来表示它们的关系(见图 5-3)。

---

① 见图 3-11 和图 3-12。

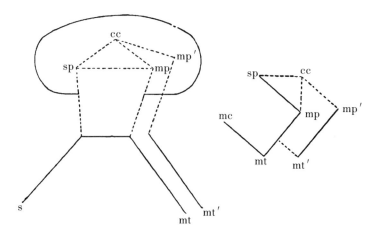

图 5-2　运动反应图　　　图 5-3　运动方形图

sp、mp、mt＝运动反应

sp、cc、mp'、mt'＝伴随注意的运动反应

3. 自主意识

自主意识也许可以用几个新的情感要素——新的感性形式来描述。如果不知道后来的分析结果，我们也许可以说，自主意识首先具有"细思"的特点。总体上说，细思一词是指一种感性的二重性，指对内部分裂或内部冲突的意识，这种内部冲突的目的是为了把问题限制在感觉方面，将其与观念活动区别开。这种细思感引出了另一种感性要素，也就是决策感或同意感。这时，刚才所说的二重性就又溶解在统一的意识中。此外，我们还发现了另外一个明显不同于前几个要素的要素，即努力感。在这种感觉中，我们积极地让自己认同决定好的反应，有意识地利用自己来增强决策，对自主决策的任何分析都必须至少考虑这三个不同的感性方面。

自主意识的生理基础存在于神经系统的选择功能和抑制功能中。只要这种选择和抑制是有意识的，就可能包含自主决策的神经基础。在上面三个感性要素中，第一个和第二个都可以做清晰的生理类比。意识中的细思类似于大脑中枢的动态复杂性和不稳定性，神经系统中存在一种瞬时平衡，这种平衡的对立面表现在心理上就是心理踟躇。细思后的决策也类似于神经中枢准备释放能量时的状态，这个时候平衡被打破，刺激只要一向外传导，就会有运动反应发生。

然而,说到努力,情况看起来又不同了。并没有哪个神经功能明显与这种感性状态对应,也就是说,所有功能都已经具有了自己的心理类似物。要弄清这种类比问题或者说努力的生理基础问题,我们最终还需要对这种感性状态做更全面的心理分析。但是,如果可以从努力追溯到能量消耗,从能量消耗又追溯到肌肉感觉,那么我们就不需要这种类比,但就目前的生理学水平来说,我们还不能对努力做进一步的分析。

意识的基本特性。根据前面所说,我们可以很容易看到一个普遍的事实,即意识中的不同事件具有不同的价值,到来的时候带着不同的自我介绍,具有不同的专属于自己的特性。简而言之,意识具有一种基本的特性——差异性。此外,我们可以清楚地看到,在意识事件的这些差异之下,意识会有不同的表现,会欢迎一些变化,会避免另一些变化,对一个刺激做出这种反应,对另一个刺激又做出那种反应,也就是说,它还具有另一个基本特性,即选择性。我们还发现,根据意识事件的发生方式不同,意识会有不同的兴奋程度、强度和色彩,这些特性是把意识划分为三种状态——知(差异性)、情(兴奋程度)和意(选择)的基础。

第七节　意识的神经系统和统一

我们已经充分强调了神经系统的功能性统一,而且强调这种统一是一种动态的统一。系统各部分只有在彼此的联系中才具有意义,它们通过这些联系构成了一个系统,并且也只有这个系统才能给它们各自的活动赋予价值。我们只有一个神经系统,也只有一个神经系统生长律。这个系统的功能只有一个,它的最终目的也只有一个。

所以意识并没有很多形式,也就分为被动型、反应型、感觉型、运动型和抑制型,这些意识型其实都只是一个统一意识的不同方面。严格地说,意识中没有感觉现象,只有感觉现象的动力或反应方面;没有运动现象,所谓的运动现象都是来自先前的感性内容;没有自主现象,只有依赖前述二者的所谓自主现象。所以,意识是统一的,就如神经过程是统一的一样。

第 6 章

注　　意[1]

第一节　注意的定义

有时候许多表象松散地分布在意识的范围中,有时候整个心理都集中在某一个表象上,而这两种状态下的意识具有基本的差异,并可相应地分为被动意识和主动意识。主动意识基本上就是注意,是把心理集中于一个表象上。在任何时候,注意都是一个有意识的动作。使现象之间建立关系,使它们结合、分离或以一定方式排列的活动是统觉,而统觉在很大程度上是潜意识的,但统觉活动的前提是注意,而注意是关于直接意识的。

1. 反射或不自主注意

通过观察我们自己,我们会发现,注意既可由外部一些陌生且出乎意料的因素激发,也可由意志激发。吵闹的声音、来自别人的猛烈触碰、恶心的气味等都能立刻吸引我们的注意,这种注意的发生完全没有意志的参与,这种行为就是反射或不自主注意。在正常的意识状态下,注意经常会受到这类外部因素吸引,而几

---

[1] 见《心理学手册》第 1 册第 5 章。

乎没有意志力的人基本上就活在这种外部刺激的控制下。这些人的注意一会儿飘到这儿，一会儿飘到那儿，根本就不专注于任何感觉或观念。在这样的头脑中，正如我们随后所见，统觉的功能受到阻碍，统觉结果也变得不稳定。这种无法让注意免除其他诱惑的不稳状态称为分神，这个时候，注意因在努力适应多个不同的状况时而变得四分五裂。

另外，顽固持有某个观念则是一种长期不自主注意的情形。在我们的普通生活中，一个观念经常会因为强烈的联想，因为感觉，之前的注意或被意志努力的贬斥，而停留在我们的心理中，占据着注意，这种现象称为观念固着。固着的观念一般可以通过改变场景、伴随物和周围环境而消除，在这个过程中，或是旧有连接断裂了，或是新的观念抓住了注意。随着一个观念变得固定或必不可少，它就会在自己周围聚集其他观念，并与它们逐渐形成更强的联系，结果就会很快给整个心理生活带来一种病态的色彩，这通常是最终发展成为顽固精神病的偏执狂和持续幻想的起点。① 人们通常也会假设，遗传引起的一些神经或大脑紊乱倾向也会招致并强化这种精神错乱的状态。

通过观察处于催眠幻觉状态下的病人是如何表现的，我们可以看到不自主注意的机械本质及其与一切身心状态的密切联系。在这种催眠状态中，意志要素似乎完全被消除掉了，病人明显无法控制自己的身体或心理，催眠师给出的任何身体或心理暗示都会立即在行动中实现。看起来，要想利用相关的身体变化来启动一整套统觉过程，必须首先获取注意，或者可以往病人身上强加一种身体姿势或运动，以此来产生此种姿势或运动所暗示的一切情绪和认知状态。在催眠状态中，认知活动看起来很正常，情绪易激发且脆弱，但是病人丧失了一切内部控制，结果，行动成了必然的结果。非常重要的一个点是，虽然一种观念在这种催眠形式中得到了固化而变得不可或缺，但一般主观状态并未因为由此产生的观念替换而改变。

---

① 案例描述见考尔斯于1888年2月发表在《美国精神病学杂志》上的文章。

2. 自主注意

与此截然相反的是自主注意或者说合理注意,这种注意可以定义为自主心理努力引起的积极意识状态。在这里,一项全新的要素即心理努力进入了意识。自主注意最先流露出了意志的痕迹,是一切心理活动控制的起点。有一千种东西吸引我,而我们则可能会拒绝去关注它们。在沉迷于思考时,我也许根本意识不到平常会引起我注意的声音、画面和身体接触,这种情况也存在于我们所熟悉的"心不在焉"中。在心理生活中,这种独特的自我外走现象被我们称之为心理"同意"的东西。从这里出发,我们所做的事情就指向了做这些事情的我们,借此抵达自我意识。

经常或长时间的关注同一个表象或观念将会不自主地将其带到意识中,这个表象或观念在不同情形中的重复出现将会建立多种不同的联系,通过这些联系,它可能会再度复活。持久和固定的观念通常源于我们对它们的自主思考,也就是来自我们所说的对某一个主题的"沉思"。如此一来,反射和自主注意之间的界限就模糊了,之前具有选择性质的自主注意变成了自动和必然的反射。

第二节　心理生活中的注意方向

联系到三大心理现象种类,注意具有首要的重要性。一般我们可以说,注意会增强一种心理状态,对此,我们需要更加详细具体地进行讨论。

1. 注意与感觉的关系

注意和感觉之间存在一个二重的或反应性的关系。一方面,感觉的增强会吸引注意,它的强度变化能直接刺激到注意,这时候,注意是反射。另一方面,指向一个感觉的注意会增强该感觉的强度。我们已经知道,许多感觉默默无闻地存在于意识中,几乎无法察觉,而这时候注意被其他东西占据。要给这些感觉全部地效力,就必须将注意指向它们。但除此之外,注意也许还能给它们更大的强度。

关注身上的伤痕只会让我们感觉更疼，所以，通过让病人将注意集中到一些新的感觉或者用另一个话题来激起他的兴趣，可以转移他对自己疾病的关注。燥热的衣服可以减轻头疼，因为它可以产生一个反向刺激。这种注意作用在神经疾病中尤其严重，在对瘫痪病人进行催眠时，通过一个简单的暗示，就可以治愈病人的瘫痪或将瘫痪从一只手臂转移到另一只手臂。在这种情形中，暗示完全占据着病人的注意，故而诱导出了他对效果的信任，失眠和消化不良以及其他疾病也会如此这般得到治愈。

注意同样还能影响感觉占据的时间。实验表明，我们需要一定时间才能感觉到感觉器官传来的兴奋，运动器官也需要一定的时间做出反应。当我们能预期到兴奋时，这个时间就会有很大减少。调整注意以适应刺激的本质和源头似乎需要一定的时间，但当这个观念已经事先存在并且注意已经得到了部分调整时，这个调整时间就会缩短。

2. 注意与运动的关系

身体部件的运动和与之相应的观念是紧密相关的，任何自主运动的发生，都在脑海里对应有自己的观念。通常，在没有任何自主冲动或相反的自主冲动时，这个观念本身便足以引起运动，例如，儿童的模仿能力表明儿童具有执行所想运动的倾向。我们经常会发现，看到说话者的手部动作或唇部动作时，我们自己的相应部位也会微微跟着动。也许，任何单词都需要部分地通过发音器官而进入大脑，这一点，可从许多人自言自语或大声思考的情形中看出，无疑，身体联系在这些情形中发挥着重大作用。我们通常都是先想到一个动作才会去执行这个动作，所以，神经中枢通常也都会积极地沿着适当的传导通道，释放完成这个动作所需要的能量。最近发现，负责书写的大脑中枢受损会引起言语能力的丧失，而这也确证了上述观点。

行使注意可以极大地增强这种运动倾向。注意有助于将观念变得更为清晰，并因此消除其他会激起不同运动的观念。当注意集中在器官或做这个运动的想法上时，尤其如此。这时候，注意会产生一个双重效果。注意倾向于开发器官中潜在的感觉,而这些感觉则会引起能解放它们或使它们持续存在的运动,或者,注意会因为我们想要执行某个所想动作而产生运动。比如,如果我们看到了一个工人被锤子砸到了手,我们就会本能地做出保护手指的动作——把手指握进手里。

我们提到的催眠暗示现象指出了受到强烈关注的观念和该观念的身体执行之间存在的自动联系。意志的缺乏并不会干扰到动作的执行,而只会影响阻止或指导该动作执行的能力。在催眠状态中,意识非常集中,每个观念轮番居于注意的中心。

3. 注意与认知的关系

自主注意和反射都直接参与认知功能的运行。我们一般可以说,正如在记忆、联想、判断和推理中那样,注意可以增加表象性状态的生动性,并因此使得统觉活动如综合、分析、关系构建等变得更为确定和持久。心理必须首先保持表象,保持心理画面的能力取决于原始表象的强度和关系的清晰性,而注意则能提高这种强度和清晰性。高级思维形式所用材料的供应取决于我们平时对发生于眼前的事情的关注程度,如果我们想要记住任何事件,就需要让注意集中到它们身上。其次,注意同样可以提高被记起表象的强度。回忆一个朋友的面目时,脑海中的画面起初是模糊不清的,但是通过集中关注这个画面并仔细检查它,我们就能回忆出一个更为清晰详细的画面,注意在表象上快速地从这一点迁移到另一点。最后,一切心理状态的持续时长或时间可通过注意而变得更短,正如观念联想实验和差异估计实验中所显示的那样。

4. 注意与情感的关系

注意能增强感觉,同样能增强一般的情感状态。注意集中到情绪上时,情绪会变得更强烈,希望、快乐、恐惧、气愤在被想起时会变得更加强烈,在远离注意时则会减弱。对于高级的情绪,我们很难控制注意,结果它们完全占据了意识的领地。同样,被称为情感苦乐基调的快乐和痛苦也可以因为被关注而增强,因为撤销关注而变弱。

心理学家经常会评说注意和兴趣感之间的特殊关系。这种兴趣感通常类似于个人利益感或个人偏爱感,而我们发现这些情感状态在我们的联想流中发挥着重要的作用。兴趣感能使注意变得更加自发和自动,使得注意更有效地服务于内部生活,更少引起内部厌倦。注意能引起我们兴趣的东西,同样也需要心理努力的外走。

5. 注意与身体功能的关系

长期有指向的注意可能会扰乱身体的自动功能。自动功能是那些运行起来不能为我们意识到的功能,当我们仔细注意自己的心跳时,心脏会跳得更快,消化器官以及呼吸过程也会因为被注意而失常。注意还伴随着某些身体姿势,比如把头或眼睛转向一个方向、身体前弯、皱眉和其他肌肉收缩,终端器官也会有紧张感。这都倾向于表明,注意涉及的是大脑的运动要素,而注意对感觉的作用效果则指出,注意涉及的是一个接着一个的感官变化。

第三节 注意原理在教育中的作用

1. 注意训练

我们前面的讨论已经能够表明注意在教育中的重要性,教育成功的秘诀在于使注意成为完全自主的注意。思维的力量很大程度上取决于自主控制或者说注意的集中,借助这种自主控制,才能防止因为一些偶然的、意料之外的影响分神。注意训练越早开始越好,我们应该教儿童持续观察能引起他兴趣的东西,并鼓励他就物体及其关系提问。在儿童初期,我们应该让儿童自己选择自己喜欢的东西,直到统觉综合律成熟,也就是说,直达他已经能够多少学会如何把事物和事件联系起来并明白它们的关系,否则,强加的意志可能会干扰情绪的发展,而情绪在此时是一个起控制作用的因素。但是只要可行,教师就应该吸引和保持学生的注意,一开始是针对他们喜欢的事物,然后过渡到那些他们无感的事物。在一般的环境中,教师应该非常小心,要防止任何东西,如开着的窗户、宠物、玩具使孩子们分神,因为这些事物实际上会让孩子倾向于一心多用。还要小心不要引起注意疲劳,训练时间宜短不宜长,因为孩子会觉得累,如此一来,学习就成了痛苦,学习内容变得可憎。应该经常让孩子休息,对于12~14岁以下的儿童,背诵也不应超过15~20分钟。永远不能让儿童的兴趣减弱。

2. 注意习惯

通过这种方式,普通的注意习惯就在生命早期形成了,它们和其他习惯具有同样的力量。注意因此就变成了应用,而应用是自主和怡人的,在这个基础上,学生可以长时间关注思维内容。

针对早期教育的单一性,我们也许需要给出一个警告。同样的基本思维倾向不要占据学生太多的早期注意,因为这样的倾向会贯穿他的一生,约翰·斯特尔特·米尔就是这么一个例子。注意如果涉及了我们天性中的情绪方面,将会是非常危险的。宗教老师不仅利用这一点来向学生灌输道德和宗教,而且去激发学生心中的早期偏见和仇恨,这些偏见和仇恨一旦养成,终其一生也无法摆脱。保姆通常能让孩子形成一生都无法消除的恐惧联想,通常,这就是前面所说的顽固观念的起源。顽固观念侵略我们,并在某种程度上使我们很多人成了嗜好成癖者和偏执狂。

3. 统觉所需的注意

后面我们将指出,心理的统觉功能只能在注意中并通过注意来起作用。在辨别结果、选择结果并确立结果的关系时,集中起来的注意称为统觉,而产生这些结果的主动过程则是注意,注意和统觉似乎是同一心理现象的主观方面和表象性方面。

第二部分　认　　知

第 7 章

认知功能的划分[①]

认知是知识的工具。"功能"一词指的是"特点"或"表现",据此,我们也许可以认为认知具有两种功能:

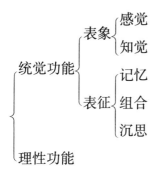

1. 统觉功能

这个功能包括意识内容在统觉活动中发生的一切变化,这些变化的结果都源于注意的集中。

通过表象功能,我们得到了认知材料,这个功能涵盖两类经验知识来源,即感官知觉和自我意识。

[①] 见《心理学手册》第 1 册第 6 章。

表征功能是指在心理过程中保留、复制和合理利用表象材料的功能。我们可以在下面三个标题下来考虑表征功能的运作：①记忆。包括表征在时间中的保持、复制、识别和定位。②组合。也就是对以想象形式存在的表征进行排列部署，这种部署律就是联想。③沉思。是一种认知功能，构成了思维的运作过程。在表征功能之下，也存在三种心理阶段：理解、判断和推理。

2. 理性功能

从这个方面来看，我们并不把意识当作内容，而是当作认知材料的形式或模型。前面所说的操作，无论是表象操作还是表征操作，都服从一个普遍有效的规律，也就是同一律（或者说不悖律）。用在事物上的理智一般都遵循充分理性原理，这些原理作为判断是综合性的，但是作为自我反思则具有它们自身的普遍有效性，且不能在统合内容中给出。这些原理和其他同类原理如因果、对错一起贯穿了所有的知识，并构成了理性。

第8章

感　觉

第一节　感觉的一般本质

感觉是最基本的心理事件。感觉之所以被如此称呼,是因为它们来自感官。我们是在普通意义上来使用这个单词,用它来指代感官印象在心理中产生的一大堆心理现象,既包括情感类的,又包括表象类的。触摸到一枚贴片时,我们可能会感觉到潮湿和磨手;如果贴片是热的,我们还会感到烧得手疼——这些经验都是感觉。

感觉和印象之间的区别。如此定义了感觉后,我们必须将其和之前或与其相伴随的身体现象区别开。印象是外部刺激作用于器官尤其是神经和神经中枢时引起的变化,比如空气的振动。我们还未透彻理解不同感官印象的本质,但在每一种情况中,它们都是一些运动形式。印象具有身体现象的一切特征:可以被感官定位、测量和捕捉。相反,感觉和任何一种运动都无法相比,一个印象的发生可以不伴随任何感觉,这一点也可以说明二者之间的不同。印象可以非常微弱或者持续很长时间,或者经常被重复,如我们已经适应了的衣物刺激。在注意被其他事情占据时,印象可能无法像平常那样引起相应的感觉。

感觉中的情感要素和表象要素。集中的主观状态构成了真正意义上的感觉,但除此之外,在大多数感觉中还存在一个明确的认知要素,这个认知要素指的是对外部事物或对自己身体的认知。这是感觉中的表象性或知觉要素,不同的感觉在这方面有很大的差异。

另一方面,在有大量或巨大刺激出现的情形中,感觉的情感特性最为强烈,这时候,关系最少、感性最大。当一个人跳入一个水很烫的浴缸中,"水好热"和"是我自己在洗澡"的认知只占据很少的意识,因为烫肤之感在这个时候压倒了一切。当一个粗心的昆虫停在水母的外表面时,我们可以想象感觉之波在水母身上的扩散。当我们牙疼难忍时,意识中最有力的东西不是认知,而是感觉。作为一个直接的意识状态,我们不知道我们牙疼,我们只感觉到疼。汉密尔顿指出了一个早已被康德预料到的规律:情感要素和表象要素成反比例变化。当然这种反比关系非常粗略。接下来,我们要介绍这两个要素在不同感觉中的关系。

第二节 感觉的特征

所有的感觉都具有一定的普遍特征,对此,我们也许可以进行一些研究,这些特征共有四个。

(1)性质:产生感觉的感官不同,感觉的性质就不同,比如颜色、声音和味道这三种感觉就具有不同的性质。

(2)数量:感觉的强度。对感觉强度的研究构成了心理物理学。

(3)持续时间:感觉功能伴随身体和意志过程的时间。这方面的研究构成了心理测验学。

(4)基调①:伴随一切感觉的快乐或痛苦。

下面我们将依次思考这些特征。

---

① "基调"指的是"苦乐基调"。

第三节 感觉的性质

我们目前仍然不能确定应该如何恰当地对感觉进行分类。表面上看，应该很容易就能发现什么是纯粹简单的感觉，可实际并非如此。一个成年人可以分析自己的心理状态，可他发现这些状态并不是他所希望的那种纯粹原始的状态。成人的心理状态经历了一个二重变化。首先，我们所有的感官共同起作用，使得不同的感觉通过联想律作为一个整体被主体体验。此外，认知要素也通过联想律被放在了感觉之上，从而使得感觉变得更为复杂。随着时间的推移，我们最终会习惯这些联想，而自此之后，这些联想将变得几乎坚不可摧。所以，我们是很难区分开不同的感觉的，也很难把庞大的感觉资料和理性与经验资料区分开。

感觉性质的相对性：对比。此外我们还发现了一系列现象，它们表明一个性质并不与一种固定典型的感觉相对。某种程度上，性质的一切规定性都是不同意识"瞬间"之间的相对区别，"相对性"原理可用所谓的对比现象说明。这个现象大致可以如此描述：任何在其他感觉之后出现或者和其他感觉一起出现（颜色、声音和味道）的感觉，一旦离开了这些感觉的伴随，或者换成别的感觉来伴随，将会变得不同。不过，这种变化是在同一感觉性质的范围内。

在特殊感官的范围内，一种感觉性质对另一种感觉性质的影响可通过心理—物理方法来进行实验测定。颜色对比现象是最为丰富最好理解的一类现象，在此，我们就以这种现象为例来说明。颜色对比现象一般是指，当视网膜的一部分受到刺激而对某一特定颜色做出反应时，视网膜的其他部分则倾向于对该颜色的互补色做出反应。在此我们可以引用所谓的迈耶实验，该实验的步骤如下：把一片灰色的纸放在有色（红色）的背景上，然后用一张白色的薄纸①遮盖住它们。这

---

① 在上面遮一张白纸是为了淡化下面两种颜色的分界线，一旦暴露这些明晰的分界线，对比现象就消失了。

个时候，人眼所看到的灰纸片就倾向于是绿色，也就是背景的补色。关于这类有趣的视觉现象，当前的研究已经发现了很多。斯顿夫发现，一个音符的音高可因为另一个音高不同的音符的出现而发生改动，结果二者之间的差距就会变小。颜色强度、光强度和音调强度也都具有这种明显的对比。温度对比也很常见，手刚从温水里出来就放入冷水里会觉得更冷。一个人把自己两只温度不同的手同时放入两盆温度相同的水中时，两只手的感觉差异会很大。根据两种感觉性质是同时出现还是连续出现，对比可以分为同时对比和连续对比。

关于感觉对比现象，已经提出两种理论。第一种是"心理"对比理论，根据该理论，对比现象源于判断或综合过程，实际感觉本身则具有固定的、不可更改的性质。亥姆霍兹是该理论的倡导者，他还用它来支持"无意识判断"的存在。另一种理论是"生理"对比理论，该理论认为对比作用源于复杂的刺激条件。比如，不同的颜色刺激并不单独报告给意识，相反，只有这些刺激的共同效果才出现在视中枢。所以，我们具有的只是刺激的总合，而不是感觉原子的比照和判断。后一种理论现在取得了完全的胜利，当然这主要得归功于赫林的非凡实验。

关于感觉性质的结论。我们可以相当有把握地说，感觉在性质上的明显差异都对应有专门的神经功能，因为我们看到：这些差异是稳定的，不同感官的活动在很大程度上是独立的，这种功能中的每一个在普通情况下都具有最强和最弱的活动，并且正是这些活动产生了初始的意识强度。但在这些限制范围内，由于神经总合活动以及心理综合[①]过程，性质和强度都要服从相对律。

第四节 特殊感觉

1. 嗅觉

资料的复杂性可以用嗅觉来说明。纯粹的感觉是不能分离的，它既包括认知

---

① 见《心理学手册》第2册第4章第1节的"感觉与知识的关系"，这些论述表明，感觉中的表象要素或知识要素来自早期的统觉综合过程。

信息,又包括很多其他感觉。一丝特定的气味会涉及多种习得观念,其中一种就是产生气味的物体的表征,通过联想这个表征,人类和动物可以很方便地寻找和检验食物。另一种多少有些精确的观念是这个物体所在的方向和它的距离,最后一种观念是关于被影响的身体器官的。气味在鼻孔中的定位是非常模糊的,能给我们提供的知识很少。另一方面,与这种嗅觉相联系相伴随的感觉却非常多,也非常复杂。第一,这些伴随感觉包括来自消化道和呼吸道的基本机体感觉。我们会区分开胃和反胃的气味,肉的气味会激发肉食动物的食欲,一桌美味佳肴的气味则会让我们垂涎欲滴。说到呼吸,科隆香水的清香会让我们感到一种呼吸自由感,而一个长期密不透风的屋子所散发出的味道则会让人窒息。第二,我发现味觉总是与嗅觉联系在一起。味觉器官和嗅觉器官似乎是协同作用的,我们说某物味道好闻,就好像我们可以品尝它一样。第三,触感也经常与鼻黏膜上的气味相联系,比如在包含瘙痒感的印象中。第四,鼻孔在吸入有味蒸汽时所做的运动会产生肌肉感觉。第五,与味觉相联系的还有对温度的感觉,比如热觉和冷觉,比如,樟脑的气味似乎是冷的,酒精的气味似乎是热的。

我们已经发现我们是不可能分离出纯粹的气味感觉来做分类或描述的,我们能做的最多也就是对它们进行粗糙的归类,比如分为芳香的气味、刺鼻的气味等,这些分类根本就不能覆盖住所有的气味。其他感觉在某种程度上也是如此,只不过在高级感觉如视觉、触觉和听觉方面,程度要轻一些。

2. 味觉

对于味觉,我们同样知之不多,我们只知道味觉器官存在于舌头表面上,叫作味蕾,它们通过舌神经与感觉中枢交流。因疾病或受寒而引起的嗅觉失灵也会损伤味觉能力,这个现象说明味觉与嗅觉是密切相关的。味道种类繁多,难以归类。某些味道很容易在经验中区分,比如甜、苦和酸,但是绝大多数味道仍然无法描述。味感觉中的表象要素是非常轻微的,我们虽然可以模糊感觉到这种感觉的位置,但这主要是凭借嘴中的外来物质带来的触感,以及吃喝活动所涉器官的肌肉运动。在嗅觉和味觉中,由于刺激物是气体或液体,我们不能直接认识到影响我们的东西。

3. 听觉：表象要素

声音只能通过耳朵被我们听到，这也是听觉的一个特性。这些感觉的生理价值在于，它们只出现在时间中，没有空间性质，一个声音序列是一类纯粹的时间序列。

我们前面已经说过，最具表象性的三大类感觉为听觉、视觉和触觉。听觉具有一些独特的性质，而我们可以用精确的实验方法来研究这些性质。不过，这些特性只有在时间关系的范围内，才是表象性的。与其他感觉一样，听觉也可以有明确的强度之分。这种强度取决于发音物体的振幅。此外，听觉还可有音色之分，音色取决于，在产生基调的振动上又添加了几倍快的振动。这种音色差异给了每种不同的材料如金属或蔬菜以不同的声音，并因此与气味和味道种类的差异相对应。声音的这种独特性也是音调区别于噪音的地方，音调或音符的这种特性称为音高，取决于周期内的振动次数，并随着振动次数的变化而变化，但气味或味道中则没有类似的东西。我们可以为音符编制一个量表或音阶，但不能为味道编制这样的一个量表。这种声音特性的感觉基础存在于耳蜗的科蒂纤维中，或存在于耳底膜纤维中，而这个特性本身又是整个音乐科学的基础。在内耳中，可能存在一系列振动构件，它们以一种更为精细的方式与音阶的间隔相对，耳朵对距离和方向的知觉很大程度上是通过联想获得的。

听觉是唯一不受其他感觉影响的感觉，正是因为这样，它们可直接用于各种各样的实验研究。讨论感觉的其他特征时，我们将举例说明。

4. 视觉[①]

视觉也许是最具表象性的感觉，它是直接认知外部世界的媒介。视觉的情感特性在于光感觉——一支蜡烛或两支蜡烛发出的光的纯粹强度和颜色感觉的明确顺序。色觉源于发光物质的颗粒的不同振动速度，这些不同的速度就会产生一

[①] 关于视觉机制和一般的视觉现象，见伯恩斯特的《人类的五大感觉》和金帝的《视觉》。

个上升的量表,跨越彩虹的七个颜色,从红到紫,类似于声音感觉的量表,尽管并不那么长也不那么精确。不同的颜色可以逐渐变成彼此,不过并没有什么变化规律。色觉具有强度、饱和度和色调,色饱和度也就是颜色的渐变程度,比如粉红色之于鲜红色。色调这一特性由颜色在颜色量表中的位置决定,比如蓝色、绿色和黄色。

视觉对象的空间形状是视觉最为有趣的一个表象性特性,关于这点,我们将在"空间知觉"下进行讨论。人有两只眼睛也是人能感知到空间形状的一个原因,尤其是在对第三维的感知上,我们很难把纯粹的视觉与肌觉和触觉分开,因为在实际生活中,它们通常是连在一起的。另外,这些感觉——尤其是肌觉,通常也参与了空间概念的形成,下面我们将会看到这一点。

关于眼睛知觉颜色的过程,主要有两个理论,它们都认为视网膜是这个过程发生的明确地点。我们在视网膜中发现了一些明显不同的微小神经单位,叫作视杆和视锥,人们认为正是因为视杆和视锥局部地对刺激做出反应,眼睛才有可能看到物体的图像,但是至于严格意义上的色觉,现在还无定论。根据扬·赫姆霍尔兹三色说,神经纤维共有三类,每一类都只响应三原色(红、绿和蓝)中的一个,其他颜色都是复合色,来自这三类神经纤维的共同作用。这个理论到目前为止都被很多人接受。有人反对说,显微镜下并未观察到这类纤维,而眼睛能感知到的最小感觉是关于白光的,而白光包括了所有这些颜色。另一个理论是赫林的,赫林假设存在两种单位或物质,每一种可以进行两种不同的反应,如此一来就产生了红、绿、蓝和黄四个基本色。不过这个理论也有很多严峻的问题要面对,因为黄色可以由其他颜色混合而成。以上两个理论都无法解释色盲。

色盲现象说明,视网膜的神经要素存在结构或功能的分化,色盲就是不能区分特定的颜色,二十个人中就有一个是色盲。红色盲是最常见的,人们认为所有的色盲案例都可以归结为对红色的盲或对绿色的盲,不过也确实存在一些情况,其中色盲患者只能区分不同程度的灰色,这种人看到的所有物体都像是这些物体的照片。视网膜的不同区域具有不同的颜色敏感度,这种敏感性从中心向四周逐渐变弱。视网膜外缘通常对红色不敏感,不过能感受到别的颜色,这也说明确实有些特殊部位只对红色有反应。

后象现象也是一个特别重要和显著的视觉现象。后象是指刺激停止后,刺激引起的感觉继续存在。看过明亮的窗户后闭上眼睛,就能看到后象。这也称为正后象,源于神经过程的逐渐退却。此外,如果看到的明亮物体是有色的,后象就在这个颜色及其互补色(与其一起构成白色的颜色)之间变换,而这种现象称为负后象。互补色的出现涉及一些不同于原始受刺激要素的要素,负象源于原始颜色中涉及的神经要素的疲劳,这种疲劳引起了白光的破解,结果只有互补要素起作用。机体感觉的这种持存现象在解释复合而强烈的兴奋形式时非常重要,正如费希纳所说,后象是二维的,所以它既不同于实际的感知,又不同于记起的图像。

第五节 一般感觉

1. 一般感觉的分类

这种分类基于生理差异,我们预期这些差异在意识中对应有一些位置。身体的重要生命过程都受制于自动的身体反应,并且有一大堆神经被分派到这个岗位上来行使这种功能,相应地也就产生了机体感觉,这些感觉是机体健康或疾病的主观标示。此外,身体周围具有大量的精细原纤维,它们并不参与特殊感觉。结果,皮肤中产生了许多感性形式,它们具有或大或小的清晰性,被称为肤觉。此外,经过仔细检查后发现,运动意识并不简单,它涉及了非常复杂的神经器官,包括中枢器官和表面器官,与肌肉运动有关的所有感性形式都可以称为肌觉。最后,神经要素本身都具有感性。神经除了传导到达与其紧接的器官的感觉外,还传导许多能直接刺激到它们的状况,所有的这种感性变化都可以称为神经感觉。

2. 机体或系统感觉

全身上下都存在着各种各样的机体感觉,它们在身体里面,并且只是具有比较模糊的定位,这些感觉便是内脏感觉、呼吸感觉、身体舒适感或不适感。这些感觉的最显著特征是它们的基调价值,也就是它们所包含的最大快乐或痛苦。这些感觉虽然模糊和普遍,但是对心理生活而言很重要。这些感觉是我们情绪状态的背景——因为它们指出了身体活力状态是高还是低,奠定了我们心理状态的基调。消化不良会使人失去理智心情低落,胆汁分泌过多会干扰正常的心理活动。神经中枢的整体状况通常是思维和行为的一个决定性因素,我们看到,气候和天气变化能够极大影响这些机体感觉,而这很大程度上是通过呼吸功能的提升或降低来实现的。在这类感觉中,更为特殊一些的是机体的需要——需要吃、喝、空气、睡、锻炼等和与血液循环相关的感觉如充血、阵痛、眩晕。

3. 肤觉

有无数种与皮肤相关的感觉可以出现在意识中,这些感觉中有三类对应有特殊的终端器官,这三类分别为触觉、温觉和压觉。除此之外,更为具体的感觉如痒、擦痛感、蚁爬感、刺挠感以及锐、钝、硬、软、粗、滑、糙、黏、潮湿、干燥、油腻等感觉。大多数这些感性形式都非常直白,所有这些感觉都可以以或高或低的强度和复杂性出现在任何一块正常的皮肤中。

(1)触觉。触觉构成了许多本质不同的心理状态的基础,一个触觉要素既可以通过外部接触也可以通过身体内部构件的彼此摩擦而进入肌肉运动感觉。此外,我们会把感觉区分为粗糙、光滑、潮湿和黏,但是生理学家已经证明,这些感觉并不是里德认为的特殊感觉,而是触觉结合压觉形成的变化形式。触觉能进行多种变化,其终端器官位于全身各处,且能与其他感觉在这些感觉的终端器官中联合起作用,所以,触觉一直被认为是极为重要的一种感觉。

触觉的表象特性,单独来看就是空间特性,因为触觉是通过识别我们自己身体部位的位置而建立的。

触觉的神经要素和压觉的神经要素都非常明确。位于皮肤中的血细胞通过分叉原纤维而与大的感觉神经直接交流,这些血细胞分布于皮肤的部位,数量也有多有少。韦伯的著名实验证明了这一点,韦伯在实验中以圆规为实验仪器,这些圆规的两脚分开程度不一,其中,能被感觉到的两点的最小距离就是最小的"感觉圆"。舌尖和嘴唇的红色区域具有最大的触觉敏感性,后颈的触觉尺度最小。不过,这些圆并非是触觉的最小单位,它们还包含很多神经要素,因为有人已经证明,在这些圆内还存在一些非常确切且非常微小的压点,触觉和压觉可以因训练而有惊人提高的现象也说明了这一点。在催眠状态中,触觉的精细程度会有极大提高。

触觉是普遍存在的,它直接指出了外部世界,正因如此,其他感觉和幻觉有时才会诉诸触觉。当我们不确定看到的画面或听到的声音是否真的对应有一个物体时,我们会用手去触摸这些物体,为此,触觉也被称为"控制"感觉。

(2)温觉。根据发现顺序,最后一类感觉是温觉。和触觉一样,温觉也是一种普遍的感觉,并在皮肤中具有自己的终端器官。被称之为"温点"的小点分布于皮肤上,它们远近不一,一部分对热反应,一部分对冷反应,这些温点散布在手心手背以及胳膊上。皮肤中有众多不同的神经末梢,我们不可能辨别出哪些属于触觉,哪些属于温觉。这些点在不同的位置有不同的数目,从而使得不同部位对热冷的感觉有不同的敏感性,结果,我们也很难定量测量这种感觉。这些感觉只能模糊地指出身体位置,也就是说只有非常微弱的表象要素。

4. 肌觉

最早发育的感觉是肌觉。肌觉指的是在运动过程中对身体肌肉活动的感觉,从举、推、拉等动作以及肌肉用力之后的疲惫中我们可以发现这类感觉,所以肌觉的存在是毋庸置疑的。然而,许多心理学家视图把它们归为触觉,或将它们视为"不同种类感觉的混合物"。前一种认识是错误的,因为就算皮肤在肢体麻醉状态下失去了全部的感觉能力,肌觉也仍然存在。博尼发现,一个触觉被可卡因摧毁的歌手,仍然能控制他的声带,临床案例也给出了肢体肌觉不受触觉丧失影响的证据,这说明,皮肤并非肌觉的唯一器官。此外,肌觉具有自己的专有特征。

(1)动觉。为了方便起见,我们首先以机械运动为例。我听任我朋友迅速地抬起我的右胳膊,当胳膊与肩膀平齐时,肘部、手腕和手指依次伸屈,那么这时我的感觉是怎样的呢?

首先，从皮肤中会传来一些特殊感觉：穿过空气的感觉和拉伸感，前者主要是由于温度的降低，后者则出现在皮肤紧拉之处，手指向后拉伸会带来表皮紧张感。如果皮肤脱离或接触到任何外部物体，比如说胳膊上的衣物时，我会体验到触觉。其次，我也会从肌肉处获得特定的感觉，这些感觉清晰可辨：肌肉本身的紧缩感，器官各部分之间的紧压感，或者肌肉碰到一个障碍物的阻滞感。

除了这些定位多少清晰的特殊感觉，似乎还能感到胳膊在整体上相对于身体的位置。表面上来看，这种感觉是由肌肉紧张感、韧带紧张感、腱紧张感和关节紧张感构成。在上述例子中，后一种感觉一般定位在肩膀和肘关节处。除此之外，还有肌肉持续工作后的肌肉疲劳感，这种感觉已被马焦拉和莫索证明。

(2) 直接或间接的动觉。我们到目前为止所描述的运动感觉，都是由运动器官本身中的刺激引起的，这些感觉都是直接感觉。另一方面，这些运动本身又可以刺激这种或那种特殊感觉，从而产生一类关于这些运动的新感觉。其他官能产生的这种运动描述型感觉是间接的动觉，比如，我闭上眼睛移动我的胳膊，因为外界一片嘈杂，我听不到我衣服的窸窣声，这个时候，我对运动的感觉是直接的。现在，我睁开眼睛，看到我的胳膊在动，并且能够仔细听到它动的声音，这时候，进入意识的视觉和听觉就是间接动觉。很重要的一点是，我们的运动感觉可能从来都离不开这些间接官能的协助，这些间接动觉几乎是完整的运动知觉的一部分。

直接感觉和间接感觉的这种汇合是以特定的神经结构为基础的，而这种神经结构再次说明了大脑在整体上的动态统一性。比如，视中枢和胳膊运动中枢之间以及听觉中枢和声带运动之间连接有传导通道，一个中枢的活动会直接刺激另一个中枢的活动，结果二者都会向运动传导通道内释放兴奋，只不过在这两个中枢中，一个直接与运动传导通道相连，另一个间接与其相连。[①] 另一方面，一个间接的感觉或记忆可能会削弱一个兴奋，而不是增强它。同一间接中枢产生的这两种

[①] 有些病人闭上眼睛就不能移动四肢，可是睁开眼睛看到自己的胳膊腿后就能动，这说明直接与肢中枢相连的通道堵住了，而通过视中枢的间接通道仍然开着。不承认中枢神经感觉的学者认为，一切自主运动都是由动觉刺激起来的，无论这些感觉是直接的还是间接的。

影响可以下面的现象为例说明：当我们伸手去接触一个物体时，眼睛会为我们估计距离，如果物体被移放得更远，我们就会更努力去跨越这段距离。但是，一旦达到一定距离，眼睛的此种估计作用就会使我们完全放弃努力。在一种情况中，视感觉增强了对运动的刺激；而在另一种情况中，则抑制了运动。

此外，感觉如何变成记忆，这些感性状态就也会如何变成记忆。我们将能看到，记忆与原始经验具有同样的神经基础，因此，接收并登记动觉的大脑中枢同样是运动记忆的大本营。从神经角度来看，任何能引起运动中枢兴奋的刺激形式都可能会激起运动表象，通过这些表象，它们就会开启一个大脑过程，从而产生一系列真实的运动。我们说这些感觉具有运动或刺激价值，而当这些直接和间接感觉作为记忆出现时，它们的运动价值都会相应变弱。

5. 神经支配感

如果继续分析特殊运动产生的肌肉意识，并且从机械运动过渡到自主运动，我们就能够指出几个多少有些模糊的要素。首先，我们似乎能够意识到运动器官作为一个整体的状态，意识到它是否具备完成所需运动的能力。我们对这种状态的意识在神经系统中是作为运动意向或不动意向而被感觉到的，把它当作一种准备状态或相反的状态来考虑时，我们可以将其称之为运动势能感。我们对左右胳膊的能力的不同意识，似乎就清楚地说明了这一点。

自主运动引起的疲劳有自己的特点，至少说，这种自主运动要比机械运动更容易让人疲劳。毋庸置疑，自主运动中涉及神经能量的消耗，另外显而易见的是，这两种运动涉及的动觉基本上是一样的。基于这些事实，我们若不猜测一切疲劳都是神经性的，就得认为疲劳分为肌肉性疲劳和神经性疲劳两种，后一种假设已经被莫索和沃勒的实验证明。此外，我们前面还提到思维疲劳，这种疲劳的肌肉要素更少，且神经要素更多，而这也支持了后一种假设。①

---

① 莫索证明两种疲劳都出现于紧张的脑力工作之后。见沃勒于1891年在《动脑》（Brain）上发表的论文《努力感》，第179页。

6. 努力和阻抗

肌肉的自主运动相应地也有两个不同的要素,一个是努力感,一个是阻抗感。努力感来自神经中枢,故而也被称为神经支配感。另一方面,阻抗感似乎起源于被作用的肌肉,是运动性质的,阻抗感中被阻抗的是肌肉运动。努力感和阻抗感似乎都存在于肌肉感觉中,虽然二者都可以在对方缺席的情况下出现。在瘫痪和肌肉麻醉状态下,努力感并不对应有肌肉运动,另一方面,如果手或胳膊在接触一个固体时因为流电而收缩,我们会感觉到阻抗或压力,但是感觉不到努力。这两类感觉的差异可见于德莫报告的一个案例,在这个案例中,一个女人失去了所有的肌肉感觉力,无论是深层的还是表层的,她虽然仍具有自主运动的能力,可她意识不到自己实际的运动和四肢的位置。她的努力感仍在,但阻抗感消失了。努力感在成人意识中伴随着意志的行使,但在儿童身上,则伴随着儿童对表面神经压力的感觉,只要肢体在运动时遭遇阻力,便会有这种感觉产生。对自我主动性的认识可能就来源于这种感觉,最初的注意也是围绕它们而起。阻抗感同样早地出现在儿童经验中,并且非常重要的是,正是它让我们第一次认识到了外部世界。① 通过阻抗感,我们意识到了反作用力,并因此认识到了物质的第一个条件。需要再次指出的是,正是通过肌肉感觉和这些感觉所包含的注意和意志,我们才最终认识到了心理力和物理力。②

7. 肌觉中的表象要素

肌觉和触觉结合在一起,让我们知道了长度和力。我们下面将看到,依次接触皮肤上依次相接的部分,或者用同一片皮肤不停接触一个物体的不同部分,将能给意识提供信息来组建一个平面。在这些感觉的基础上添加压感,我们便得到对深度的感觉。关于这一点,我先点到为止,因为接下来在"空间知觉"下我会进行详细讨论。斯潘塞说起伴随有努力感的阻抗感时说:"这种感觉是我们理解物

---

① 要了解阻抗感的重要性,见斯宾塞的《心理学》第 2 册第 17 章。
② 关于肌觉机制,详见笔者所著的《心理学手册》第 1 册第 7 章第 3 节,另可参考第 2 册第 4 章末。

质宇宙的基础,因为长度(我们所感觉到的程度)只是一个阻抗感组合,运动是对一类阻抗感的概括,同样,阻抗感也是力的实质。"

肌觉本身并不能给我们提供多少知识,我们从肌觉中只能知道身体部分的位置和运动,不过这点知识也是非常模糊的,因为离开了触觉和视觉,这些运动并不能得到很好的协调,它们的量也无法得到估计。

8. 神经感觉

在这个标题下,我们要看一看神经本身所显示的感性形式。目前看来,这些感性形式与前面几类感觉非常不同,因为在机体感觉、肤觉和肌觉中,神经传导的是来自身体其他器官或部分的感觉。

首先,神经能够产生剧烈的疼痛。相比身体其他组织产生的疼痛,神经疼痛似乎更积极,也更令人痛苦。神经受到挤压时会产生许多感觉,扯开一小块橡皮筋缠绕上胳膊时,神经产生的这些感觉会进入意识:两端的麻刺感、胳膊"睡着"的感觉,最后就是麻木感,残肢中的神经干受到机械刺激时也会产生同样的感觉。另外一类感觉取决于神经系统的整体状态,这些感觉包括震惊、欣喜和沮丧。此外,还有神经痛觉过敏或者说焦躁不安的状态,也就是所谓的"神经过敏",其他神经状况则会引起警觉感、危机感和焦虑感。

此外,对神经施加电刺激会引起其他一类感觉,我们称之为电击感觉,包括器官内的麻刺感、敲击感或纵向碰撞感。胳膊肘受到温和的电刺激后便会产生这种感觉。电刺激还能迅速总合,引起最让人折磨的痛苦。

不同的一般感觉的生理证明。这几类一般感觉在生理层面上是分开的,至少部分是分开的,因为我们看到一些例子,其中一类感觉损坏时,另一类感觉却仍然正常。在进行性贫血或失血状态下,这些感觉会依次丧失,丧失顺序为:运动协调感、触觉、自主运动的感觉、电击感和肌觉。

通过研究感觉的数量,感觉中的情感要素和表象要素就能分得更清了。在每种感觉中,都是情感要素强,表象要素弱。看到一束强光时,我们会产生强烈的情感性感觉,但视觉则是模糊的。另一方面,当我们阅读表达思想的文字时,我们的感觉只是轻微情感化,听觉和触觉也是如此。

第六节 感觉的数量:心理物理学

1. 韦伯定律①

这里的数量是指强度。以前,人们认为感觉的强度是无法测量的,因为感觉完全是主观的,而我们没有任何可以遵守的内部标准来参照。通过确立一个外部测量单位并借这个单位来比较两种感觉,我们现在已经部分地克服了这个困难,这种测量方式便是相对测量。这种外部标准是我们一致认为可以产生一单位感觉的刺激量,所以,外部刺激变成了测量内部现象的手段。比方说,如果我们把一克重的东西放在手背上时引起的感觉作为压觉单位,那么其他感觉就可以通过它们各自的刺激来与它比较。实际上,这个测量方法已经用于那些最适合实验研究的感觉,并且因此得到了下面的法则,即韦伯定律:要想使一种感觉每次的强度增量相等,其刺激也必须按照恒定的比例增强,或者说,感觉呈算术级数增长(1、2、3、4)的前提是刺激呈几何级数增长(1、2、4、8),再或者说,感觉是刺激的对数。

韦伯定律不仅适用于常规的感觉知觉,在同样的限制条件下,它还可用于估计线性距离,判断小时间段的流逝。要让我判定一根绳子是另一根绳子的两倍长,前提必须是,前一根绳子实际上要不只是另一根绳子的两倍长。当我估计出5秒钟时,我其实少估计了大约四分之一。②

---

① 要得到这个规律,我们必须首先指出,要想察觉到同一感官的两种感觉之间的最小差异,刺激必须发生一定比例的变化,中等强度的视觉(1/190)、触觉(1/3)和听觉(1/3)已经相当精确地印证了这一点。由于器官在产生高强度的感觉时处于错乱的工作状态,比如眼睛在强光下无法正常发挥视觉功能,所以关于高强度感觉的实验结果是无效的。在味觉和嗅觉的情形中,我们很难把要研究的感觉隔离开来观察,也很难测量刺激的量。我们可以采取三种方法来获得感觉之间的最小可察觉差异,不过这三种方法都基于实验被试的主观评估,也就是主观评价两种刺激如重量或光是否相等。

对于每一类感觉,感觉量表的零点或起点都是最小的可察觉感觉。如果刺激增强到一定值时开始被感觉到,这个值就称为刺激阈值,我们说它对应的感觉位于阈点,这个点随着感官的状况(是否疲惫)和心态(是否专注)而有很大变化。

② 我们可以先盯着钟表的秒针数秒,然后闭上眼睛数,如此一来就能明白这点。我们通常把不够1秒的时间高估为1秒。

韦伯定律的这种定义已经引起很多争论。作为结果的感觉不与作为原因的刺激成正比,对于这个现象我们又该如何解释呢?对此,我们也许可以回答说,二者之所以不成比例,是因为刺激的能量在其所涉的生理过程、神经传导过程和中枢刺激过程中发生了损耗,这使得中枢过程而非周围过程成了感觉的起因。

2. 外延类感觉

作为强度或集合的密集度的感觉量,是不同于作为广延度或集合的外延度的感觉量。如果我在手上贴一个邮票,并在手下面再贴一张,那么在我贴第二张时,感觉的增长指的是外延度的增加,而非密集度的增加。两个性质相同的并存感觉如果不能合并为一个更高强度的感觉,我们才可做这种量的区分。这种区别似乎取决于一个占据一定空间的刺激器官,比如皮肤、视网膜,它的某一或大或小的区域可受到刺激。当我们把手放入水中或者同时听一个连续悦耳的音符和一个尖锐的噪音时,就会有这样的经验。这两种类型的感觉增长非常不同,需要我们分开介绍。我们发现一些非空间感觉也具有类似的区别,而这也足以证明,这种区别并不像我们认为的那样是与空间知识直接相关的。也许广延度与强度一样基本,也许广延度代表了意识对神经结构的一种最初反应,其中,这个神经结构通过先前的种族进化与遗传,已经得到了优化。

第七节 感觉和思想的持续时长:心理测验

自从亥姆霍兹和其他人发现了神经传导的速度后,测定不同感觉以及一些简单的统觉过程所需要的时间也就成了可能。

1. 以简单感觉为例

刺戳一个身体状况正常的人的皮肤,让他一感觉到痛就说出来,或者说出一个单词,被试听到单词后立即按压一个按钮。在这两个实验中,两个事件之间的时间间隔称为简单反应时间,这个反应时间随着个体和实验条件的不同而不同,为 1/8~1/5 秒。

　　思考后不难发现,这个时间间隔可分为三部分。第一部分包括感觉器官的受刺激过程和感觉神经向大脑中枢的传导过程,第二部分包括感觉、辨别和意志等的心理过程,第三部分包括运动传导过程和运动器官的受刺激过程。由于运动神经和感觉神经的传导速度是已知的,所以拿这个时间间隔减去传导时间,就可以得到心理过程的时间。计时仪器可精确到千分之十秒,通过分析简单反应时间,我们总结出了以下两个一般规律:

　　(1)最简单的心理过程占据了相当可观的时间。

　　(2)纯生理性的或者说传导时间还不到全部反应时间的一半①,结果,感觉和运动冲动所占据的时间大约为 1/15 秒。这不能被称为纯粹的心理时间,因为这个时候中枢还发生着物理变化。

　　让一班学生站成一队,且挨着的人彼此牵手,通过这个方法,我们就可以很方便地得到简单反应的近似值。学生站好牵好手后,让局外人看着自己的手表并在秒针指到给定位置时发出信号"开始"。听到信号后,站在队首的学生按压下一位学生的手,下一位再按压下下一位的手,如此继续,速度要尽可能快,直至传到站在队尾的学生,这最后一位在手被按压的时候立即喊"停",此时,局外人再次记下秒针的位置。现在,以整个过程花费的时间为被除数,以学生数加 2 为除数(局外人反应了 2 次),我们将得到一个学生的反应时间。

2. 关于从感觉到观念复制为记忆图像的过程

实验结果类似:

(1)复制一个意识状态的时间要长于产生该状态的时间。

(2)复制时间与关注①原始感觉、②复制物的程度成反比。

3. 许多实验还研究过心理辨别过程

在视觉实验中,给出两个有色灯,让被试知道自己只能在看到提前商定好的颜

---

① 我们眨眼睛时并未感觉到明暗变化,达尔文因这个现象而做此推测。

色时,才能用说话或按压按钮的方式做出反应。这个过程包含了自主的对比和判断,整个过程持续的时间为 1/4～1/3 秒。通过一个简便的方法消除了纯生理时间后,整个心理操作的持续时间为 1/20～1/10 秒。对于高强度的感觉,这种辨别操作会更加简单。在所有的反应中,我们都必须在意识中把信号与其他感觉区分开,因此,我们可以总结出一个规律:在一定的范围内,持续时间与刺激强度成反比。

4. 此外,实验还可定义和确证联想律

一个简单的联想需要花费 3/4～4/5 秒,重复可以增强联想,从而极大地减少联想时间。

5. 第五类实验针对的是从属关系也就是种属关系的逻辑判断

我们发现,当主项很抽象而谓项更抽象时(人是智能的),判断过程所需的时间最长,当主项具体而谓项也不那么抽象时(这个屋子是红色的),判断所需时间最短。很多实验测定的判断时间大约为 1 秒,这一点很重要,说明普遍抽象的观念出自具体的观念,并且说明,教育儿童时,我们也要遵循这个循序渐进的规律。

我必须说明,这些结果并不全面,它们只有在普通意义上并且在普通条件下才是成立的。此外,这些结果也只是表达了一类日常心理过程,而这个类型涉及或多或少的关注和预期。实验被试必须参与实验设置,必须协调自己的行为以与他人一致,而这也使得我们不可能获得不含注意的实验结果。但在生活中,我们大多数的行为都是不可预见的,而且我们也只有在感觉出现时才去注意它们,而不是提前去关注它们。我们的关注程度也会多少不同,所以结果也会有所不同。身体状态同样也能极大地影响心理操作的持续时间,疲劳和其他不正常的身体状况一般会延长反应时间。在我们所获得的实验结果中,最精确的是关于视觉、听觉和触觉这些最具表象性的感觉的。至于嗅觉和味觉,我们面临着非常大的机械困难。不过在做梦状态下,这些时间并不适用,因为这时候表象通常都是以巨大的速度在流动着。[①]

[①] 关于知觉时间、统觉时间和意志时间的测定实验,见莱德的《生理心理学基础》第 8 章、里博的《当今的德国心理学》和贾斯特罗的《心理现象的时间关系》。

注意对感觉时长和数量的影响。我们已经指出注意会增强感觉的强度这一普遍规律。这个规律显然会影响韦伯定律的应用，因为同一个刺激在被注意时比不被注意时会给我们带来更强烈的感觉，结果，在通过刺激来比较两个感觉时，我们必须在两种情形中保持同样的注意。注意对感觉时长的作用更加突出，一般来说，注意会减少反应所需要的时间。集中注意将使反应时间变得最短。注意可能会集中到能够预期刺激的程度，结果，信号还没给出，手就已经做出反应了。在催眠状态下，注意力高度集中，故而时间被缩短。练习也会缩短反应时间，但在肌肉反应还未自动化之前，这种注意集中还是十分必要的。

此外，根据注意指向的是预期刺激（比如触碰、声音）还是反应器官（比如按压按钮的手指），时间也会不同。在前一种情形中，反应是感觉性的，在后一种中，反应是运动性的，感觉性反应的时间要比运动性反应的时间大约多一半。

持续时间对感觉强度的作用。在短期内，随着刺激的持续，感觉的强度会逐渐减小，这是因为器官已经适应了刺激，轻微有些愉快或痛苦的刺激尤其如此。器官疲劳时，刺激越是持续就越是强烈和令人痛苦，而且在这种条件下，起初令人愉快的刺激也会变得让人煎熬。

第八节　感 觉 基 调

感觉的"苦乐基调"是指伴随着感觉的快乐或痛苦。所有感觉的苦乐基调都多少代表着这些感觉的情感要素，而在高级感觉中，苦乐基调几乎完全代表着这些感觉的情感要素。快乐和痛苦只是并且全部是情感性的，我们所有的感觉性经验都伴随着快乐和痛苦，因此也都具有基调。

第 9 章

知　觉

第一节　知觉的定义

知觉理论也许是最重要同时也是难度最大的心理学问题。对高级心理过程的解释以及我们的普遍哲学都是建立在知觉理论之上，当今世界上的伟大哲学思想也可以追溯到对知觉的不同理解上。把知识论的问题留给形而上学，我们要处理的只是知觉过程，而知觉过程被认为是旨在获取外部世界知识的心理操作。也就是说，我们必须回答一个简单的问题："我们如何认识存在于特定时空中的个别物体呢？"根据这个问题和随后的分析，我们可以总体上对知觉作如下定义。

知觉是心理的统一或综合过程，通过这个过程，感觉资料具有了时空表征形式。如果我们要更多地联系外部事物来为知觉下定义，那么就可以把知觉定义为是建构外部事物表征的过程。

第二节　知　觉　分　析

稍做思考,我们就能总结说,我们对外部世界的知觉是一个心理建构问题。所有进入心理范围的东西都必须通过心理状态,心理的特征就是意识,任何东西想要进入心理,都只能以意识为中介。在我们的意识中,表象有时候能够歪曲我们对外部世界的认识,这一现象也说明了这一点。眼睛失常时,心理也就会曲解颜色和距离。感冒时,我们的味觉会失常。手就算被截去了,神经末梢的刺激也仍然会定位在手上。这几乎就等于在说,认识物体所必需的心理图像被损害或耗散了。神经系统介于心理和外部世界之间,心理的正常表征功能取决于神经系统的正常运作,所有心理状态都是意识本身的变化,而且无论外部世界多么真实,如果我们要通过它的时间和空间条件来认识它,就只能借助一些心理过程,通过这些过程我们才能对这些条件进行心理再建,并把大量的经验资料转换成这种再建形式。对此进行思考,我们就不难发现,心理主要处理的是表象,而且心理也只能通过这些表象来处理外部实在。

知觉理论的另一个任务是要指出我们是如何得到存在于感觉中的表象要素或者说知识要素的,空间、时间和力就是这样的要素。我们发现,知觉中存在一个过程,而感觉就是通过这些过程而具有了这些形式的。

外部世界的表征构建过程分为三个阶段,依次称为区分阶段、定位阶段和感觉—直觉阶段。

第三节　区　分　阶　段

正如我们所说,一切生活经验都起始于感觉尚未被区分开的阶段,在"意识的生长"一节下,我们已经简略描述过事物的这个阶段。在这个最初阶段,不同种类的感觉并没有截然不同的形式,我们也没有外部性的改变,既没有对我们自己身体的知觉,也没有对外部事物的知觉。很容易想象这种情形中的自我,一切身体感觉都是模糊的,同样,我们也无法定位内部感觉或追溯它们的起因。这个时候,也许肌觉和触觉一起构成了这种经验的全部内容。也许,正是触觉和肌觉通过阻抗感的强度差异和身体位置感,才使得这种感觉状态完成了第一步转变。其他感觉器官相比触觉器官和肌觉器官更加复杂,所以必须对它们进行训练才能使它们适应报告外部印象的功能。然而,只有意识的反应可以采取注意的形式后,感觉才能真正区分开。正如我们所知,没有注意,具体的感觉根本无从区分。但是,有了注意之后,强加在无助个体身上的一团无序混乱的感觉就被分割开来。随着这种区分操作的进行,每种感觉都成了一个明确的情感体验源。这些感觉在某种程度上按照下述顺序被区分开:肌觉、触觉、温觉、光觉、听觉、味觉、嗅觉和色觉。区分这一现象本身并不能让我们感觉到我们自己的身体不同于外部物体,只有当我们开始定位自己的状态时,才能够区分自己与外物,但即便在这个时候,我们也是最先把这些状态定位在身体器官中。

第四节 定 位 阶 段

　　心理综合活动也被称为知觉过程,该过程的另外一个阶段是定位阶段。定位是指在心理上确定感觉所在的空间位置,我们所知觉的"事物"一般都在空间中。我们在此面对的是一个新的观念或形式,它完全不同于感觉的纯粹强度这一特征,它来自何处,又起因于知觉过程中的哪个因素呢?这是关于空间概念起源的问题,是在一般哲学中最经常被讨论的问题。

　　1. 空间知觉

　　心理学家一般都认为,我们最初的空间经验与我们自己身体的肌觉和触觉有关。前面已经说过,感觉内容在被区分开之前基本上都是肌觉,感觉区分的最早阶段似乎暗示着感觉具有广延性质或多寡性质。在这种最早的肌觉中,我们有一种模糊的"在哪儿"感,这个时候,来自皮肤的感觉遍布整个皮肤,但随着这些感觉开始碎裂并开始对应不同的位置,这种模糊的在哪儿感就变得清晰确定了。但在最初的这种空间经验中,我们面临着一个问题:既然皮肤刺激和肌肉刺激是通过神经物质以分子作用形式传导的,并因为这种传导而失去了它们的地域特色,那么它们又是如何把它们的地点报告给主体的呢?此外,就算它们因为保存了这种地域特色而可以在中枢区域呈现特殊的运动差异,这些差异又是如何报告给心理的呢?毕竟,心理只是一个有意识的存在,它本身并不占据空间。

只有一个答案既不回避问题,又能周全地考虑到该问题的所有基本条件。这个答案便是:当出现某些生理信息时,心理会做出本能的反应,使刺激物以空间的形式呈现。

2. 空间知觉的资料

通过肌觉、触觉和视觉来感知空间关系时,有两类资料涉及其中。这些资料是身体类资料,并且是上面所说的心理反应的基础,它们就是肌肉运动和部位记号。

(1)肌肉运动。在讨论肌觉时,我们已经说过这类感觉的两重性。"努力"感不同于"阻抗"感,这两种感觉都是完整的运动感所必需的,尽管阻抗感占主导地位。我们通过一些病理学案例认识到,阻抗感被摧毁后,就算胳膊或腿仍然可以自主运动,却也丧失了对实际运动的知觉,并因此无法知晓空间位置。但是另一方面,胳膊或腿发生机械运动时,虽然没有自主运动兴奋,运动还是能被感觉到的。所以,无论我们认为空间是一串连续的阻抗,还是认为空间是肌肉感觉的一个原始要素,都能在我们最初的位置感觉中发现肌肉阻抗这一要素。下面我们会看到,关于触觉空间和视觉空间的知觉都涉及运动,只要阻抗感既包括触觉经验又包括纯粹的肌肉经验,其中就会涉及另外一类资料,即部位记号。

(2)部位记号。部位记号指的是皮肤要素在皮肤结构中的位置差异,通过这些差异,地点参与了对它们所占空间位置的知觉。我把一个刺激定位到我的手或脚,我为什么会做出这样的定位呢?我为什么会说右手疼而不说左手疼呢?对于纯粹以强度来定量的感觉种类如味觉或听觉,如果有几个感觉同时出现,它们将融合为一个，但是如果来自皮肤和视网膜上相邻点的几个感觉同时出现，它们则会保留自己的特征以及彼此的相互关系，我们也因此可以区分出它们，因为这些感觉确实是不同的。我已经说过，我们对自己身体的最初认识来源于早期运动所引发的肌觉，这些肌觉既模糊又混乱，不过，即便在这个时候，我们也能隐隐约约地感觉到广延感。它来自哪里呢？它只能来自某种初始差异，这些差异传输到大脑后便被永久性地保留了下来。这些差异可能是皮肤或感觉神经的差异，也可能主要是联系的差异，它们给出了第二类资料，可以让我们把感觉定位到不同的身体部分。

部位记号理论最先由洛兹提出，不过在解释不同种类的感觉时，他都会对该理论进行调整。他认为，视觉的部位记号是一定量的肌肉运动，视网膜上的任何点都必须通过这种运动而与最清晰的视线对齐，这个量随着视网膜上的点的不同而不同。在洛兹看来，皮肤的部位记号是由细微的副感觉混合而成，这些感觉的产生直接与接触点相关。皮肤覆盖着许多不同的部位如骨、肌肉和韧，而这些部位的结构因一致度不同，刺激在皮肤中的辐射量也就不同。这个假设在一个更为自然的观点中得到发展，这个观点认为，部位记号是皮肤结构本身的一个固有特征。切尔马克提出的理论更广为人们接受，根据这个理论，神经原纤维在皮肤中分散排开，而它们的分叉则孕育了皮肤的位置差异。在这个理论中，这种神经末梢只代表自己的位置做出反应，所以也就是一个部位记号。这种观点很可能是对的，因为我们已经知道，皮肤对位置差异的感受能力随着身体部位的不同而有极大的不同，并且，这种感受能力也许可以通过集中注意、练习和处于催眠状态而提高。集中注意、练习和催眠状态一般会使得分叉神经中更精细的要素发挥作用，并因此减少敏感点的距离。这些现象也驳斥了另一个理论，该理论认为触觉单位存在于韦伯的"感觉圆"中。

我们一般认为，要解释位置差异，确实离不开部位记号之类的假设，除此之外，也有一些直接的证据表明这些符号确实存在。前面已经说过不同的皮肤部位具有不同的辨别位置的能力，其实，视网膜也是如此。从视网膜中心到边缘，辨别地点的能力越来越差。触觉和视觉的多寡性或广延性取决于感觉单位的同时性独立刺激,并且,若要解释这些性质,我们只能假设存在一些可用来区别感觉单位的特征。如果额头皮肤弯到鼻子上并在那里生长,它一旦受到刺激,这个刺激还会被定位在额头。我们在一些视网膜病变案例中,确实观察到视网膜就是如此表现的,在这些病例中,视网膜要素被替换,落到这些被替换部位上的光点刺激就被定位在眼睛在正常状况下看到的部位。

3. 信息综合

但是,与肌觉相联系的部位记号现象并不足以解释空间知觉,无论这些符号是什么,它们释放的位置色彩或基调都只是性质的变化或所涉感觉的强度变化,我们仍然需要一个心理反应,通过该反应,这种以强度来论的感觉、变化或符号才能以一种具广延性的形式被理解。我们如何才能从感觉差异中推知外部位置的差异?无论红色觉中的红如何变化,我们在黑暗中仍然能确切地将其定位在左手或是右手上。无论我在这个感觉中区分出了多少感觉部分,也无论这些感觉部分是按什么顺序走向我的,这些部分和这个顺序都无法告诉我这个物体"如橘子或球一样圆"。如果承认洛兹的伴随感觉,下面两个命题中必然有一个为真:①这些伴随感觉通过它们自己的性质而协调它们自己在空间中的位置;②它们不做这种协调。如果伴随感觉来协调它们自身,为什么原始感觉不来协调它们自己呢?如果它们不这样协调自己,那么它们又能怎样帮我们进行协调呢?这些伴随感觉只能是资料,大脑的协调活动正是借助这些资料来进行空间知觉的。

4. 对空间的触知觉

在这个基础上,空间位置的心理重构活动便得以在触觉中开展。皮肤位置被如此给出后,它的定义就在经验中变得非常精确。最初被模糊定位的感觉现在具有了精确的空间位置,加上主动触觉的探索能力,感觉的精确定位变得十分容易。如果我们只是被动地受外部物体碰触,就永远也不能清楚地知道我们自己身体的大小和形状。但借助手的自由移动,也就是借助主动触觉,我们可以探索身体的相关部位。这一点很明显,因为我们看到,定位最准确的身体部位都是最能进行积极触摸和最自由运动的部位,比如手、胳膊、舌头,相比之下,背部和脸颊的定位精度就要更差。这个过程因为大幅度地来回运动而变得更为顺利,并在儿童期进步迅速。

5. 对空间的视知觉

前面已经指出,这些资料也会参与对空间、肌肉运动和部位记号的视知觉,此外,我们也已经给出了部位记号存在于视网膜的证据。在伯克利之后,眼睛的原始知觉只是对一个有色表面的知觉这一观点就得到了普遍承认。根据这种观点,眼睛并不能直接感知到深度或距离,天生失明之人重获视力的案例就非常有利地说明了这一点。另外还记录有十多个先天性白内障在某个年龄段被移除的案例,其中最著名的是切塞尔登案例。① 这些案例中的每一个都明确地印证了上面的观点,视力恢复之后,病人看所有的东西都在同一平面上,没有距离、没有凸起,只有一个有色的表面,而且这个表面似乎就挨着眼珠。切塞尔登的病人说物体碰触他的眼睛,霍姆的病人也说太阳和医生的头触碰他的眼睛,南尼莱和弗朗兹的病人也有同样的经验。

眼睛的肌肉运动非常精细,也有非常多的种类。视网膜上的每一点都对应有一个固定的运动量和方向,只有满足这个量和方向,它才能代替最清晰的视中心。无论是在左右还是在上下,这个点一旦受到刺激,就会使眼球转动,从而把视中心带到这个点上。这代表着一定程度的中枢神经兴奋,其中正是这个兴奋带来了肌肉张力。由于眼睛的运动先于视觉,所以没有办法可以排除这种运动。如果毁掉眼睛的一个肌肉使得眼睛接收到刺激后不发生运动,我们会发现物体仍然会像这个运动曾经发生过那样被定位,②这个现象也说明了这种运动的作用。

在触觉中,我们也一样会必然地对这些资料做出意识反应。来自视网膜表面以

---

① 见伯克利的《视觉论》。
② 参见冯特的《物理心理学》:"比如一个人眼睛右边的外部肌肉瘫痪了,结果这里的肌肉就算尽最大努力也只能使眼球做20°的横向移动,那么他将把一个实际上只离正中面20°远的物体定位在正常眼睛做最大外向运动时所对应的一个位置。如果这个时候让他触摸这个物体,他会把手远远地伸向该物体的右边。"

及来自视网膜面对视野的运动的感觉,都只能是意识的强度和定性变化,它们通过心理自身的重构活动而以空间形式被感知,在触觉活动中,也有同样的肌觉过程。

触觉和肌觉引起的空间知觉先于视觉引起的空间知觉。概念可能在我们能看东西之前就已经为心理所获取了。但是,这并不妨碍视觉引起空间知觉的现象。有了空间概念之后,我们为什么要给视觉资料穿上空间形式的外衣,为什么不给那些我们不对之进行空间安排的感觉穿上这样的外衣?很明显,这是因为视觉为心理提供了重构空间所必需的资料。

6. 对外部物体的知觉

在很小的时候,我们就能把我们自己的身体与一个外部物体明确分开。前面已经说过,我们感知我们的身体占据一定的空间,而这种知觉既包括距离或运动,也包括阻抗。最初的阻抗感中隐藏着感知外部物体的萌芽,起初,肌觉测量出的运动量或距离粗略地指出了外部物体相对于我们自己身体的位置,随后,这种指示就变得非常精确了,这个进步在很大程度上要归功于主动触觉和视觉。我们绕着一个物体摸一圈,并随后给了它第三个维度,而其实我们早已经发现这第三个维度是我们自己身体的一个属性。双重触觉现象又进一步帮助我们把我们自己的身体部位与外部物体区分开。所谓双重触觉,是指当我们触摸自己的皮肤时,既有施触感又有被触感。在瘫痪状态下,我们只有主动触觉,这时候,我们的四肢对于我们来说就像外部物体一样。当孩子既能看到又能感觉到他自己的运动时,就会有另外一类重要的双重感觉。还有一个很重要的事实是,我们既能看到又能感觉到我们自己身体的运动,而对于其他物体的运动,我们只能看。

7. 对距离的视知觉

对距离或深度的视知觉建立在对距离的触知觉和肌肉知觉的基础上,这种知觉在于根据皮肤和肌肉给出的距离来习惯性地理解光和颜色。视觉所呈原始有色表面的光线和色调对应有一个肌肉或触觉系数,这个原始表面将根据这个系数的大小而具有不同的投射距离。视觉在距离上的原始错误可通过触觉和肌肉运动来修正,这个现象也恰说明了这一点。在特林奇内蒂的案例中,病人起初"尝试着把手伸到眼睛附近去抓橘子,随后,认识自己的错误后,她伸出食指,并直线缓慢推移它直至触及目标"。其他病人在刚恢复视力时也有同样的行为。从肌觉和触觉角度得到的这种知觉在后来的经验中变成了一个关于眼睛自身敏感性的问题。通过联想,眼睛自己的运动机制和视网膜反应给出了可用于感知深度的资料。

眼睛为了观看不同距离的物体时自身进行力学调整的过程中,有很多因素起作用,包括:①肌肉紧张。物体离得很近时,瞳孔的轻微收缩和晶状体前表面的膨胀就会产生这种紧张,这称为适应感。②用两只眼睛看物体时,近距离看与远距离看所看到的物体差异。两只眼睛的视角差异可以使我们看到物体的侧面部分和厚度,这种厚度信息随着距离而发生变化。③两眼的视线角度在变化时产生的紧张。两只眼睛的物体靠得近时,两只眼睛会转向彼此,这称为会聚感。④远方物体轮廓的昏暗性或微弱的光线,这个时候,视网膜各部分只是受到微弱的刺激。⑤小尺寸。距离越远,所看到的物体越小,视网膜上被刺激的部分也越少。⑥此外,还有其他一些因素可以帮我们估计距离,比如中间物体的数目、物体的已知大小等。

通过教育和训练,我们可以更精确地估计距离。水手和艺术家无意中就能看到普通人完全看不到的东西,比如阴影的长度、空气透视以及颜色之间的细微区别,这些显然都是习得的判断力,通过注意训练和学习,这种能力也许可以有无限提高。在绘画艺术中,该过程恰好反了过来,我们在视觉活动中无意识地以深度感觉资料为基础,而画家的任务则是从一个平面中反向解读出这些资料。关于距离的联想是如此坚固,结果我们自己的感觉经验已经足以把我们的原始色觉转换为围绕在我们周围的物体,而我们反而需要一个深谙透视技巧的老师来教我们把这些视觉成品转换为我们的原始知觉状态。

8. 声音在空间中定位

我们用耳朵来粗略确定发音物体在空间中的位置,但是这种粗糙的定位是建立在之前通过触觉和视觉而对物体产生的知觉上的。要用听觉来精确定位声源,前提得是我们已经比较熟悉周围的世界,并且它的声音已经与已知物体关联在一起。用耳朵定位时,被确定的项目包括距离和方向,发音物体的位置可以通过声音的强度确定,当这个声音为我们熟知的时候,这种定位会尤其准确。听觉受损时,声音会被定位地比正常时候远。我们可以根据好几个因素来获得方向感,最主要的一个是两只耳朵所听声音的相对强度。发音物体会被定位在接收到更多声波的耳朵一侧。如果一个声音是通过头部的中垂线发出的,耳朵将无法对其定位,但是只要这个声音在任何一侧有一点偏差,这条线就会立即被识别出来,因此,我们的前后左右定位能力要好于上下定位能力。此外,由于外耳能从前方接收到更多的声波,所以我们倾向于把很响的声音定位在前方。耳朵还具有精细的触觉和肌肉运动感觉,它们也有助于我们定位声音,当然相比那些耳朵肌肉极为发达的动物,我们还要差得多。

来自耳朵的平衡感。最近的研究表明,身体在空间中的平衡感至少有一部分得归功于肌觉和耳觉。直立感来自肢体的肌肉紧张,旋转感和脑袋相对于身体的位置感来自半规管,这些半规管投射在三维空间中,而它们中的每一个似乎都与这个三维空间有一个确定的关系。

9. 空间的观念性产物

空间概念。空间概念取自具体的知觉,迄今为止,空间意指大小,是具有大小的物体的一个属性。空间作为一个巨大的虚空,其成熟的概念只能通过一个抽象过程而获得,随后我们将讨论这个过程。从对一个具有大小的物体的知觉中,我们获得了对尺寸的概念,或者说对这个物体所占空间的概念:我们抽出了物体后,留下的就是空间。[①]

第五节 感觉—直觉阶段

感知外部世界的过程的第三个也是最后一个阶段是感觉—直觉阶段。在第一个阶段也就是区分阶段中,我们看到,婴儿意识中的一般而模糊的感觉内容碎

[①] 关于空间知觉理论,见笔者的《心理学手册》第1册第8章第4节。

裂成不同感官的不同感觉;在第二个阶段也就是定位阶段中,这些感觉具有了空间位置;而在第三个阶段,感觉汇聚在一起,构成了固定的单位或整体。我们平常与世界打交道时,就把这些单位或整体称为"事物"。

区分阶段和定位阶段并不能构成完整的知觉过程。要明白这一点,我们可以想象一个意识,其中存在着一定数目的被充分区分和定位的感觉,比如说对一种味道的感觉或对一丝气味的感觉,就像在"心理失明"情形中那样。这些感觉在它们最初被感觉到时,彼此之间并无联系,虽然它们具有同样的位置,出现在同一时间,没有理由可以认为它们应该一起被想起,或者用一个来暗指另一个。也就是说,直觉"苹果"没有理由出现。要完成这一点,我们还需要另外一个过程,借助这个过程,让彼此孤立无涉的感觉变成稳定的复合体或群,这个过程又明显可以分为几个必需的步骤。

1. 注意

无论在不停流逝的意识全景中如何对感觉进行分组,如果它们的共存性未被注意,它们之间就不可能形成永久联系,而且就算有这种注意,我们也仍然怀疑简单的反射注意是否足够把感觉划分在一个复杂的整体中。我们也许至少可以说,自主注意的安排协调能力能极大地提高我们最初的事物直觉。很明显,主动注意具有建立联系的功能或者说统觉功能。在对记忆的讨论中,我们将能看到,表象保持和复制能力的强弱取决于原始经验的被关注程度,尤其是这些原始表象之间的关系被关注的程度。第一次吃苹果时,相应的触觉、味觉、色觉和嗅觉或者其中任意两个或三个感觉一起被体验到,它们直接联系在一起,构成一个感觉团。我们注意到这些感觉本身,并刻画出它们的共存状态。被定位的肌觉和触觉构成了一个基础,在它们之上,其他感官的感觉逐渐被联系了起来。

2. 联想

根据联想原理,曾经一起被体验的表象会倾向于按照同样的顺序和联系出现于记忆中,所以,想起之前的一个感觉时,其他与其一起被体验的感觉可能也会被唤醒。在经验的拓展过程中,会有其他感觉加入最初建立的感觉群,比如我们之前认为苹果是圆圆的、红红的,随后又知道它又甜又香。就像联系的建立一样,对感觉的这种分组也只能通过很多次重复以及在很多身体动作的帮助下才能变得固定。最后,知觉中的物体变得非常确切,明显不同于其他物体,而外部世界也有了它自己的永恒形式,也就是成了一个包含多种彼此联系的事物的整体。

实际上,我们很早就学会了在感知到物体的时候去命名它们,这种命名也极大帮助了知觉的永久固定和区分。我们将在后面来讨论这个功能,现在我们只需要指出,命名功能极大地帮助了感觉—直觉的持续存在。平常在教育儿童时,一旦他们的语言知识超过了他们对事物的经验,我们就会拿出准备好的名称,并指导他们把这些名称应用到呈现在他们面前的物体上,并且清晰地指出许多特性,如此一来,学生就能很快把很多性质组合在一起。实物教学课作为一种教学方法受到了心理学的支持,因为这种教学首先可以让孩子把正确的名称应用在正确的物体上,并且由此省去一切试探性的、错误的区分努力。

运动直觉。① 肌觉也以类似的方法逐渐被分组或整合。在执行一个共同的动作时,大量肌肉被关联在一起。这些运动直觉以观念或运动协调图像的形式存在,并且当这些肌肉多次以团队的形式一起起作用后,这种直觉就会变得越来越确定和自动。幼儿早期的随机动作就是通过不断适应环境,而在成人期变成了系统有序的肌肉群动作,比如,走路、弹钢琴等。

第六节　反思或自我意识

1. 意识的最高级形式是自我意识

和其他概念一样,自我概念也是逐渐发展的。最初的情感经验给了我们模糊的自我感,意识作为表象的背景或者说作为演绎表象的剧场,它的变化也会被我们感觉到,而且这种意识变化感伴随着新旧物体而一再重现,此外,我们还经常感

---

① 可与莫兹利的论述相比较,见《心理的生理和病理》第 8 章。

觉到机体的生命感觉。所有这些，都是自我感或个性感的开端。意志通过肌肉努力而不断发展，伴随着意志的这种发展和主客关系的确立，自我感也越来越具有持久性、统一性和积极性。反思是指心理以自身为对象而开展活动，因此，反思的结果是心理认识到了自己的操作，并且将这些操作认定为属自己所有。相比只是简单地意识到意识的存在，反思则是向前又跨了一步。在前一种情况中，我们并不会把自我当作与它自己的对象不同，并去参照它。但在反思中，这种参照则非常明显，而且通过仔细检查，自我被发现具有心理的特征并且可运用这些特征。

2. 反思的理念化产物：自我的概念

因此，通过反思，自我的概念便产生了，并在心理世界中发挥重要的角色。思想生活就是以自我为中心而展开的，一切形式的经验也都参照自我，自我给了个体参照中心和边界，并由此贯通了意识回路。

第 10 章

保持和复制[①]

一般来讲,我们的意识状态都可以复制、回忆或复苏。原始的意识状态被称为表象或初级状态,而它们相应的复苏状态被称作表征或次级状态。

第一节 记忆的一般性质

所有的意识状态都有能力在适当的条件下复苏,其中,视觉、触觉和听觉的复苏是最为容易和生动的,因为我们已经知道,这些感觉是最具表象性的,它们具有时空的形式。闭上眼睛后,我们很容易就能在脑海中刻画出刚才所看物体的样子,也能非常轻松地就重复一遍听到的曲调,重复听到的话语更是手到擒来。读书时,我们会不自主地想起书中单词对应的发音,如果读的是诗,单词和节奏的依次快速复苏会使我们找到韵律。其他感觉如味觉和嗅觉同样可以复制,我们对这些感觉进行区分和分类的行为本身就是证明。这些感觉的复制更加模糊,因为我们看到,由于它们更偏于情感化,我们很难用时空的表象形式来描绘它们。但记

[①] 见笔者所著的《心理学手册》第 1 册第 9 章。

忆并不是就离不开这些形式和因此产生的一般记忆图像,因为我们知道,纯粹的情感状态如疼痛、愉悦和情绪也可以被清楚记起,而这些状态并不能为我们的成像能力提供什么资料。伊壁鸠鲁认为,对过去快乐的记忆和对未来快乐的想象是幸福的主要来源。同情取决于我们自身快乐痛苦的复苏,这也是为什么我们不能对那些不在我们经验范围内的事情产生强烈的共鸣,出现在记忆中的意志动作则会相应地产生道德满足或悔恨。

有些意识状态从意识中消失之后又再度出现,有的是在刺激停止后继续存在意识中,严格地说,我们应该区分开这两类意识状态。其中,后者是心理后象,就像视网膜上的物理性后象。每个被清晰区分出来的知觉都会留自己的轮廓在意识中逗留一段很短的时间,随后才会快速退散。表象快速而连续地出现时,发生的并不是表象的复苏,而是要素的共存,也许,被写下和被说出的单词、曲子和快速的韵律就属于这种情况。

表象和表征的唯一区别就是强度的不同,我们可以引证几类证据,来证明表象和表征是一回事。

1. 意识证据

在意识中,我们看不到复苏状态有什么特殊的标记能将其与原始状态区分开,我们只能看到,它们的强度普遍地比原始状态的强度低。有意识地进行复制时,表象的状况只是得到了模糊的复制。名字、声音和钟摆嘀嗒声的表征都归于耳朵,一个具有大小的物体在视野中的图像也具有大小。我们回忆橘子的味道时,舌头上似乎有种后味。在回忆情绪时,最初情绪经验的一般状况和情绪一起出现在记忆中。表象流和表征流的不同在于,后者伴随着熟悉感和预期感。但是,我们不清楚这种感觉是否也出现在复制活动中,除非复制活动也涉及一定的表象复杂性。如果一个表征要素通过重复而进入了知觉,那么知觉过程也会具有这种熟悉感和预期感。自主复制过程涉及意志的行使,意志在此非常重要,因为它给我们提供了区分知觉和知觉复制物的手段。但是,复制活动和原始知觉活动一样都不一定有意志的参与,因为我们绝大多数的记忆画面都是不自主出现的。

不过某些自主知觉努力确实也有意志的参与,比如当我们用眼睛观察一个未知场景或用手去感觉一个未知表面时。

2. 表象和表征具有同样的生理性因果

我随后将在"记忆的身体条件"下介绍初级和次级心理状态的生理起因。在这里,我要说的仅仅是,初级心理状态和次级心理状态起源于同样的大脑过程。知觉的间接前因——物体的出现,感官的刺激,并未出现在其复苏状态中,但是它的直接前因则决定了表征的出现。

表象和表征产生的身体结果是一样的。穆勒说,有时候,仅仅想到一个恶心的味道,就能够让人像真的尝到这个味道那样产生呕吐反应了。看到曾经激怒过我们的人的相片,就足以让我们再次生气,并产生同样的肢体反应。集中回忆一个原色可能会使视网膜疲劳,结果闭上眼睛后就看到了该颜色的互补色。回想到一个动作时,我们很难不去做这个动作,就好比我们在最初注意别人做这个动作时,我们自己的身体也忍不住要模仿。脑海中有一个单词时,我们通常也会说出声。此外,只是单纯地想到寒冷,就能够让人身体哆嗦。达尔文也说,想到尖刀划过玻璃,我们就禁不住咬牙,任何做过手术的医生都知道切割感最初是多么的敏锐。

3. 人们经常混淆表象和表征

最能有力证明这两类状态在心理层面上是一回事的证据是:我们通常会混淆二者。里德说:"我们从未把一种感觉,无论多么微弱的感觉,与一个心理图像相混淆,这也说明了表象和表征在本质上是不同的。"这显然是一个观察错误。我们确实经常会混淆它们,我们甚至可以举出一个不同的例子。

(1)当心理图像很强时。在幻觉状态和神智失常的情形中,心理图像就很强烈,"病人不停地听到有人对他们或在他们周围说话,回应他们最为隐秘的想法,告诉他们一些亵渎肮脏的观念,并且唆使、威胁他们。"[1]在这些情形中,病态的大脑活动释放出了与感觉一模一样的心理图像,二者之间的区别完全消失了。在健

---

[1] 见莫兹利的《心理的生理和病理》。

康状态下,我们单纯凭借想象也能做到这样。牛顿能够在黑暗中想象一个逼真的太阳,歌德可以想到一个物体并让它做一系列变形。

此外,我们的知觉通常会犯错,其中,一个心理图像被误认为是真实物体。在快速阅读时,我们并不能看到单独的字母,相反,我们会用一些相应的心理图像代替它们,而校对员心情低沉时就会这样。我们可能看到单词的前几个字母和后几个字母,然而忽略了中间的部分,并用知识和联系脑补了它们。然而,我们仍认为我们依次看清了每个字母。独眼之人会补住视野中的盲点,使得整个视野仍是连续的,我们获得的知觉经常都是对表象和表象阐述的脑补。在所有的情形中,心理图像都达到了能够以假乱真的强度,并因此和被它补充的表象混为一体。

(2)当实际感觉很弱时。当感觉的强度降低到心理图像的水平时,也会产生类似结果。比如,当一个声音逐渐变弱时,一个人就会分不清自己是真听到了还只是在回忆。如果这两种经验具有截然不同的本质,那么他应该很容易分得清现实和记忆,病人通常不清楚自己是真的感觉到了痛还是想象出了痛。

在催眠幻觉状态下,情况尤其如此。在这里,单纯暗示有物体出现,就足以使患者坚持把该物体的图像置放在意识中,就像在知觉活动中那样,直至暗示解除。在这种情况中,那个心理图像成了实际被感知的物体,普通的幻觉测试失去了效力,被试完全无法区分图像和实在。

没有实际的知觉经验来修正心理图像的力量时,我们就会堕入幻想,所以,知觉的单纯缺席通常就足以引起上面我们说的错误。做梦时也是如此,做梦时,梦的世界是意识中的唯一世界,尽管这个世界的强度可能很弱,这一点可以从梦一般不在意识中停留的现象中看出。我们之所以把这个世界当作真实的世界,仅仅是因为不存在任何比它更真实的东西供我们参考。

记忆的定义。全面考察记忆这一项心理功能时,我们会发现这个功能牵涉到几个因素或阶段,这些因素有时候被看作截然不同的,但是我们发现,把它们放在一起考虑可能更为合适。它们放在一起可以构成一个事件链,通过这个链,过去的心理生活便可以保存在现在并被加以利用。第一,如果过去某个知觉经验的原始环境再度出现,那么该经验就总有可能复苏,这称为保持。第二,心理图像确实会返回意识,这称为复制。第三,大多数时候,我们都可以直接定位最初的知觉经验在过去的确切发生时间,这称为时间定位。这三个阶段一起构成了一个完整的记忆过程,随后我们将按照它们在意识中的出现顺序来考虑它们。

相应地,我们可以把记忆定义为有意识经验的心理复苏,其中,"经验"指的是过去的经验,对应着"保持","复苏"对应"复制",而"心理"一词则使这整个过程成了一个有意识的"识别"。这个定义给了记忆最宽广的含义,并且容许我们对记忆下面的子过程进行任何阐释,只要这种阐释与记忆现象相一致。

第二节 保   持

我们已经在上述分析中看到,记忆动作与意识共有两个接触点,也就是起点和终点,前者是原始表象发生的时间,后者则是有意识复苏的发生时间。我们永远不会记起任何未进入我们意识的事物,我们在无意识状态下也不会记起任何事物。承认了这两个接触点后就立即有了一个问题:这两个接触点间隔多久? 比如,我昨天或去年看到一个房子,当时我意识到了这个房子的表象。今天我回忆这个房子的图像,并且意识到了这个房子的表征,那么,当我没有意识到它的时候它又在哪里呢? 对于这个问题,共有几个答案提出。

1. 图像存储在心理中

形而上学家①告诉我们,图像存储在心理中,封在灵魂的小隔间,并且在心理过程需要时被拿出来。不用说,这个观点不为现代说英语的人所接受。心理没有小隔间,不是一个图像储藏室。但是这个理论的一个明显变体则为一些人所支持,这些人怀着美好的初衷,想要捍卫心理的连续性,想要填住把这两个有意识生活点分割开的遗忘之沟。然而,对此我们似乎只需回应说,如果图像离开了意识,

---

① 见汉密尔顿《形而上学》中关于"潜在的心理图像"的论述。

那么据我们所知,它也就离开了心理,毕竟,我们只能够通过意识来发现图像。这一点在下面的理论中将会得到更有力地表述。

2. 保持源于一个心理习惯

这个理论将保持归因于习惯,并把习惯理解为心理在条件允许的情况下做自己所曾做、想自己所曾想的固定倾向。这个理论确实准确描述了事实,心理确实有这么一个明显的倾向。但是,这个理论只是描述了记忆的一个方面,而简单的描述绝不意味着解释了记忆活动。当我们把它称为是心理的一个习惯、一个固定倾向,我们还能再说些什么呢?是的,我们可以问:这个习惯是建立在心理基础上呢,还是可用生理事实来解释?它是一个基本律呢,还是可以再细分为更简单的原理?习惯不是意识现象,我们无法体验它们,而只能观察那些据说可以例证它们的心理状态,所以,我们无法直接观察习惯。因此,如果我们承认"心理习惯于某些行事方式,并因此而重复它自身"是对保持的解释,那么这个心理习惯的基础就必须再度归因于那道无意识之沟,这道沟积极地提供了一个储存室来接纳被我们的无知所驱逐的事物。

此外,正如福克曼所说,只要表征不是实体而是功能,心理倾向或习惯就必然是功能性倾向。一个功能性倾向只能是功能的轻微持续,而这种持续反过来又只是完全无意识的表征的持续。我们用机体倾向来指组合或安排,指部分为产生一个给定的结果而做准备。但是,把表象当作功能来说时,我们不能使用这样的含义。冯特自己说道:"如果我们把这个观点(关于倾向的观点)从身体搬到心理,那么只有有意识的表象才可以被当作真实的表象,那些被意识驱逐出去的表象可能会被当作一个未知种类的心理复苏倾向。"他继续说道:"身体和心理的本质不同正在于此,对于身体,我们会希望认识到更多地被我们称之为倾向的变化,但在心理世界中,只要意识世界的边界同时也是我们内部经验的边界,那么这个希望就是被禁止的。"①

---

① 见冯特的《物理心理学》(*Phys. Psychi.*),第 2 卷第 2 辑,第 205 页。

3. 图像是潜意识的

赫伯特学派认为，每个可以在意识中复苏的图像都以一种低强度的状态存在着，它们位于意识的阈值之下，一旦因为某种原因获得了高强度，它们就会再度进入意识。这也就意味着，我们只能模糊地意识到表征，它们处于一种注意分散的状态，但仍然作为一个因素参与了我们当前的整个心理状态。就那些存在于意识中的图像来说，这个理论倒是正确的。不过，该理论忽略了许多被重新回想起的事实，这些事实甚至不可能处以潜意识状态，比如当我正在思考某个东西的时候，突然记起了一个毫无关联的历史日期。至于这些完全无意识的事实，赫伯特学派只能解释说，它们以最弱的强度存在于心理生活的深处。"无意识表象"这一术语相比"潜在图像"或"存储观念"更为科学，物质色彩也更弱，但它同样是模糊的，并且更加不生动。

另外一个反对意见认为，这个理论假设这些所谓的无意识状态具有一定程度的独立性或个性，而这在真实的心理生活中根本是不可能的。如果表征以微弱的强度共同存在于无意识心理中，为什么同样性质的表征不像在真实的表象中那样结合成一体呢？比如，我能够清楚记起两个音符，记为 c 和 c'。如果它们同时以潜意识状态存在，并且与真实感觉的区别也只是强度不同，那么它们为什么不像在真实的声音中那样凝结为一个声音呢？这些状态也一样，它们并未像在真实经验中那样彼此干扰或阻碍。

4. 一般批判

作为对上述几个理论的一般批判，下面的思考将非常重要。首先我们看到，这三个理论，尤其是第一个和第三个，都把表征或图像当作一种自在的事物，它们必然存在，同时必须假设它们不在意识中出现的时候其实是存在于别的地方。这些理论告诉我们，如果昨天我们感知到了一所房子，并且明天这个房子的表征将再次出现于意识中，那么今天这个房子的图像必然存在于某个地方，这些理论都试图猜测这个图像的所在。稍做思考就会发现，这种思考方式相当错误，这个图像压根就不是一个事物，不会像石头一样被藏起来或沉在湖底，它是一种状态、一个心理产物,依赖一个过程,离开了这个过程,它就不再存在。关于表象在知觉和记忆之间的时间内究竟在哪里,真正的答案是"哪儿也没有",它的重现源于最初产生它的过程的重建。它的再现是一个再创造,它变成了一个新的表象,不再是旧有的图像,同一个表征不会出现两次。如此一来,我们就得到了另一个理论。

5. 生理保持论

如果不去理会复制,而只去探究这种复制的永恒可能性,也就是去弄明白要让心理状态真实复苏都需要什么条件,我们就会发现,保持是一个机体过程,是关于大脑和神经结构或功能的变化的。这种变化持续存在,由此产生了一个生理习惯或倾向。在继续深入去解释和捍卫这个观点之前,我们先来看以下几个反对意见。

(1)有人反对说,生理变化不能像保持过程持续那么久,甚至认为每个有机体变化都必然会留下一些痕迹。在这里,问题只是关于一个被认可的遗忘过程的长度。我们并不是说,在记忆的范围内,这些变化不会消退和最终消失,遗忘似乎是绝对的,这个现象也确证了这些痕迹具有消失的倾向。所以,我们必须要问,它们相对地能持续多久?承认了这一点。我们就可以认为这些神经变化以一种模糊的方式持续存在着,有时候,记忆看起来也确实如此。另外还有些类似的例子似乎确实说明了机体变化可以持续很长时间,把一把钥匙放在一张白纸上,暴露于太阳下,然后把白纸保存在黑暗中,结果,钥匙的图像在几年内都仍然可见。即使身体中的物质要素正进行永久更新,我们的体形仍然不变,皮肤上的一个轻微疤痕可以保留终生,天花病毒或者其他疾病感染有时候会在全身留下永远不可消除的印记,肌肉纤维可以通过锻炼而被永久性地改变。我们还可以进一步类比运动中枢协调运动的固定倾向,起初,身体很难执行复杂的运动,这个时候并不存在这种中枢神经倾向。但是经过一些锻炼后,机体就形成了这些倾向,自此协调运动就变得半自动了,高级中枢很可能也是如此。此外,催眠也明确表明,平时回想不起来的经验可能会在催眠状态下很容易被记起。

(2)还有人反对说,大脑无法提供足够的物质或空间来存放这么多共存的记忆,该意见把记忆当作有机体或其功能的永恒痕迹,但是这个屡为人提的困难其实并不值得进行严肃的思考。根据最为保守的估计,大脑包含 6 亿个细胞,神经纤维的数目则要更多。此外,我们并不一定非得认为这些要素只有一个功能,相反,它们可以通过特殊的联系共同起作用,而这么多的要素,可想而知,它们所形成的联系也具有无穷多种。此外,我们还可以通过一些其他类比来给出一个最终无可置疑的答案:在一个单独的身体器官中,神经和肌肉所构成的运动结构就同时具有无数的功能性倾向;一个单独的受精卵可以发育出一个完整的生命体,而这个受精卵起初只能在显微镜下看见,它潜在地拥有双亲的一切机体特征,包括最为详细的特征,如头发颜色、脸型和其他一些无法描述的家族相似点或特殊的运动习惯。① 如果一个单独的受精卵细胞就可以拥有这样不可思议的能力来保存形体和功能上的差异,我们为什么不相信大脑也可能如此呢?

(3)此外,还有人认为把保持归结为一个机体倾向和变化,将会影响心理的连续性,摧毁心理的统一性。然而,事实并非如此,因为我们所说的保持是个别状态或个别表象的保持,这些状态或表象从意识中溜走并不影响意识本身的统一性和继续存在。如果一个表象出离意识太远,那么对于心理来说,它就丢失了。无论我们如何解释它的命运,比如说认为它处于无意识状态、微弱的意识状态或存于机体倾向中,都改变不了这个事实。无论心理状态如何变迁,表象之间如何取替,或者说无论统觉过程被什么意识内容所占据,意识仍然是统一的,统觉过程也仍然是积极的统一的。心理生活的统一不在于单独某个心理状态的持续,而在于自我作为一个自主活动的有意识统一。②

6. 记忆的物质基础

保持的首要条件是具有物质基础,在此,我们只大略谈谈该基础的本质。任何感觉及其运动反应都涉及两类物质资料:感觉资料和运动资料。感觉资料存在

---

① 有一个案例,其中三代人都具有睡觉时用拳头打鼻子的习惯。
② 见笔者所著的《心理学手册》第 2 册第 2 章第 6 节中的"心理统一"。

于大脑灰质中,而大脑灰质与肌肉组织通过神经纤维和大脑或脊髓中的特定运动要素进行信息传导,通过多个要素相连而构成的这种系统称为感觉—运动回路。每个感觉,比如说铃声引起的感觉,都会使神经系统发生两类变化:第一,对运动细胞产生未知的改变;第二,倾向于建立运动联系。承认了这种最基本的作用类型后,我们就可以对其进行无数种改造,并使其更加复杂。单独一个感觉变化位点就可以对应有无数种运动联系,比如,身体因为碰触到什么而感觉到痛时,我们选择无数种动作来缓解疼痛。胳膊累时,我们可以让它的姿势做无数种变换。听到一个单词时,我们可能会说出它,可能会写出它,也可能会做出一个手势来表达它,这些反应包含了不同的运动联系。同样,不同的感觉中枢可通过经常关联在一起而彼此相连,比如一个苹果的味道和色彩一起被感觉到。每当某个感觉再次被相同的刺激所激发时,根据最小阻抗律,这个感觉会再次使用原来的传输通道,从而加固了相应的感觉变化和感觉—运动回路。如此一来,这个传导过程就变得更容易和迅速,神经机体也便产生了在相似条件下重复自己以前所做动作的倾向。

在复制或记忆时,同样是这些要素以相同方式起作用,只不过感觉中枢在这时是受激于内部而非外部,也就是受其他一些中枢而非终端器官的刺激。比如,之前我是因为听到钟响而想起建筑,然后想起图恩的教堂,但现在则是因为想起了图恩的钟,而接着记起了钟声。在后一种情形中,视觉中枢完全是通过联想而从内部被激发产生了一个关于钟的可视图像,然而,这个图像激发了与言语器官的运动联系,使我说出了"钟"这个字。如此一来,虽然没有钟在场,但那些要素仍然像在实际感觉表象中那样主宰了整个过程,这便是记忆的物质基础。有机体倾向于使原始知觉的意识状态复活,最初难以执行的动作会变得容易,然后变得半自动化,很多时候还变得不可抗拒。但是,没有什么东西能够使物质性保持成为真正的复制,除非有心理环境能够开启它的运转。

7. 保持的心理条件

最基本的不是保持本身而是保持的心理条件,毕竟我们已经发现保持不过是一个物理过程。首先,我们要注意感觉的强度。强度太低的感觉或知觉无法被记起,这是因为它们未进入统觉活动,也就是未在这个活动中与其他内容建立联系,故而未被固定下来。但它们可能作为身体变化而保留下来,并影响记忆的一般形式,这一点,可以从它们能在催眠状态下被记起中看出来。但是,由于未在心理生活中获得位置和联系,它们不能通过足够强的联想而被记起。另一方面,高强度的感觉可以引起注意并因此被记住。保持的另一个条件是最初感觉经验的重复,一个表象重复出现时会引起注意,因为这是我们之前经历过的经验。一个低强度的表象起初会得不到注意,但是当它在新的环境下重新出现时,就可能会被意识到并固定下来。很多时候,重复能够确确实实地增强表象的强度,加固表象在之前出现时所引起的神经变化或倾向。

然而在这些条件中,最重要的条件,也是支配上述条件的条件,则是注意。注意的全部功能在于执行统觉活动,我们随后看到,它是记忆的一个基本心理条件,不过在这里,我们只讨论它和保持的关系。被注意的事物会被记起,不被注意的事物会被遗忘,这是一条普遍的原理。这源于记忆的双重效果:首先,正如我们在"注意"一章里所展示的那样,注意能够提升表象的强度,使它们在意识状态流中更强更近;其次,注意能够确定表象与其他伴随它出现或紧挨着出现的心理状态的相对关系,比如依次相接的关系、相似的关系或因果关系。对联想现象的研究表明,我们的心理经验从来都不是孤立的,它们总是通过心理在统觉过程中识别出的关系而绑定在一起。它们的关系越是紧密和确定,我们获得的经验就越是稳固;越是松散,我们的经验就越容易丢失,而统觉就是这种绑定操作。当我们说我们看到了一个东西并注意到了它时,我们其实是说我们确立了它的各项细节之间的关系,以及它与我们过去和将来经验的关系,从而使它们在永恒的记忆结构中占有一席之地。

第三节 复 制

1. 首要条件

图像复制的首要前提是一种生理倾向,这种倾向从表面上看就是保持。在保持的基础上,我们可以进一步探索复制的要素。但很明显,这种纯粹的物质变化并不能说明图像在意识中的复苏,我们仍然缺少一个基本的要素。在我们的心意下被改变的物质没有记忆能力,这个简单的事实可用于驳斥"机体记忆"论。对于一个曾被敲入钉子的柱子,我们不能因为它的结构发生了一个永久性的改变就说它记得钉子,对于一个老旧的海泡石烟斗,我们不能因为它在长久的使用过程中发生了分子变化,就说它能记忆,同样,我们不能因为大脑具有分子倾向就说它能记忆。对于这个物质过程,我们可以说:①根据我们的经验,它是记忆的必然基础。②它能解释保持。③它通过选择神经通道来指导我们的记忆流。但是这个方法对图像复苏的解释,并不超过对最初知觉的解释。机体过程决定了我们会记忆什么,但心理过程则决定我们会记住它,所以,复制的首要前提是原始表象通过一个新的统觉建构活动而恢复。

2. 其他条件

前面已经或多或少清楚地指出,复制就是重建,就是在缺少外部刺激的情况下,由原始知觉条件的再现而引起,所以复制产物其实是一个新的东西。但是,与其说是真的缺少刺激,还不如说只是表面缺少刺激,因为心理可以像外部物体一样真实地提供中枢刺激。承认了机体因过往经验而有了这个生理倾向后,我们会发现复制的另一个条件是:一个新的中枢刺激,一般是来自身体内部或心理。然而,这个新刺激并非总是心理性的,因为有一大堆身体条件可以使中枢受到刺激,这类刺激可以称为内部机体刺激,以此来与外部世界的刺激和意识状态世界的刺激相区别。任何刺激可以满足复制在知觉过程中发挥作用的物质功能的条件——还有心理条件,就足以使一个表象复苏。

这种复制论解释了心理习惯论或无意识记忆论所无法解释的许多神秘现象,通过思考一个机体过程,我们可以解释无意识观念流的整个领土。当我们在进行一连串思考时,意识中有时候会突然出现一个不相关的表象。① 然而,仔细注意就会发现它与原先某个状态有着微弱的关联,我们在意识中已经忘记了这个关联,但是机体倾向则通过原先表象的一切联系来声明自己的存在,结果就产生了那个意想不到的表象。心理测量学表明,在很多反应中,生理过程似乎比心理过程占用更少的时间,所以我们也能想得到,当神经变化序列一个接一个地迅速出现时,它们之间并没有充足的时间留给有意识的表象。此外,我们刻意去回忆一个名字或日期时,很多时候无论如何也记不起来,但当我们放弃了回想而去思考别的东西时,这个名字或日期却突然出现在意识中。所以,有可能我们在寻找想要的记忆内容时,一辆联想的列车也同时被启动,它沿着机体倾向一路行驶,直至成功抵达终点站。在介绍观念联想时,我们会再度提这些例子,这个解释比神秘兮兮的无意识心理学假设看起来自然多了。

我们前面区分了表象的持续存在和表象的复苏,这个区分确证了一个事实,即复制和表象涉及同一个物质过程。很容易看出,持续存在的表象和知觉对应同样的刺激和神经过程,只不过物体消失之后,前者仍然能继续。所以,我们完全有理由相信,表象复苏的基础也是这样一个神经过程,因为它与表象持存的差别仅仅在于它没有外部刺激。表象持存是原始状态的延伸,表象复苏则是原始状态的恢复,前者是一个直接原因的直接结果,后者则是一个间接原因的间接结果。

3. 有利于复制的次要条件

某些次要条件有利于心理图像的复制,从本质上来说,它们几乎等同于那些帮助我们对物体进行实际感知的条件,而这也再次证明了这两类现象的同一性。

---

① 见汉密尔顿的《形而上学演讲》(Lec. on Metaphysics),第 4 章;米尔的《评点汉密尔顿》(Examination of Hamiltion),第 15 章。

这些条件包括:①神经刺激的强度。一切能够直接刺激神经组织的兴奋剂,如咖啡、鸦片、麻药等都能刺激图像的复制,并因此暂时性地帮助记忆。同样,任何能够刺激整个神经系统的事物,如脑部击打、巨大的困难和死亡威胁也有这样的效果。① ②当前没有意识状态或当前的意识状态非常微弱。这种状态有利于把注意聚焦于复苏图像,而这种图像在其他状态下通常都比当前的表象弱。③与保持一样,注意是复制的首要助力。所以,当我们试图回忆什么东西时会闭上眼睛。表象必须被注意、被理解,如此它们才能在注意下变得更清晰。此外,我们也会间接地利用注意来唤起表征。但是,集中注意可能会严重地妨碍记忆,因为注意会把一个图像带入意识,并排除其他图像,妨碍联想的流动。④联想。我们随后会看到,联想能够给复制以一致性和统一性,使其以更高级的形式服务于心理。

4. 想象能力

回忆心理图像的能力随着个体和年龄的不同而有极大不同。视觉图像最为清晰和持久,总的来说是典型的记忆图像,它们在幼儿时期就已经出现并固定。想象力很强的人能够想象出很好的图像,虽然简单复苏的图像是最基本的想象形式。对于那些持久固定的观念,想象力与其说会帮助心理生活,不如说会毁了它。根据前面所说的注意原理,童年时期的图像在我们的记忆中最为强烈,那个时期的注意不拘泥于细节,微不足道的事物都能引起我们极大的兴趣并被赋予极大的重要性:这种图像在之后会被一遍遍记起,而这种重复给了它们巨大的生动性和无以数计的联系。许多老人经常会谈及他们的童年,而对童年之后的生活则记忆寥寥。高尔顿发现了一个更为惊奇的现象:有一小批人的意识中具有一个图式或图表,当他们想象数字、颜色等时,会将其安排在这些图表或图式中。"数字形状"和其他这类特质似乎是天生的,并由遗传决定。我们已经发现,人们会把特定颜色与特定声音绑定在一起,比如把绿色或蓝色与字母表中的某些字母绑定在一

---

① 当一个人面临危险如溺水时,常常(但不普遍)会记起过去的小事件,而且记忆内容通常会得到极大的夸张。

起。格鲁伯最近报告了画面和味道、画面和气味、声音和味道等之间的这类"相异联想",他甚至在一个被试中发现,某些味道会伴随着某种程度的肌肉用力感,某些颜色则会引起温觉。①

5. 心理成长离不开保持和复制

通过经验积累而获得的心理成长属于个体觉解的范畴,练习会扩大人的视角,增强人的意图。每个心理经验都会改变心理,就如每个身体变化都会改变身体一样。自我有一个逐渐发展的过程,也就是以现实生活的形式来实现心理的可能,从而使一个人有了自己的个性和气质。从这个意义上来看,一切经验都改变了心理可能,并通过这些改变了的可能而在心理上被保留下来。进一步探究就会发现,心理习惯也许比身体习惯更加强大,而这些习惯、气质、模糊的知性好恶感是我们过去经验的总合,无论这些经验多么微小。

---

① 可参考笔者所著的《心理学手册》第 2 章附表 C 来了解典型的"数字形状",另可参见高尔顿的《人类官能探微》来了解更多的"数字形状"变体。其他的特殊现象,见高尔顿在此书中针对"心理想象"和"颜色"联想而做的讨论。

第 11 章

识别和定位[①]

第一节 识　　别

识别是记忆的第三个发展阶段。复制出的表象也就是表征，在产生后会被识别。洛克说："表征还额外伴随有一个感觉，告诉我们它们不是新的，而是之前经历过的，这一般称为识别。"然而，这个额外的识别现象并不总是伴随着图像的复苏，通过研究不伴随有图像复苏的情形，我们可以知道识别是什么。

1. 熟悉感

从普通意识的角度来看，识别的本质在于被想象物体带给我们的熟悉感。我们之所以说感觉，是因为识别本身伴随着一个认知操作，在这个操作中，对象或图像再次出现。也就是说，识别中包含复制，这种熟悉感是模糊的，也通常是错位的，一般都未经分析。

2. 物体识别和心理图像识别之间的区别

识别物体的手段不同于识别图像，再次感知物体时，识别通常需要借助一个

[①] 见笔者所著的《心理学手册》第 1 册第 10 章。

已经被识别的图像来完成。我们会比较知觉和图像,并会觉得它们是一样或类似的。在日常生活中,我们经常进行这类比较。有人问我们一个物体是否如以前见过的一样,我们通常会说不知道,因为我们不记得之前见过的物体是什么样子。也就是说,我们不能记起和识别可以与当前物体进行比较的图像,而图像识别则根本不可能有这种比较,因为它将会预设一个图像,而这一个图像又会预设另一个,如此无限进行下去。所以,到头来我们还是得弄明白我们是借助什么手段来识别一个被复制的图像的。①

3. 图像识别取决于它的统觉关系被重建的程度

我们已经看到,图像的复制在于原始知觉的条件包括身体条件和心理条件的再建程度,这种再建将足以把一个图像带回意识,但是该图像未必会被识别。只有当一些心理联系——通过统觉注意而在知觉要素间确立的关系,再次多少有意识地出现时,才会感到熟悉感。当一个图像出现在意识中时,我们在意识到它的一些联系之前通常不能识别它。我们经常是先看到一张脸,然后对其进行识别到对其产生某种模糊熟悉感的程度,同时还会为了充分识别它而去努力回想它更多的统觉关系,这最初的模糊识别可能是由于我们最初回想起了这张脸的空间大小。

未在最初的表象过程中建立关系的知觉内容——好比一个孤立的感觉,并不能在表征中被识别,这一现象也说明了这一点。对于这种表象,我们说它们身上并没有什么特征可以使它们被识别出来。但这么说的意思是指,这个图像和其他图像之间或者单独被感知的部分之间不存在任何特殊的联系点,只要某种特殊种类的符号与该图像联系了起来,这个图像就能被识别。莱曼最近针对颜色差异识别所做的实验就非常显著地确证了这个观点,几个色调不同的灰色不能单独识别,但如果在第一次知觉中事先得到了命名或编号,就能被我们识别。9个没有名称或编号的色调中只有46%的能够真正被识别,而同样还是9个这样的色调,在

---

① 关于识别的理论,见笔者所著的《心理学手册》第1册第10章第3节。

具有名称或编号的条件下,则有 75% 的能够被正确识别。在知觉中引入一个简单的位置关系就提供了一个必要的线索,在上面提到的实验中(第 5 章第 3 节),婴儿只能在几项官能彼此增强的情况下才能认出她的护士。所谓的心理失明、心理失聪等现象也进一步证明了这一点,在这类失明失聪的情形中,大脑的高级协调中枢被摘除后,动物就无法识别视觉影像和声音。

这种观点可以使我们考虑识别的主观要素,这一要素在其他理论中则被略去不表。识别不只是对图像的熟悉感,它还涉及我们在熟悉的环境中产生的那种对我们自己的感觉。以前曾经处于这种状态的是一个人的自我,正如我们所知,这种自我感在很大程度上是通过主动注意而发展的。但注意是统觉过程的器官,所以,当我们通过重建这个统觉过程而进行识别活动时,识别活动就会同时伴随对一个被强调自我的感觉:第一次统觉过程中的自我再次出现在第二次统觉中的自我里,统觉内容的相同感实际上和拥有统觉内容的自我的相同感一起出现。因此,图像的识别和自我感的根本基础都是注意量、注意难度、注意功能和注意调整的差异。①

第二节 识别的观念性产物:人格同一性

前面的讨论已经澄清了同一性概念的一般起源和自我的同一性。在我们的人格同一感中,我们并不把与意识事件相分离的自我当作永久存在的。构成这种感觉的是对居于这些事件中的某种东西的意识,它首先依赖复制,因为当前的单独一个经验只能持续很短的时间,而我们则需要通过很长的时间来让我们觉得自己是同一的,我们当前的经验必然会与复制图像做对比。但是,这些图像必须被识别,必须携带统觉注意过程重建时所具有的那种熟悉感。这个活动在第二次经验中就像在第一次经验中那样被感觉为是"我的"活动,通过这种重复活动,"我"就得到了识别。

---

① 见本书第 19 章第 5 节。

第三节 时间定位

我们要像解答空间问题那样，根据对被填充时间的具体知觉，来弄清时间概念的起源。我们不知道抽象的时间，只能在体验时间中特定且个别的事件时才能体验时间。我们有时候似乎能够捕捉到纯粹的时间流，比如我们在晚上卧席无眠，意识到我们大脑一片空白时。但即便在这时，这个时间流也被清晰的事件所标记——心跳、注意到闪现在意识中的只言片语但不去理会。

所以，这个问题似乎又成了定位问题，也就是像空间定位那样来定位事件在时间中的位置。时间概念有两个一般特征，即时长和相继性。它们经常被用来定义时间。时间的这两个特征分别对应空间的长度和位置。

时间定位问题所涉及的术语类似于空间定位中的术语。我们的内部经验或内部事件为什么会按时间顺序排列，也就是为什么有前后之分呢？不过，很可能也存在其他排列方式。假设存在一个没有任何记忆的人，对于他来说，每个事件都发生在现在。没有过去或未来，每个心理现象都不与其他心理现象相联系，所以它的价值就是它的表面价值。此外，对于记忆现象，我们不得不问，为什么每个事件都在时间线中占据它的相应位置呢？这个所谓的相应位置是指它在原始经验中所占据的位置。另外，就算一个事件在当前的状态中得以保留和复制，它为什么不能简单地作为一个因素参与我们当前经验的复杂构成呢？更普遍地讲就是，具有纯粹强度和数量性质的意识状态是如何被投射和定位在时间中的呢？

和空间知觉中一样，答案为：我们通过对时间进行心理重构，而使有意识资料可以从相继性的角度来解读。

1. 时间重构的资料

心理重构所依据的资料是非常模糊的，而这也是与空间重构过程的不同之处。在空间重构过程中，我们可以用非空间性感觉与空间性感觉相比，但是时间重构则没有这类资源。虽然没有心理现象就没有时间概念，可是我们却并不能认为这些现象是时间概念所绝对必须的,不过,物体的时间定位确实有意识地涉及一类或两类资料。

(1)作为时间标识的强度。过去经验的最显著特征是它们会随着时间的推移而逐渐模糊,一般来说,前一个小时的经验比前两个小时的清晰,昨天的比前天的清晰。所以,我们也许可以总结说,一个表征的强度可以标示出它在时间中的位置,当然这个位置是相对于与其一同进入意识的其他表征而言的。这个结论的基础是记忆原理,即复制的力度和复制图像的强度与原始知觉消失的时长成反比(这个原理也有一些例外,后面我会举例说明),所以,以 a、b、c、d 的顺序被体验的表象将以 d、c、b、a 的强度顺序被复制,而这种强度顺序则可以反过来指出它们的原始解读时序 a、b、c、d。这一点可以在实际生活中找到例证,比如我们会单纯因为两个事件的复制强度差异而错误地判断它们的相对发生时间。强烈震撼我们的事物能够停留在记忆中且历历如新,而发生在它之后的事物则很模糊或被遗忘。强烈的图像可以作为过去的一个聚集点或聚集日期,以它为中心来对其他事件进行分组,我们经常会参考朋友亡故、房子失火或其他重大事件的发生时间来确定后面事件的日期。

然而,强度解释这一现象本身并不足以完成时间定位。不加校正的话,它会很容易引起上面所说的错误,使我们不断地陷入错觉。对于两个依次相接的表象,较强的那个总是被定位在后面,而它们的实际顺序也许并非如此。有些人把这些强度差异称为"时间符号",但我们不能像他们那样在此止步,而是必须在心理生活中另找一个参考点来理清这些纠缠在一起的表征。

(2)作为时间位置标识的注意运动。注意操作虽然不像强度那样与时间定位有着明确而重要的关系,但它的作用是无可置疑的。一方面,注意帮助和增强了强度所给出的标识。注意主要追求的是一个常规的、有节奏的路线,并因此明确了多个依次相接的心理现象的强度关系。另一方面,注意可能会颠覆这些标识,因为强烈的注意会提高一个表象或表象序列相对于其相邻表象的强度,结果,这个被强烈注意的表象或表象序列就会被错误定位。

下述现象进一步表明,基本的注意运动对于确定时间概念的起源极为重要。①注意以一种愉悦的方式被占用时,时间流似乎变快了。当这种占用在简单的阶段中变化并且主动的心理努力并不强烈时,情况更是如此。②另一方面,注意处于紧张状态时,时间似乎僵在那里不走,这是因为心理疲劳,而这种疲劳似乎能够直接影响我们的时间直觉。③当令人兴奋的印象接踵而至时,注意处于一种混乱的状态,这时候,时间也流动得慢,因为此时注意没有足够的时间来适应连续的刺激,所以,对时间流逝的知觉也变得混乱。④大脑空空时,时间流得慢,这时候,没有什么显著的概念可以使注意发挥它的理解和建联能力。⑤在一个注意动作序列中,前一个动作发生后,第二个动作就很容易发生,但是这个序列的重新安排会非常困难,所以,心理努力也能指示时间。⑤在做梦时,注意的强度被极大削弱,这时候,我们的时间感是错乱的。

从这些现象中,我们至少可以推知:在某种程度上,心理注意状态是用于心理事件重建的符号,也就是时间符号,这些符号与那些来自被动感觉经验的符号共同存在,一起构成了一类资料。另一方面,复制表象的强度相位似乎也与过去事件的发生顺序有特殊关系,比如我们通过事物在时间中的数目来思考相继性。注意相位与当前的时长感有特殊关系:我们根据我们自己的注意调整来测量经验的时长和预期经验的时长,其中,时长是对两种事物在时间中的间隔的感觉。

2. 心理综合

经验资料和它们最终的时间形式之间的差异就只是观念的相继和相继性这一观念之间的差异,正如布兰德利所说:"假设在心理之外存在一个现象序列,那么我们要问的是它们是如何进去的。"① 为了使多个观念彼此相继,一次就只能出现一个观念,并且它们不能有不变的联系。但是要得到相继性概念,心理中就必须至少有两个观念,一个在前,一个在后,这涉及了把过去的状态带到当前水平的过程,结果所有心理状态都被置放在同一平面上。我想到了连续四天内发生的四

---

① 见《逻辑原理》(*Principles of Logic*),第74页。

个事件，它们现在同时出现在我们的意识中，而我只意识到了我现在的状态。这个状态包含 a、b、c、d 四个因素，那么，这些具有强度的、定性的状态是如何按它们的原始发生顺序而投射到现在的呢？用沃德的话说就是，某些状态是如何被回放到一条与当前的平面呈直角的直线上的呢？"如果我们用一条线来表示相继性，那么我们就可以用该线的垂线来表示同时性。在考虑时间本身时，我们要用第一条线，在考虑时间知觉时，则用第二条线……在一串依次相继的事件中，比如说印象 a、b、c、d、e 所构成的序列……b 的出现意味着 a 和 c 的消失，但是这个序列的表象则意味着表象 a、b、c、d 中两个或多个会以某种方式同时出现。"沃德还说，这就好比把视野中同时看到的点投射在空间中的一条连续的线上，并因此代表距离。

很明显，无论这些同时出现的状态具有什么性质，这个性质都只能作为一种资料，用以区分这些状态的时间。如果 a 被定位在 b 前面，b 在 c 前面，那么这种定位只能分别通过心理解读 a、b、c 的一些伴随物来完成。正是通过这种解读，a、b、c 的时间位置才得以确定，这种解读或综合被称为时间的心理再建。

3. 时长单位

如果时间流逝感确实与注意的节奏性相位紧密相关，那么我们将会希望在时间流中找到与这些相位相对应的时长单位。确定意识范围的实验指出了这种单位，它的最大长度为我们能够用单独一个直接直觉所完成的被填充时间。说起意识的范围，我们说 12 个不同的声音印象在以 0.2～0.3 秒为间隔时，可以并存在我们的意识中。用印象的数目乘以这个间隔时长，结果为 2.4～3.6 秒，这大约就是我们能够清晰意识到的被填充时间单位。空白时间或纯粹时长的最大直觉范围可能要比这小很多，这一点可以为短时估计实验的结果所印证。这些实验表明，我们能正确估计的空白时长为 0.7～0.8 秒，太短会被高估，太长则会被低估。相比普通的表征，这个"单位"中的图像构成了我们所谓的"初级记忆"。

我们正是通过这个时间意识单位来估计一切时间距离的。这个单位所包括的表征构成了当前的平面，我们可以把这个平面当作一个圆，以前的印象从一侧流出,后来的印象从另一侧流入,构成了一个稳定的流。正如我们所知,时间并不是一条连续的线,而是无数条线,它们给出了一定数目的当前共存物。在这个圆外,过去的经验被投射在与该平面垂直的直线上,就像一个物体离视野的距离。这种比喻只是帮助我们理解的,但是由于它非常自然和方便,我们甚至在非反思思考中也会用它。所以我们说,一个事件是"如此靠后",说两个事件"肩并肩地"发生。考虑到该情形的性质,我们没有理由从空间角度而非时间角度来描述那些以强度来定量的资料。①

4. 耳朵的时间知觉

在所有的感官中,耳朵在时间判别和时间测定方面最为敏锐,耳朵能够非常精确地区别出单独一个声音刺激所涉及的时间间隔和时长,因为这个原因,听觉也被称为时间知觉官能,它在这方面的功能相当于视觉在空间方面的地位。视觉能够把模糊的时间序列变得清晰确切,这些模糊的感觉最初由肌觉报告,接着又由其他感觉报告,时间知觉的这种精细性是言语停顿、元音数量、诗歌节奏以及音乐的韵律和严格"时间"的基础。

第四节 时间定位的观念性产物:时间概念

通过抽象,我们从以时间流逝形式存在的协调事件这一概念过渡到了时间概念,也就是说,从被填充的时间过渡到了空白时间。联系过去,我们称直接经验的时刻为现在,称所有获得更多经验的可能为未来。所以,就如过去不是时间一样,未来也不是时间,它只是一种预期,预期获得更多的类似于过去经验的经验。时间概念是最终的产物,形成于儿童心理生活晚期。

---

① 关于时间知觉论,见笔者所著的《心理学手册》第 1 册第 10 章第 3 节。

第五节　记忆种类：位置记忆和逻辑记忆

完全从主观角度来看，记忆是一个图像的复苏，而该图像与其他图像处于一个关系网中。我们同时感知多个事物，同样，我们也同时记起这些事物。这种记忆涉及统觉过程中的许多可能关系，如此产生的这类关系可帮助我们区分不同种类的记忆。比如，一个图像可能会附带它在最初知觉中的位置关系，也就是说，它的位置是其统觉过程的主要特征，这种记忆称为位置记忆。比如，我们通过句子在文章中的位置而记忆长句子，借助一个房间的部分和装饰物来记忆这个房间。这类记忆一般转瞬即逝，因为位置关系是外在偶然的，它们并不必然属于被记物体，我们只有在能够背诵整篇文章时才能回忆起我们想要的部分。时间记忆也是如此，除了这些外在或偶然的关系，我们发现还存在一些基本的关系，比如因果关系、物质和特性的关系、整体和部分的关系等，这些关系所对应的记忆称为逻辑记忆。逻辑记忆比位置记忆更加永恒和重要，因为这些关系总是存在的，并且，当一个图像可以进入意识时，它总是能通过这种关系把相关图像也带入意识。很明显，相比位置记忆，我们更应该培养逻辑记忆，并且除非我们想要的只是暂时性的知识，否则应该避免前一种记忆。

第 12 章

联　　想[①]

1. 联想的定义

在前面的章节中,我们不断地参考"观念联想"原理,实际上,我们在日常生活中已经对这个原理有所认识,所以对它并不陌生。我们都知道,事物的特征存在于它们的联系中,人们受他们的同伴影响,实际上这些真理只是联想律的更广泛应用,这个定律本起源于心理生活。

我们已经指出心里图像复苏需要的条件,图像复苏的基础是伴随最初知觉的神经过程的复苏和原始统觉操作的重建,且这种重建需要足够的强度和持续时长。然而,这并不能告诉我们是什么使得复制状态流沿特定的方向流动。可以被复制的表象浩如烟海,为什么只有某一个复活了? 这个问题说明,联想的真正功能是使特定的心理状态逐次复活。我们也可以把联想定义为复苏的意识状态之间的关系,通过这个关系,连续的表征成了新的整合状态,对此,我们必须全面解释。

2. 联想的基础或原因:前观念

如果我们就这样把联想看作表征在意识中的联系律,并如此刻画这类表征序

[①] 见笔者所著的《心理学手册》第 1 册第 11 章。

列,那么,对于任意两个表征之间的联系,其本质都取决于前一个表征的特点。比如,我此时此刻想起了雨,为什么呢?因为我看到天上乌云密布。我想到了雷,因为我刚才看到了闪电。我想到了拿破仑,因为我刚刚想到了恺撒或亚历山大。在每个这样的情形中,我眼前的观念都由在它之前的观念所决定。前面的观念换了,后面的观念也会跟着变。比如,如果我刚才想到的是苏格拉底而不是亚历山大,那么拿破仑就不可能在此刻出现在我脑海里。没有什么心理状态可以完全脱离这个连续的链,我们整个心理生活都是一系列前后相继的观念整合。

3. 联想的生理基础

在介绍以保持为基础的生理习惯时,我们已经指出生理习惯引起的心理倾向具有复杂的本质。我们可以假设大脑皮质的部分或要素之间起沟通作用的联系,也可以假设这些联系大量存在于一个复杂的神经和细胞组织网络中。如果我们认为这些生理联系与心理联系相对应,那么就能看到它们为我们提供了一种强大的联想能力,可以让我们联想到各种各样的相关表征。这个网络中有一个要素受到刺激,就会唤醒很多联系——首先是那些基础最稳固和最经常被重复的联系,然后是那些复苏强度不稳定的联系。比如,我们也许可以假设包含画面、触摸、声音、书写符号和"钟"字发音的记忆就是如此被联系上的。看到钟后,至少有五个不同的记忆能够复苏:对说"钟"这个字时所产生肌觉的记忆、对这个字被说时的听觉记忆、对这个字的书写形式的记忆、对钟声的记忆和对钟的坚硬平滑感的记忆。这些记忆有时很容易出现,有时则不容易出现,这种积极度取决于我们是否习惯于在关于钟的经验中使用它们。其他模糊的记忆,如教堂尖塔、餐厅、涌向我们的人群等,各自都在大脑活动中有其对应的伴随物。所以,联想的基础与保持的基础相同,并且可以使用后者的生理解释。也就是说,心理状态之所以能通过联想而复苏,是因为原始经验所引起的相关分子变化在生理上保持了下来。然而,真实的复苏也就是对心理状态的记忆,是心理性质的,就如复制和识别时心理性的一样。因此,通过批判性地研究被联想状态的本质,我们发现了联想律,而在此之前,联想律一直都是无意识的。

第二节 联　想　律

1. 特殊或次级律

亚里士多德说:"寻找一个不在脑海中的观念时,我们会借助另外一个观念,通过相似原理、对比原理或邻近原理来找到它。"现代心理学家普遍继承了亚里士多德提出的这些联想原理,尤其是相似原理和邻近原理。不讨论对比原理的话,我们可以指出两大联想律,它们取决于具体事实在反思活动中被分入的种类。

首先,心理图像得建立关联。也就是说,两个或多个复制状态中,有一种状态排在前面并可唤起其他状态。当我想起一位朋友的面容时,就接着会想起我们上次见面的地点和时间。另一方面,一个新的经验,一个表象,则能唤起过去的图像,一位新朋友可以让我想起我的一位老朋友,这两类现象穷尽了联想的范围。在前一种现象中,一起出现的图像以前就一起存在于心理中,这称为邻近。无论这些图像在最初知觉中是什么关系,因果关系也好,整体部分关系也罢,都无所谓,它们以前曾经先后出现在意识中这一事实本身就足够了。在第二种现象中,能够唤起图像的表象总是与这个图像有相似之处,这称为相似。抛开对比原理不说,与图像相似是这个表象的唯一特征,这个特征是该图像直接复苏的基础。

根据前面的内容,我们可以对两个特殊或次级的联想律做如下阐述:

(1)邻近律:一起被感知的观念在相同的统觉关系下被复制。

(2)相似律:与图像在某些方面有相似之处的表象会引起那个图像和与该图像相关的图像的复制。

应该指出的是,只有适用相似律的新表象才可以唤醒过去的图像。一旦这个表象重复出现,它与复苏图像之间的相似就不会在复制过程中得到强调,但由于先前的知觉所留下的图像与当时被唤醒的图像曾经共存过,所以这便成了一个邻近情形。比如,我见到B时想起了我一个与他相似的朋友A。此后,B的图像和A的图像就通过如此建立起来的邻近关系而联系在一起。结果,当我再见到B时,就不要通过他与 A 的相似点而联想到 A,尽管他们的相似之处仍然会触动我,并且我也知道这是产生第一次联想的原因。在这种情形中,重复出现的知觉让这个联想变得更清晰有力,因为客观对象的实在性在某种程度上传递到了它所唤起的表象上。

把一大类表面上看起来是相似类的现象归于邻近类只是一个步骤,最终的目标是完全消除相似原理作为联想根基的地位。此外,虽然我们认为从经验的角度来看,相似性明显是观念联系的真正的原因,并且必须承认它自身的地位,但是一经思考我们就会发现,所有的相似类现象的最终本质也许都是邻近性。对于一个表象和它所唤起的类似图像,我们可以说二者具有共同的要素:这些要素无论在表象中还是在图像中,都以相同的方式影响我们。我们说某个奇怪的肖像与我们的一个朋友相似时,这个肖像中必然多少存在一些特征与我们朋友的特征相同,这些特征与其他特征共同存在于这个朋友的形象中,而这整个形象也就通过这种共存或紧邻关系而被带入意识。如果表象要素为 a、b、c,图像要素为 A、b、C,那么共同要素 b 将必然使二者都出现。泰纳总结出了一个法则来表达这个联系过程:对于一个观念,如果它的部分出现在意识中,那么它将会整个出现。还有一点可以补充的是,伴随着一个表象和一个记忆的普通情绪也许就是二者之间的相同点。

邻近律比相似律更为重要,这一点得到了莱曼实验的支持。当几种色调不同的毛线因为太过相似而难以区分时,简单添加一个标记、编号或名称就能够提高对它们的记忆。在实验结果的基础上,他总结说:"最能解释这些现象的原理是邻近律,而非相似律。"

2. 对比联想

亚里士多德以后,很多思想家都把对比当作一个明确的联想原理。乍一看,很多经验也都确证了这一原理。看到一个侏儒会让我们想到巨人,看到一个明亮的颜色会让我们想起与其形成强烈对比的颜色,而酸则会让人想到甜。无疑,这些都涉及联想,但是,这种联想究竟是源于对比还是源于其他原因呢?任何联想情形中似乎都存在这种原因,而我们则可以把这些联想归结为相似,然后最终归结为邻近。

(1)大多数对比联想中都存在一个参考标准,供表象和复苏图像参考。这个标准构成了这两个观念的共同点,也就是相似点。比如,我们之所以在看到个子矮的人时想起个子高的人,是因为我们拿二者与身材中等的一般人比较,前者只有比一般人低时才算低,后者只有比一般人高时才算高。所以,对比图像的观念包括一个共同要素,这个共同要素是我们在前面所说的b,也就是说,是它在邻近律的支配下给了我们联想。这种对普通标准的参考也可以解释情绪状态和意志状态的联想,如大悲与大喜之间的联想,奋力拼搏与无所事事之间的联想。

(2)许多对比联想都起源于我们所习得的知识的早期特征。我们已经看到,知识的开端涉及一个区分或分别的过程:事物被固定在与其他事物的关系中。这可能会在我们的心理中固定下很多对比事物。在孩子很小的时候我们就教他们鉴别一些物体的特征,向他们指出这些特征不存在于其他物体上,最终这种鉴别成了一个心理习惯。所有这类基本的对比联想都发生于邻近的状态之间,经常性的重复可以加强这个联想。只见过普通的椭圆形叶子,是不会产生对比联想的,但是,一旦在此之后看到了深裂的叶片,对比立即就产生了,不过,这种对比联想主要是源于如此确立的邻近关系。

(3)另外,与相似联想一样,对比联想中也存在一种情绪色彩,这种情绪色彩可以提供一个相似联系点。借助内在对比而变强的模糊类比和被潜在类比带出的对比,都可以使一个与被关联项绑定在一起的情感状态再现。比如,一个三只手的怪物会让我们想到一个独手怪物,并且由此想到了所有曾经听过的马戏团怪物,这只是因为它们都是怪物,都能激起我们的排斥感。它们的相同之处在于它们不同于正常生物,以及它们能在我们心中激起同样的感受,伴随有意志的状态也是如此。

所以,看起来所有的对比联想情形都可以归于下述两个原因中的一个:被联在一起的两种心理状态共同参考一个心理标准,它们是我们在获取知识的过程中观察并确立的两种邻近状态,这两种状态伴随有相似的情绪或意志。

3. 普遍律或基本律

联想性复制的一大原理是相继性邻近,它的特殊形式包括简单邻近、相似和对比。在这个原理的支配下进行联想的倾向,可因其他一些因素而得到极大增强,通过考虑这些因素,我们会发现所有联想的基本原理。如果这种邻近就是全部的事实,那么在复制过程中起作用的将只是记忆的物质方面,也就是保持,这时候,记忆将把机体倾向所经历的均匀变化和常规衰弱呈现给意识,形式和内容多变的个人心理生活特征将会极大地减少。但是这个假设是不可能的,因为记忆主要是心理性的,就如知觉一样,记忆是一个积极构建关系的综合过程。所以,统觉能力给了联想以确切的形式,并弥补了我们曾经说的空缺。统觉过程中的关系具有多种类型和强度相位,它们给了邻近的经验以特征和深层含义。

4. 关联律

心理状态的每一次联想都是一次整合,因为这些状态之前已经在统觉过程中建立了关联。被感知物体之间存在很多种关系,我们已经做了很多努力去对这些关系进行分类。除了在邻近联想中发现的时间关系和相似关系,其他的基本关系包括从属关系、因果关系和设计关系。从属关系有多种形式,可表现为整体和部分的关系、本质和偶然的关系,在后面会看到,我们在推理过程中所使用的属种概念正是基于从属关系。只有在形成了普遍概念并且具备一定的逻辑能力后,我们才能理解这个关系的真正逻辑意义。在幼儿的心理中,这个关系被当作邻近关系。同样,成熟的因果关系涉及必然性的概念和效力的概念,这些概念能够使存在于特定信息之间的因果关系以普遍关系的形式存在,但在儿童生活中,因果关系只是被理解为努力和阻抗的接替。设计关系出现在心理中的时间更晚,因为它更少涉及简单的邻近现象,并且需要较多的经验来完成普遍化。

很明显,过去经验中的关系非常重要。单纯的时间邻近性可能会褪色消失,但是一个逻辑关系则会完好地留下来。比如,我们也许早就忘了最早感知一根火柴是在什么时候、周围都是谁、划火柴的方式,以及被点着的材料,但是,我们会记得结果——火光。在这种情况中,因果关系所特有的效力要素和必然性要素就是记忆的工具。心理生活离不开关联,我们已经在"记忆的种类"一节中指出这一点。注意动作给了依次相继的心理状态一个与外部事物关系相对应的联系,并因此补充了作为物质过程的心理对应物的邻近性,而这也是心理生活离不开关联的原因。

我们可以方便地举例说明,要想回忆起一串陌生的无意义单词,前提是这些单词的实际发音还存在于意识中。如果我们在这些声音中发现了它们与我们所用语言的相似之处,这些发音将能通过这个关系而留存得更久。但不管怎样,这些单词要想永远被我们记住,就必须首先具有含义,能被我们理解。麦克什曾经讲过一个故事,神父让一个少年水手倒背罗盘上的位点,结果这个少年通过位点之间的逻辑关联很快背了出来。但是当这个少年让神父倒背祷文时,神父却语无伦次起来。在后一种情形中,单词没有关联或含义,它们之间的单纯邻近关系并不足以让人回忆起它们。

5. 兴趣影响联想

我们的个人兴趣和才能能够极大影响联想的特征和方向,一般来说,我们偏爱我们所擅长之事,不同的人对同样的经历有不同的印象,也会在同样的外部条件下发现不同的关系。艺术家看到红色的夜空时会觉得美丽和愉悦,而农民则从中判断天是否会下雨毁庄稼。实际而功利的学生之所以热衷读书,是因为他想借此提高成功的可能性,而一个更为理想的学生之所以热爱阅读,则是因为他想要获得或深层理解真理本身。在此,人的基本性情直接侵入了日常经验,把注意和努力集中在事物的特定关系上,这种集中反过来又加强了这些关系的心理地位,并进而巩固了这个性情。兴趣规定了联想的方向,而固定下来的联想则反过来夯实了兴趣。我们基本上可以说,符合性情的心理工作做得最成功。

需要指出的是,让这种联想律不加约束地起作用将会引起危险。沿着兴趣的方向自由训练而排除在其他方向上的心理努力,将会引起心理生长失调,尤其是在童年时期。我们不应该让儿童自己选择他们的心理追求,强制性地把联想律应用于所恶之事上大有纪律性价值,因为通过这种强制应用,注意会有更大的灵活性,自主控制智力冲动的能力也更大,心理视野也会更宽。通过均衡的强制训练课程使学生获得这些能力后,才能允许学生专门拣择一些科目学习。

第三节 联想的形式

参考引起心理状态的物体或事件,我们可以把邻近联想分为两大类。这些事件或物体也许在空间或空间中共存,也许在时间中相继。如此区分后,我们便得到了共存联想和相继联想。但是,当我们意识到被联系在一起的不是物体而是我们的心理状态时,以及意识到这些状态在复制过程中必须投射在一个连续的时间序列中时,我们发现物体的共存并不能产生概念的相继。通过检查两种可能的时空共存形式,我们就会知道事实确实如此。前面已经说过,我们通过快速迁移注意来感知共存于空间中的物体,对于听觉来说,最大的直接知觉单位为12个清晰的刺激,其中每一个本身都可以被单独感知,对于视觉来说,这个单位包括5~7个刺激,不过它们被当作一个整体被感知,其他官能的最大知觉单位则更加紧凑。每个这样的单位都构成了一个单独的表象,可以作为一个整体图像被复制,而不能作为许多共存图像被复制。结果,下一个进入意识的图像就是被紧接着注意到的图像,而且,外部刺激所引起的一切感觉的表征都必须是相继的。比如,看到黑板上的20个叉后,我会把它们分为4个依次相接的表征序列进行复制,其中每个序列还有5个叉,或者分成更多的序列,每个序列含有更少的叉。这时候,一个序列中的几个叉并不作为共存图像被复制,而是作为一个图像的构成部分被复制。如果它们分别作为一个图像被复制,要不就是因为每个叉都是单独被感知的,要不就是我们被告知这些叉都是一样的,并且用这个信息取代了我们自己的探索,但无论如何被复制,表征的产生都是相继的。

时间中的共存也是同样,同时发生的经验被复制成一个图像而不是几个一起出现的图像。比如,一个和弦就是通过它的效果而作为一个整体被复制的,这个整体产生了一个单独的神经变化。我们也可以把这个整体分解为它的组成部分,但这种分解的基础是对实际表象的分析,通过这种分析,这个表象的构成部分相继呈现。假设我在最初听到这个和弦时辨别出了四个音调,那么其实我是通过相继的注意动作而对这些音调进行辨别或建联的,这样一来,彼此分开的音调刺激就不再是共存的,而是相继的。

所以,我们认为,邻近复制的一个形式就是相继复制,这一点从记忆的物质基础上也可以看出。心理复制取决于物质变化的持续存在,这些物质变化就是生理倾向,即发生一系列连续的大脑变化的倾向。这些大脑变化的心理伴随物就是联想律支配下的一串有意识状态,根据因果律,这些大脑变化是一个存在于时间中的序列,但是,它们在意识中产生的结果只是一个单独的心理状态,而不是多个共存的心理状态。如果意识是一个整体,并且只有一个中心,那么在一定的时间,这些变化对于意识来说就只是一个变化,结果也就只产生了一个单独的表象。通过有节奏的注意活动,在时长单位的限制下,如此产生的表象就具有了相继关系,这些时长单位的长短将决定观念的相继速度。

复杂的联想。我们前面已经说过,联想的基础是机体倾向,而这些倾向具有非常复杂的特点。心理反应的基础是总的神经网,而我们不可能把一个单独的神经联系通道与这个网分开,同样,我们也不可能单独分离出一个心理现象。我们由前一个观念联想到的一个观念,只是可供我们追逐的无数心理路线中的一条。由于前一个观念本身也是前前一个观念打开的无数联想路线中的一条,所以事情就变得更复杂了。这些所谓的路线——沿着这些路线去寻找意识范围中与这些路线相垂直的一个图形,都发自同一个点。比如,从"1492年"可以联想到美洲大陆的发现、意大利文艺复兴的大事件、人文运动、以色列儿童大逃亡以及许多与"1492年"相连的个别事件,比如其他重大地理发现的日期。在这个关系网的复苏过程中,它的丰富性既可能会帮助也可能会阻碍记忆,而这取决于这个复苏是收敛性联想还是发散性联想。

1. 收敛性联想

在收敛性联想中,大脑从众多通向同一个目的地的路径中选择了一条。在自主回忆中，这是一个巨大的记忆资源。我们想要记起一个图像，因此便去意识中寻找与其相关的一些观念。该图像周围形成的心理关系的数目，将决定我们有多大可能找到这样一条通向目的地的通道。比如，当我想回忆起1492年这个年份时，只能去想上面所提的相关事件中的一个，因为这些事件都同指一个结果，所以想到任何一个都行。

2. 发散性联想

在发散性联想中，整个过程恰好反了过来。在这里，记忆会受到该过程的替代选项的阻挠。比如我想要记起火药的发明时间并且只能通过它与1492这个年份的联系来回忆，那么在缺少其他帮助的情况下，我可能会联系以色列儿童大逃亡这个事件或通过其他联想路线来追寻它。在一遍遍返回中心观念，穷尽了所有可能性后，我们也许才能得到真正的答案。

第四节　联想的力量

从前面的内容中，我们很容易看到是什么给了联想力量和持久性。一方面，刺激的经常性重复可以使作为复制基础的生理倾向在神经结构中更加坚固和持久，重复的程度将决定联想的强弱。我们也许可以假设，这种重复经常在梦中发生。见过一个物体两三次后，下次再见时认不出它的概率就极大地降低了。然而，在联想加固的过程中，生理方面的影响最为微弱，因为邻近关系虽然普遍，但是它不如逻辑关系的确立重要。注意可以确定联想中的关系，并且是加固这些关系的最重要手段。强烈注意一串事件，通常就足以把它们刻印在脑海中，并且，当我们记不起一个特殊的联系时，我们通常可以把想要的事件与一些记得的事件联系起来，并因此把它拉入记忆。

第 13 章

想　　象[①]

第一节　被动想象

心理成像能力的最高阶段就是想象,我们可以从两个方面来理解这一点。首先,想象经常用于指心理的表征功能,也就是图像表达能力,在这个意义上,它包括记忆和联想,以及图像的建构。其次,想象通常也专门指最后一个过程。通过这个过程,可由大脑任意支配的表征材料就以观念性建构产物的形式结合在了一起,而这个建构产物在某种程度上独立于外部物体的排列。虽然我们现在需要解释后一种定义,但是我们也不能忽略前一个更宽泛的定义所具有的更为普遍的形式。

1. 想象的材料

想象的材料,也就是一般表征功能的材料,全部都来自早前的表象功能。想象从不创造,它只是给复苏的观念以形式,感官知觉和自我意识的资料就是想象的全部内容,此外,想象的材料总是可以以记忆画面的形式被呈现。

[①] 见笔者所著的《心理学手册》第 1 册第 12 章。

因此，如果进一步去思考心理成像能力的广义特征，并且不去考虑记忆和联想都由什么具体过程构成的话，我们会发现想象可以分为被动想象和主动想象。

2. 被动想象

被动想象是指图像在意识中自发、不受控制地出现，这些图像可以源于任何原因，也可以具有任何排列方式。在这种情况下，在意识中流动的观念不受心理监督，它们对心理生活的相对价值也不会被真正认识，意志也不会对这些观念进行选择或融合。产生这些观念的机体原因和智力原因不受任何限制，使得感官的炮弹轰炸着不受管控的意识。

3. 前提：记忆和联想

很容易看到，图像的自由活动是建立在图像复苏和图像联想的基础上的。图像复苏的方式既是机体性的，也是心理性的，它构成了一个更宽的大脑和心理倾向范围，其中，这些倾向一直被认为是记忆和联想的基础。

（1）正如我们在无限的表象组合中看到的那样，这里的物质基础具有最复杂精细的活动。实际上，这种无限的复杂性和不规律性，使很多人否认想象活动与复制活动受同样的规律支配，但是我们必须思考大脑联想中彼此相连的链条究竟具有怎样的真实本质，这样一来，我们就会看到，联想律引导我们所信任的东西是真的。现在我们来思考主体意识的最常见模型，也就是由一堆系统化的、情绪性、表象性的群所决定的模型。这些群涵盖了过去的整个历史，尽管它们的要素可能存在于潜意识中，但是其最初产生时的条件一旦重新确立，它们就能全部或部分地再现，并超越一般产物的水平，这种再现的状态将不是长长的心理状态序列的复制品。从大脑的本质来看，代表偶然性心理变化的神经要素也会很容易受到刺激。作为心理状态，它们在观念流之外，并且看起来是无关而独立的，但从它们的物质基础来看，它们也是合理的结果。除此之外，不同的大脑部分之间也会发生互动。整个大脑都会随着它的单个部分而振动，超负荷的部分也会如此通过与其他部分的联系而受到刺激，这些联系可能非常精细，甚至在意识中都没有相应的要素与其对应。如此一来，在思维中遥遥相望的、从未被有意识地联系起来的图像,在想象中则聚集在了一起。

然而,这种混乱的状态很难会波及整个意识范围,因为只要我们处于有意识状态,就必然存在一个或松或严的心理管制,即便在梦中,那些荒谬的要素也闪耀着一些逻辑或美学的光芒。在梦中,我们会认为自己在雄辩地论证或在背诵优美的诗文,虽然醒来时,我们会发现那不过是在胡扯。在浅睡眠状态下,如果画面整体上是连贯的,新的感官刺激就会适应它。

正如前面所说,梦最有力地证明了这种物质性因果关系的自由发挥。睡眠时,积极明确的、起关联和安排作用的心理功能也休息了。一些感官仍然对外部刺激开放,并且,人格中的无意识部分占主导地位。此外,大脑供血水平的降低通常会引起意识水平的下降,而在做梦状态下,这种降低则会改变大脑各部分的相对势能,促进孤立区域的兴奋释放,或者使平时只能在较大或距时较近的联系下进行活动的部分受到刺激。正如我们所料,幼儿很少做梦,因为他们还没有养成足够的可以给反应性的意识赋予这种复杂性的机体习惯。

此外,我们在清醒时也经常处于被动想象所引起的表征不受控状态,当我们放弃所有的心理努力,开始做白日梦时,就能得到这种自发的图像流。不过,清醒状态中的表征不像梦中的表征那样独立和突兀,即便处于最彻底的认知废弃状态,我们往往也能看到意识流中受常规联想律支配的相继联系。

(2)被动想象的主观方面比它的物质基础更重要,也更模糊,不过,它的现象基本上都属于同一性质。因为心理生活所对应的物质联系网络复杂而混乱,所以我们预测:心理现象看起来基本上都一样;另一方面,由于这个复杂的网络受物理定律支配,那么,不管意识的流动如何杂乱无章,心理现象也必然受联想律支配。这个预测的前半部分,即想象图像将显示独立而不连贯的形式,已经为事实所证明——想象的最显著特征就是想象组合的荒谬无常。以前图像成了碎片,这些碎片在想象中以不可思议、滑稽的形式组合在一起。根据动物在我们心中留下的图像,我们拼凑出了前所未知的怪物。我们设计了一些场景,里面包含了一些永远不可能在现实中被联系起来的人和地点。

根据我们对事实的了解，我们认为这个预测的后半部分也是正确的，心理生活中的任何幻想都逃不脱联想法则的支配。

第二节　被动想象的模式

被动想象具有两种基本模式：第一，我们发现经验复合体破解，分成或大或小的部分；第二，我们发现这些部分发生了变形。这两个模式可以分别称为分解和合成。

1. 分解

根据前面所说，分解的作用显而易见。表征如果不发生分解，想象就只能记忆，同样形式的心理过程将会以一种不确定的方式重复。在这种情况下，如果不去拓展我们的实际感觉经验，心理生活就会因为千篇一律而乏味不堪。分解是一个过程，有着或大或小的重要性。表征的分解程度代表着个体的想象力水平，因为建构和重组活动取决于手头上的分解碎片。在前面描述的过程中，我们也许已经看到了这个分解活动的基础或原因。

（1）表征之所以会发生分解，往往是因为大脑中的物质联系破裂了，遗忘或记忆减退现象很大程度上都可以归因于大脑回路的分离和分解。比如，大脑受伤可能会引起语言功能的丧失，使得言语记忆消失，或发音动作受损，但是单个的单词或字母、原先言语群的部分则可能仍然可为我们清晰记忆。丢弃一个复杂整体中的某些构成要素后，其他要素就会变得更加清楚，结果，这个整体就发生了程度或高或低的分解。

（2）记忆的心理方面也是如此。根据前面提到的原理，心理内容群被注意的程度不一，在记忆中的持久度各异，同样，这些群的部分或要素可能也会受到这种影响。对于一个长长的论证过程，我可能只能轻松记起其中的一个步骤，我们经常靠一个曾经被注意到的字母或词组才记起一个完整的单词或句子。一切表征都会在记忆中逐渐消退，在这个过程中，图像群的一些部分或单个图像的一些要素会消失，但是,其他部分或要素则变得更加鲜明。和前面一样,这个过程也构成复合整体的分解过程,虽然分解程度有高有低。我们知道,在相似联想中,两个相似表征的几个共同点会得到类似的关注。

(3)不仅如此,我们还发现,在主动想象中,图像部分也会发生有意识的积极分离。我们在心理上倾向于把复杂的产物分解为其构成要素,并且意识到了这个倾向。我们会注意到大体上的怪异点、突出点和不一致之处,凭此来分离表征的部分。当联想不是一个必然联想,并且被分解部分具有自身完整性和统一性——比如一只鸟的翅膀、腿和头,它们每一个都可以作为一个整体而被考察,或者充当一个命题的主项、谓项或联项时,情况更是如此。

2. 合成:幻想

这些被分离的资料并不会就那样停留在意识中,而是会形成新的组合。正如前面所说,它们在排列的过程中如果没有意志参与选择,它们的形式看起来就会显得非常随意无章。

被动想象的组合功能,从其产物来看,可以称作幻想。幻想是用来自远方和陌生区域的图像来装饰普通的经验,对这种装饰,我们都很熟悉。彼此冲突的要素并排在一起,最熟悉的要素被用来构造诡异的形式,最为对立的两个方面甚至是矛盾,都可以享受这种愉快的思想自由。幻想为枯燥的过程带来了新鲜之气,最高级的幻想甚至能够直接诉诸情绪性和美学性本质。对照着主动想象的有目的建构,我们要着重介绍幻想的被动且自动的活动。

读者同时还要注意幻想的扩增功能和缩减功能,幻想能够对事物的尺寸进行怪异的调整,侏儒和巨人就经常出现于幻想中。与想象的其他许多方面一样,这可能在很大程度上也要归因于当时的情绪色彩,引起情绪的观念本身也会通过为情绪辩护而顺应情绪。

幻想与现实的关系。被动想象的特征是从头至尾都缺少对真实世界的参照。在被动想象中,心不受外物牵绊,它的世界完全存在于内部。符合事实的记忆图像被撕成碎片,这些碎片又转而构成无法在自然界或理智思想中实现的新形式。

结果,动物可以开口说话,无生命的物体有腿可以走路,世界充满了怪异的生物。不过,这种参照缺乏只是就想象的本质来说的,考虑到它的实际结果,这一点并不成立。随后我们将能看到,主动想象始终保持着对现实的隐秘参照,即便在最为自动的想象中,潜在的逻辑感、美感和真感也在发挥着一种微弱的监督和更正功能。我们的幻想会隐约伴随着一种满意感或不满感,这种感觉也来自心理状态与现实的比较。在梦中,对外部世界的任何参照都是不可能的,但即便在这种情况下,我们也会把看到的物体弄得和清醒状态下所亲身看到的一般真实。

第三节 主动或建构性想象

除了被动想象外,还有主动想象,后者有意志的参与。在此,意志的作用可能是积极控制幻想图像,也可能是对这些图像的活动进行单纯的监督和指导。在介绍注意和记忆时,我们就已经熟悉了这个主被动区分。注意可以分为被动和主动或者反射和自主,记忆也有主动记忆和被动记忆之分。

不过,想象的主被动之分并不绝对,我们发现,在最机械的图像活动中,存在着最原始的心理监督或者至少说心理监督感。就像前面被动记忆的论述像我们保证的那样,从分析的目的来看,这一点将非常重要。

考虑到主动想象的产物,我们也可以把它称为建构性想象。被动组合或幻想也是一种建构,但我们在这里要说的建构,是指为了获得一个功用或美学目的而把散碎的表征要素有目的地拼凑在一起的建构。

第四节 建构性想象的分析

前面介绍了被动想象,而要分析主动想象的建构过程,我们还需要以这个介绍为基础。也就是说,我们得假设以前的心理复合物会发生分解,并会在一个观念或"计划"的指导下被重新组合在一起。在建构过程中,我们可以区分出四个因素或者说四个环节：自然冲动或欲望、意图、选择性注意和适宜感。下面我们将依次介绍这些因素。

1. 自然冲动或欲望

我们很容易看到，如果想象画面的自发流动被蓄意改变，那么引起这种变化的肯定是一些冲动、动机或欲望。一个偶然的变化会自生自灭，不会产生什么系统性的构建产物。在想象中，必然存在一个目的，无论这个目的多么模糊不清，并且必然存在一种实现这个目的的自然倾向，一种吸引或者相反的倾向。① 在后面的章节中，我将明确阐释一些趋向或背离某些目的的倾向或行为。关于这些倾向的本质，我也将保留到后面再说，现在我要指出的只是：所有的意志行为都源自这些"欲望"，理性的意志行为总是以某些物体为目标，其中，正是这些目的唤起了意志。这些"行为动机"包括趋乐避痛、自然依恋和对真善美的爱。这些动机或多或少的存在于所有人心中，不过它们的强度随着个体的不同而不同，并且其变化范围非常宽广。在这些动机中，任何能够强大到驱动个体做出相应行为或者塑造个体情绪性生活的动机，都是想象性建构的基础。如果我们想要满足一个欲望，我们会无休止地想象自己在现实中得到了所欲之物，想象我们因此而欣然欢畅，想象敌人为之气急败坏。在这个想象的场景中，一切无法提升愉悦感的东西都遭到禁止，不利的要素都要被丢弃，纵然我们知道这些要素是真实的。不过，在那些能够支配想象的欲望中，最为主要的是对美和真的热爱，或求知欲。这些欲望是两个普遍的建构想象类型的基础，这两个类型后来被称作美学想象和科学想象。

2. 意图

性格中的持久偏好会让人产生去完成一些事情的欲望，这种欲望持久而具有控制作用。如果条件允许，整个人生都会被这种目的所塑造。在这个持久性欲望的支配下，我们选择职业、建立关系、享受乐趣，所有这些既满足了它，也增强了它，这可以称为意图。在后面对意志生活的描述中，我们会看到意图是主动准备

---

① 见本书第 25 章第 2 节，也可参考笔者所著的《心理学手册》第 2 册第 14 章第 2 节和第 8 章第 6 节。

或同意的一种形式,它的类型固定,一有机会就会化为行动。科学家拥有一个不变的冲动或"意图",想去接近其科学研究对象。对于他来说,这已经成了一条消费思维能量的既成通道。艺术家同样会终其一生追求能够满足他审美天性的艺术形式,他的意识中充满了美好事物的图像,他的意图非常自发,结果也能够直接得到意志的支持。

3. 选择性注意

我们现在要谈论能够控制想象建构过程的因素——注意。假设人们天生具有上面所说的那种偏好和倾向,那么在这个基础上,意志将以注意的形式,把符合它目的的图像建构成新颖优美的形式,我们把注意给了以这种建构为目的的复制。科学家或艺术家非常重视他们自己的思想,并为了科学或艺术的目的而直接使用它们。他们会依次检验每个图像,既单独检验,也会合检,以此来发现每个图像中隐含的可能组合。未显示有建构价值的图像将会被取消关注,继而消失。其他能够进入这个不断壮大的想象宫殿的图像,则会发生变化、分解、优化、组合,最终被铸造成更完整或美丽的形式。

这个想象环节的心理学价值在于它含有长时间的集中性心理反应,这种反应被牛顿称为"耐心思考"。我们很容易就能看到表面上的相似点,无须付出建构努力,但是对于那些隐含的特性,也就是那些贯穿自然界和艺术的关系,我们则只能借助建构性思维的力量刺破掩盖它们的面纱之后,才能发现它们。每个科学假设都是这样的一个建构产物,对于我们所面对的对象,我们只处理它的那些可以通过选择性注意被安排进一个逻辑框架,并进而为事实所检验的特性。我们假设原因将单独起作用(虽然我们从未发现是如此),并且建构它们的效果。"所以牛顿在脑海中看到了行星落入太阳,这个事件虽然没有发生,但是如果切向力得到抑制,它就会发生。"①

因此,在想象中,注意具有双重作用。首先是排除作用,就是说,它会排除那

---

① 见拉比耶(Rabier)的《心理学》(*Psychologie*),第 233 页。

些无助于完成手头任务的表征,不过,这种排除并非是积极地把无关表征斥离出意识,因为这是不可能的。努力去贬斥一个表征,只会让其变得更为生动,因为这时候它为注意所关注。这种排除的本质是忽略这个表征,认为它不适合完成当前的目的。一个图像一旦不被注意,就会沉入潜意识,实际上也就等于被贬斥出了意识。其次是选择作用,就是说,一个图像清晰地出现在意识中,然后被我们发现可用于实现当前的目的。

最后的产物就是一个统觉产物,这是因为想象建构与感官知觉中的外部世界建构在严格意义上是相似的。在后一种建构中,物体和关系被迫进入意识,并在那里为统觉功能所安排、协调和重建。但在想象中,建构资料则采自原先统觉产物的分解,这些选出来的表征要素将通过第二次综合操作而再次结合成新产物。在第一次建构中,现实起着矫正和指导作用,只有在知觉经验经过多次重复后,我们知觉中的综合整体才变得正确。但想象建构中则不存在这种矫正方式,在这里,起矫正功能的是注意的批判性选择。

4. 适宜感

很明显,注意的图像选择活动自有法则可依。在图像本身或在这些图像所服务的目的中,必然存在一些选择标准,是这些标准筛选出了哪些图像有用及哪些无用。要感知到适宜与否,一般需要以下两个因素。

(1)目的。存在于有意识思维中的目的,也就是要通过建构完成的目标。显而易见,目的性也是主动想象区别于被动想象的地方,因为在主动想象中,意志建立在动机的基础上。也就是说,意志的行使只是为了完成某个东西,这个东西作为一个想法,也就是一个理想出现在意识中[①],我们将在美学想象中讨论这个目的或理想目标。这个目的可能是一个最模糊最抽象的观念,可能只有其所属大类的特征。一个艺术家想要创作出美丽或富有表现性的作品,发明家想要发明有用的工具,以这种模糊的观念为起点,他们开始选择它们的图像。随着建构工作的进

[①] 关于"理想"的讨论,见第21章第3节,另见笔者所著的《心理学手册》第2册第9章第2、3节。

行，建构产物在他们眼中也开始像在别人眼中那般新奇。如果建构活动满足了他们的观念起点的要求，他们就会觉得非常满足。在建构后期，这个目的变得更为明确，各种可能性建构也变得明朗。艺术家构想出可能的组合框架，然后用实际表征去填充这个框架。用乔治的话说就是，科学想象的这个假设性步骤就如一张网，撒向被思考对象，露出的轮廓就指明了未来发现的道路。

（2）对这个目的的适应感。在这里我们只需要指出有这样的一种感觉存在，而无须追求它的本质和起源。这种适应感，似乎就是"调整手段以适应目的"的感觉，只有这种感觉才能指导具有排除功能和选择功能的注意去选择要使用的表征要素。作为一种感觉，它贯穿于我们心理主动生活的全部。我们不由自主地就判定出一个仪器是否可用，某种材料是否适合做衣服，一个官员能否做好本职工作。

这种因人而异的感觉在很大程度上就是艺术天赋的基础。事物的大致比例、细节的相对价值、几个相冲含义的和谐、不同要素往一个基本动机的归因——这些以及许多其他的艺术问题都特别需要这种感觉的参与。他说："我不知道为什么是这样，但我感觉一定是这样的。"有些人几乎完全缺失了这种感觉，这一点可从他们缺少个人和房间装饰，从怪异——不符合环境的行为中看出，这种缺失可以简单地总结为缺少建构想象力或者说在选择材料的过程中缺少适宜感。

第五节　建构性想象的种类

我们现在不要把整个想象过程当作几个独立活动或因素的统一，而要把它当作一个单独的心理功能来看，就仿佛我们是第一眼看到它。通过思考想象的内容和其建构产物与这个世界的关系，我们可以区分出两种形式：科学想象和美学想象。

1. 科学想象

科学想象是以发现真理为己任的想象。从表面上来看，这种想象的建构产物没有任何知识价值，并且它的形式也只会令理智遭罪。但是我们发现，这种想象是许多重大科学发现的先锋领队。在科学中,被我们看作一切想象性建构的基础的心理因素,都以一种高度夸张的方式参与了进来。对于我们所研究的某一门科学,呈现在脑海中的联想材料基本上覆盖了它的全部信息范围:前提是已经知道了那些被发现的原理和规律,并已经对该学科产生了心理饱和。所以,我们会寄希望于科学专家去发现新的真理和假设,而不会去听业余人士的异想天开。天生的品位、偏好和个人兴趣同样非常重要,这世界上有艺术天才,也有科学天才。伟大的科学发现者都能够洞察深藏于下的相似点和关系,渴望得到积极真理,并只接受被确证过的科学判断。他们一般在情绪上高度冷静,在思维上高度热情,此外,他们能够在很大程度上控制他们的想象过程。毫无疑问,这种控制力是排除性和选择性注意的最基本和最强大的力量。伟大的科学家不仅能看得深,而且他们能够精确地感觉到不同表征在本质上的相对价值和实际上的相对适宜度,并能够通过这些感觉来分解、安排和分类,这样一来,从少量但主要的普遍相似点,他们就能建构出一个法则。正是通过这种建联性注意或者说统觉过程,真正的规律才最终得以建构出来。一个平庸的科学家也会收集资料并且从中总结出一些大的相似点,但是就算他有再多知识,付出再多努力,他也不能建构出科学法则。建构活动由注意力单独完成,只不过这里的注意力是在生而神灵的基础上再经训练和优化而形成的注意力。

科学想象与现实的关系:科学假设。这种想象形式也被称为求知想象,从这个称呼中可以很容易看到,它是直接参照我们对世界和事物的认知。在这一点上,它既不同于被动想象,也不同于美学想象,前者只受兴趣和偏好的支配,后者的目的则是从一个无法在自然界中实现的理想中获得快乐。科学想象的目的是真理,驱动它的是对真理的热爱。因此,在其他想象中缺失的矫正性现实,现在原原本本地回归到了这里。科学想象的资料是真实的图像,是认知的要素。它的建构活动是逻辑过程,通过这些过程,借助推理,我们也许可以预测更多的真理。不过,除非这些预测能够与自然现象彻底比照,并借助这种比照获得确证,否则它们将毫无价值,所以,科学想象的目的是效用,而非快乐。

对自然界所做的这些预测,在形式上都是假设性的。我们在意识中仍然会感觉它们是主观性的,是心理创造物,并且我们会热切希望检验它们的实在性,所以,科学想象的建构产物被称作假设。它们具有不同程度的可能性,既包括主观可能性,也包括客观可能性。主观可能性是指我们对建构产物的信任量,通常,我们会因为非常了解资料和清楚认识建构过程,而在心理上对我们的建构产物深信不疑。

2. 美学想象

美学想象不同于科学想象,它们最显著的区别是建构过程所服务的目的不同。如果二者在发展过程中具有相同的因素或阶段,那么我们就会看到,美学想象的目的不是知识,而是美。因此,在美学想象中,选择性注意要挑选的是能够满足美感的要素,而不考虑它的建构产物是否能够在事实组合中实现。至于什么是美,我们在后面再说。① 被认为是美的关系包括对称、和谐、统一,有希望做出这些美学组合的表征材料就会被选中并参与铸造建构形式。

在美学想象进行的同时,愉悦性的刺激也在活跃着。这种刺激活动贯穿着建构工作的始终,并随着建构表现的好坏而增强或减弱。情绪生活与美学想象的关系要比与科学想象的关系更密切,它能极大地促进美学建构。美学建构形式能迅速建成,并难以解释,因为它们源于情绪刺激,没有符合逻辑的发展过程,甚至是在无意识状态下产生的。伟大的艺术家通常都具有强烈的情绪性气质,但实际判断力和理论判断力通常不高。他们很少去选择表征要素或对它们进行有意识地混合,在他们身上,建构产物自发成形。一旦完成建构,他们就不想再做修改,就算改也只是细节上的变动。此外,这里起矫正作用的参考标准不是现实,而是一个得到普遍认可的理想,这个理想不存在于自然界,但是如果自然界完美运用自己的力量,也能够实现这个理想。关于艺术的真正本质是什么的问题,现实主义和理想主义分别给出了自己的答案,前者说是模仿,后者说是建构。联系到理想的心理学本质,这个问题应该不难回答,如果艺术产自想象,那么它的理想就只是

---

① 关于美感,见第 21 章第 7 节。另见笔者所著的《心理学手册》第 9 章第 8 节。

想象性建构产物，而非自然事实。并不是只有艺术家才能把一个构想诉诸画笔或刻刀，因为机器也许做得更好，所以，艺术价值还存在于这个构想中。构想的执行只是一种多少充分的表达手段，如果艺术完全就是模仿，那么把这个工作交给相机和死人的面部模型将会更好。我们没有理由认为，就像生活中的发明不超过自然界自己的创造一样，美学理想也不应该超过自然。自然从未创造出留声机，也从未用简单的色彩和形式来塑造人类的思维和抱负。

想象律。根据前面的内容，我们很容易看到，被动想象依靠次级联想律即邻近律和相似律而运作，而主动想象则凭借基本律即关联律而前进。在关联联想中，邻近性和相似性之下有一个更深刻的原理，一个基本的统觉关系。建构性想象中也存在一个更深刻的原理，一个关于真或美的关系，它存在于幻想合成产物所包含的邻近关系和相似关系之下。

第六节 想象的观念性产物：无限

我们从想象功能中得到了"无限"这一概念，因为只有扩大有限的知觉资料，我们才能建构出无限的时间和空间。我们可以从两个方面来看无限：从认知或表征方面来看时，无限之物是遵从其类的完美之物，再无什么东西可增添。我们说它是表征性的，因为在对想象进行心理分析时，我们发现这个概念已经处于预备阶段。科学想象中的无限是所有的真，而在美学建构理想中的无限是美。无限的另一方面是情绪方面，之所以说是情绪方面，是因为我们试图去建构或刻画无限时，总有一种不充分感和敬畏感。我们感觉所有的图像都是完全不合适的，并认为无限在我们的最大构想能力之外。

第 14 章

错　　觉[①]

第一节　错觉的本质

错觉与心理病态的关系。上述想象过程解释了复制功能的正常运作,不过,这个功能具有多种反常形式。这些形式极大地扩展了它在心理生活中的影响范围,同时也给我们提供了异乎寻常的手段,使我们能够深入了解复制功能的本质。严格地说,错觉研究属于心理病理的范畴。

不过,我们必须研究那些由常规过程时不时引起的异常心理状态,也就是去研究那些个别的、出乎意料的状态,而非普遍持久的异常状态,其中,后者已经构成了心理疾病。我们要弄清楚那些背离常规路线的心理倾向是从何处开始的,这些倾向和其他心理产物一样,通过习惯而变成了顽固性妄想症。心理失常往往起自复制能力,我们可以很容易弄清楚图像选择失灵是如何使建构产物失真,以及错误的记忆图像又是如何引起荒谬的思维过程和离谱的行动的。想象介于知觉和思维之间,所以它其中的错误会引起影响深远的错觉。

---

① 见笔者所著的《心理学手册》第 1 册第 13 章。

错觉的一般特征。广义上的错觉是指心理欺骗,也就是错误地相信一个主观状态的有效实在性。无意识的逻辑错觉是错觉,宗教迷信也是错觉。如果认为意识生活的任何部分都会发生错觉,那么我们也许可以指出所有错觉种类的两个共同点:第一,信任错觉性状态;第二,所有这类状态在本质上都是表征性的。

1. 错觉与信任的关系

我们已经说过,所有错觉性状态的一个共同特征就是信任一个心理状态或相信它的实在性。我们在此不探讨信任作为一个心理状态的实质,因为不需要。在此,我们只需要指出,我们在心理上对构成错觉的表征的态度,与那些对应有外部实在的表征的态度相同。后面,我们会再回来讨论大脑为什么会如此信任错觉。我们认为表征产物具有一种对应性,这种对应性指的是原先经验的表象与外部的独立物体或事件对应,正是信任的态度给了错觉力量,这种信任的标准或依据也是我们信任我们在感官知觉中所认识到的外部世界的标准或依据。我们现在的任务只是搞清楚,为什么这种信任在某些时候会被错放。

2. 错觉性状态的表征性本质

所有错觉的第二个特征是它们的表征性,一个事物的实在性只能在其图像、复件或表征中被仿造,所以,我们可以进一步把那些被情感要素所主导的感觉、情绪和意志排除在幻觉的范围之外。正如我们所料,视错觉和听错觉最为常见,触错觉也经常出现,而这些感觉都是最具表象性的。味错觉和嗅错觉则极为少见,它们的出现大多是由于纯粹的心理原因或因为视力或听力已经与错觉变得相一致。[①]

阐释引起的错觉。通过思考错觉的这两个特征,我们有必要看一看由错误阐释引起的错觉。在知觉中,我们都是从实在性的角度来阐释表象的,并且这种阐释是正确的。出于同样的原因,在错觉中,所有的表征也都从实在性的角度来阐释,不过这里的阐释是错误的。我们说"出于同样的原因",意思是说,知觉中使我们信服的证据,即被我们识别出的实在性标记同样出现在错觉中,从而引起我们的信任。我们现在要问:这种阐述的基础是什么?

---

① 比如,当我们知道房中失火时,就会更容易闻到东西燃烧的味道。

第二节　错觉的基础

1. 表象和表征的相似性

表征性心理产物最具误导性的一个特征无疑是与原始表象的高度相似性,在讨论心理图像的本质时,我们已经说过这个相似性。因为这个相似性是真实存在的,所以复制产物的心理伴随物中必然存在一些标记可供我们利用,否则我们就有充足的理由去预期识别错误的发生。有时,我们确实可以识别和驱逐错觉,这也说明确实存在这种标记。但在日常生活中,表象和表征的高度相似则常常使我们忽略这些标记。

2. 内部刺激的缺失

在所有的主动想象中,我们用以认识表征的方法,存在于或者至少部分存在于复苏过程中的自主努力感。在介绍选择性注意时我们就已经说过,这种努力起着指导作用,并会引起疲惫,实际上,所有注意都会引起疲惫。我们意识到复制过程中有一个心理中介,意识到这个结果有一部分是因我们而起。我们也许可以称之为内部刺激,以与激起普通表象的感官刺激或机体刺激相区别。一串概念或一个概念网络可能便如此得以形成,并构成了类似于最初或真实表象序列的次级意识。我可以自主想象一个场景——远方的家、朋友和熟悉的环境,我也在其中。但画面下的一切都是我当前的真实意识,是我的真实心理状态,它们只得到低强度的注意。我不相信前者,这或者是因为我觉得是我创造了它,或者是因为我能够借助意志修改或放逐它。

另一方面,错觉性复制过程中则没有这种起源感或控制感。在错觉中,表征沿着当前经验进入意识所走的路而进入意识,成了正常意识内容的一部分。在缺少内部起因的情况下,主体开始相信,这个表征来源于外部物体。这时,我们分不清原始意识和次级意识,结果,我们想象的场景对我们来说就如我们实际所在的场景一样真实。

3. 内部机体刺激:物质变化

在错觉情形中,如果确实有刺激或动因存在,且这个刺激或动因既不是心理上的又不是外部器官上的,那么我们就只能诉诸第三个选项:这个刺激是内部机体刺激,它源自特定的身体状况或身体变化。我们已经发现,复制过程所仰赖的神经过程与原始知觉所仰赖的神经过程具有同样的位置和运动倾向,激发复制的刺激或发生在神经中枢,或发生在神经道或末梢的一些部位。神经通道的刺激总是定位在末端,特殊感觉的传导通道总是对它们的终端器官做出反应,对于这两个特殊的现象,我们早前已经有过讨论。通过这些现象我们可以看到,由中枢刺激或一般机体刺激激发得到的图像可以投射在真实知觉所在的平面上。比如,大脑视觉中枢因为应激性过强而发生自兴奋时,视网膜上的暗色区域因疾病或擦伤而留下光点时,或者机械损害视神经上的任一点时,我们可能都会有光感觉,并且会把这些感觉归因于外部发光物体,中枢过程中并没有什么东西能指出这个刺激的来源。听觉也往往被一些没有外部声音对应的刺激所激发,儿童听到有人和他们讲话,幻听者接收到上天发来的信号,所有这些都是来自耳朵或中枢的自发刺激或者源于脑袋或身体中真实存在的声音,这些声音通过身体组织传入听力器官。格里辛格列出了引起幻觉的原因,这些原因都是身体性的,包括:①感觉器官的局部病变;②深度机体疲劳;③外部寂静和静止——缺少外部刺激,如睡着时;④药物、鸦片等的作用,以及其他根深蒂固的疾病。

4. 心理的错觉倾向

复制活动所依赖的神经过程倾向于养成某种兴奋传导习惯,心理习惯也是如此。首先,兴趣联想律可确定一个人最容易产生哪种错觉。此外,长期沉迷于某些思想或经常重复一些心理画面,会给一类图像以力量,而这些图像往往会变成机体错觉。到目前为止,心理倾向引起的最为重要的一类图像来自一种高度的心理预期状态。在这种状态中,目标物体或目标事件的图像或概念持续而强烈地萦绕在脑海中,结果主体认为它已经成真。其他事件或图像通过一种同化作用(后面会有介绍)而具有了目标物体或目标事件的样子,把一个目标声音插入一个声音序列时,听者就会怀着期待性的注意以备听到它,这种预期就能很好例证我们上面所说的。剧场错觉的起因就是这种心理倾向,灵媒之所以能够召唤亡灵、抬起桌子以及表演其他奇异功能,就在于他利用了观众落入幻觉的倾向。此外,强烈的情绪如恐惧或希望可以极大地增强预期状态。在巨大的恐惧之下,最温和的物体也有了令人恐惧的样子:普通的噪音变成了劫匪的脚步声,坟场中的安全树丛化为一个亡灵,轻微的身体疼痛被当作重大疾病的征兆。情绪能够直接加快和集中注意,而注意反过来又能把被预期图像保持在眼前,就算外周刺激具有完全相反的特性也仍然如此。有时候,错觉会非常强大,能够影响不止一个官能。

  我们所有人都爱假设"普通正常的经验都是真实的",但在这个假设中,存在着普通大脑过程的另一个更高级并且可能更普遍的错觉倾向,心理发育的最早阶段就是建立在这个假设上的。实际上,心理发育就是主观不断适应客观,就是不断提高一个关系的和谐,在这个关系中,两个相关方彼此依赖。所以,对感觉、图像和推理的信任也是这些过程的一部分。只有在发现我们的信任受到了迫害时,错觉感才会进入意识。我们要解释的不是我们为什么会信任这些不真实的状态,而是为什么我们不去信任所有的状态。幼小的儿童出于天性而信任所有人,然而有过某些痛苦的经历后,会发现并非所有人都可信任。同样,一开始,他信任自己所有的心理状态,然而在付出一定的代价后,他明白有些状态具有欺骗性。这一次教训也给了他防御类似错觉的方法,所以,他知道了一些标记,并通过仔细权衡这些标记而识别出错觉。

第三节 错觉种类

  我们已经介绍了所有错觉性状态的一般特征。通过仔细研究一些特殊情形,我们发现错觉性状态大致可以分类两类:第一,有很多时候,构成错觉的心理状态虽然本身在很大程度上与一个外部刺激无关,而是通过一些真实的物体进入意识的,只不过这个物体的特征被错认了。也就是说,意识中的图像是对真实事物的错误解读,这种状态被称为正常错觉。第二,在有些错觉中,图像与任何外部事物都没有关系,它纯粹是一个投影,落在有意识表象的范围内,这种错觉被称作幻觉。

1. 正常错觉

我们一开始认为,在我们所面对的这一类经验中,心理状态被赋予了一个错误的值。实际上,这里牵涉到两个有意识的值:一个是促使它进入意识的正当刺激,比如说钟表的走针声。另一个则是不同于这个钟表走针声的图像,这个图像与走针声的图像同属一个感觉性质范围,并且通常在错觉发生之前主导着意识,比如说火灾报警声,也就是说,在这里,钟表的走针声被解读成了火灾报警。严格地讲,第二个值单独来看就是一个图像,也就是说是一个表征。刺激也许根本不能引起正确的表征,可是它可以用以引出一个不正确的表征。

识别的基础可能是极为模糊的相似点。在强烈的情绪性紧张状态中,一个情感性质——来自同一感官,就足以引出错觉。不仅如此,单纯的感官刺激就能把主导图像带入统觉过程,并具有外部实在的一切特征。感觉中枢只要处于反应状态就够了,身体接收到的特殊刺激会被解读成错觉图像的一部分,并且会诉诸同一感官。胆小的人晚上在西部丛林中行走时,不仅会把树木错认作印第安人,还会把听到的每个声音都当作他们的轻软脚步声。可怕事物的图像深嵌在收敛性联想路线的中心,结果无论有什么感觉出现,都会把这个图像带入意识。显而易见,当感觉刺激的特征不确定或模糊——比如晚上看东西时,情况尤其如此,因为这时候,需要克服的障碍更少。

所以,真正的正常错觉过程是同化过程。在注意性兴奋或情绪性兴奋的状况下,本应构成一个图像的要素被同化进另一个图像。此外,真实感觉的强度迁移到了虚假图像上,如此便使后者与真实的环境极为和谐。

正常错觉中的现实要素。由于正常错觉来源于外部机体刺激,所以它也包含幻觉所没有的现实要素。多个知觉之间的位置关系给它们每一个都赋予了一个独有的特征,相反,表征则没有空间位置。在梦中,想象与现实得到了最大程度的隔离,但即便在这时,它们的定位也是模糊和多变的,空间关系极度混乱。并且,它们在其他方面的联系也是非常松散和不重要的,结果,最怪异和荒谬的变形也不会让我们觉得吃惊。

但在同化过程中,被同化要素则给正常错觉提供了这两个特征。复制图像穿上了感觉的鞋子,既占据了它的空间位置,又占有了它在现实网络中的联系纽带。在森林中看到的印第安人不再是一个在脑海中闪来闪去的模糊的、没有位置的图像,而是取代了被他同化的树,以及冒用了那棵树的具体空间、时间和环境,所以,我们会看到,错觉的识别比幻觉的识别更困难。

2. 幻觉

幻觉缺少一切外部机体刺激,其中的图像只是一个单纯的心理投影,所以,我们会发现幻觉的心理过程和身体过程都具有极大的强度。从心理方面来说,只有当注意已经长时间高强度地发挥了作用,图像才能看起来是真的。从身体方面来说,神经中枢既处于高度敏感的应激状态,又处于真实的运动状态。它可以自动释放兴奋,不仅不需要在周围刺激或中枢刺激的作用下开始行动,而且能克服一切阻碍性刺激,这种心理状态和身体状态都总是挨着疾病。我们很少在身心健康的状况下产生坏幻觉,幻觉在大多数时候都是起因于巨大的心理疲劳。当我们没有任何手段去定位幻觉,不能把它们与外部状态适当联系在一起时,就会得到彻头彻尾的幻觉,但是这种情况非常少见。当我们把幻觉定位在我们外面时,联系的缺乏会使我们识别出它们。但是有时候,它们也会带有图像的相关伴随物,结果就产生了一串连续和谐的表象序列,这种情况常常发生在催眠幻觉中。

第四节　错觉的识别和纠正

一般来说,错觉具有表象的一切特征。它们非常强烈,可以被定位,并多多少少被固定在一个伴护性的环境中,其中,这个环境给了它们统觉实在性和效力。另外,错觉不受我们控制,所以,只要一个错觉图像失去了部分或全部的这些现实性特征,我们就能识别出它。也就是说,只要它变得非常微弱,失去准确定位,在意识中伴随着一个怪异的统觉伴护环境或压根没有这种伴护环境,或者屈服于我们的自主影响,我们就可以识别出它。所以,考虑到错觉的本质,我们有以下几种方式可识别它,这些方式合在一起使用的话,就更是无往不利的。

1. 低强度法

我们已经详细说过,图像和感觉表象的区别就在于其强度更低,所有可能的复制产物都具有低强度这一特征。但是对于高度活跃的表征和涉及有定位的表征,这个方法并没多少价值。对于模糊的感觉和未照常定位的感觉,我们便以强度差异作为唯一的手段来识别幻觉。

2. 具体位置缺失法

另一方面,如果一个图像的相应感觉总是能被定位,比如视觉图像和触觉图像,那么我们就可以用没有具体位置这一特征来检测出它。无论一个房子的图像多么强烈、详细、清楚和持久,如果它没有被定位在视野中的某个地方,那么我们就说它是一个错觉。对于记忆错觉,我们也可以根据时间定位的有无来完成鉴别。

3. 陪护环境怪异法

一般地,在感官知觉和逻辑思维正常的情况下,我们可以很方便地借助这一特征来鉴别出幻觉,我们会本能地在幻觉中找寻不一致或矛盾的特征。对现实世界的最初意识,在通过开放的感官通道进入心理领域中时,呈现出的内容是一个一致和谐的整体,这个整体汇聚了所有的感觉。但在幻觉中,这个意识被一个没有外部实在的表征给入侵了,结果就产生一些出入。我们可以把这些出入当作意识中的一些矛盾形式,通过它们,我们可以找到一个被称作"矛盾性表征"的原理。这个原理可以如此表述:如果两个意识状态彼此矛盾,那么必有一个是假的。这个原理同样存在于推理过程中,在表征领域内,这个矛盾变现为表征之间的彼此压制或对立,这种对立称为"抑制"①。陪护环境的性质或范围是判定谁真谁假的基础。很多时候,真实表象的伴随环境在意识中已经非常固定,并且为许多不同

---

① 关于神经抑制和心理抑制之间的相似性,见笔者所著的《心理学手册》第2册第2章第4节。

的经验所确证,这个时候,幻觉能够立即被鉴别出来。如果我们在墙或深林的背景上看到一个视觉图像,并且当我们注意这个背景时,它变得特别突出,那么我们就会意识到这个是幻觉。去驳斥一个感觉图像时,我们往往会诉诸另一类感觉,比如触觉,因为这类感觉确立了一个完全不同的外部序列,借助这个序列,我们就可以鉴别出幻觉。① 对于很多正常错觉,后一种矛盾形式——两类感觉序列之间的矛盾,是唯一可行的错觉识别方法。因为我们已经知道,在这种错觉中,如果只考虑一类感觉的话,真实的物体可以说是给了这个错觉图像它自己的位置和陪护环境。物理环境中并没有什么东西,可以使我们相信所谓的印第安人其实只是树,所谓的声音也并非他的脚步声。但是,通过靠近并触摸这棵树,我们的视错觉就得到了纠正。此外,我们现在也可以解释为什么感觉器官筋疲力尽时,会更经常发生错觉和幻觉。因为感觉器官在极度疲惫状态下无法产生正确的表象和相应的正确陪护环境,结果,就无法识别出想象产物。

这个矛盾原理也使我们去借助更高级的结论——建立在充分理由上的结论,来判定图像的真假。记忆、自然律、证据、经验、理性真理中的每一个都可以促使我们质疑一个图像,哪怕这个图像已经在我们的意识生活中存在了很久。纽约居民不会相信有人在中央公园看到了一群水牛,不会相信他的画室中出现了一个印第安土著,也不会相信石头会靠自己的力量悬浮在半空中,在所有这些情形中,感觉所报告的内容要服从更高级的知识或信念。

4. 自主控制法

我们排除、修改或控制一个表象的能力可以用来测试一个表象的实在性,这种测试方法走得更深,也更有效,因为外部实在的最基本特征就是自主努力。关于这一点,我们随后会进一步解释。

---

① 基督让托马斯触摸他的身体时,其实就是诉诸这个检测法。视觉也可能一直是由视疲劳或悲痛而引起的幻觉。

第 15 章

思 维①

第一节 思维的本质

思维过程的一般特征。作为心理生活中的后起之秀,思维在本质上似乎给出了一些还未被我们研究过的过程。乍一看,思想、思维和推理似乎指出了一个不同于想象、记忆和知觉的操作,不过,与这个操作过程相区别的是想象、记忆和知觉这三个从属性操作过程,而不是包括了它们四个的统觉过程。

思维并非像古老的心理学所认为的那样是一个"能力",而是对一项意识活动的全面展现。注意在思维中独领风骚,按着自己的法则独立行动。但在知觉中,注意则要受感觉限制,在想象中,受复制范围和自由误导。所以,从知觉的角度来看,思维是知觉的综合,就像知觉是感觉的综合一样。从想象的角度来看,思维是按照自己的法则和心理复制法则而进行的组合建构。比如,我们可以想象萨姆森死了,而腓力斯的寺庙仍然存在。在这二者的单纯共存中,并没有什么东西能够禁止这种共存,但是我们并不能去这么思考它,因为它违反了心理因果律。

---

① 见笔者所著的《心理学手册》第 1 册第 4 章。

思维阶段。我们称之为思维的过程包括三个阶段,我们可以人工把它们区分为概念阶段、判断阶段和推理阶段。

第二节 概　　念

1. 概念形成过程

通过这个过程,我们才能得到一般概念。在下面我们会看到,这个过程是一个表征性的心理状态,其中,注意集中在一类或几个被放在一起的物体上或者在一个单个的物体上,但这个物体并不被当作一个个体,而是被当作从属于一个类的项。人、树、政府、美德都是一般概念,作为认知产物,它们可被称为"概念",作为语言名称,我们称它们为"词"。概念与知觉的关系类似于知觉与感觉的关系。知觉建立在感觉的基础上,但是它不能建立在单个的感觉上,除非这个感觉可以代表其他感觉或自身中包含了其他感觉的力量。同样,概念建立在知觉的基础上,它能适用于单个知觉的前提也是这个知觉可以代表其他知觉。一个概念的适用范围称为外延或宽度,所以,人的外延要比诗人的外延大。一个概念可以囊括许多单个的事物,概念在性质、属性或特征方面的含义被称作内涵或深度。所以诗人的内涵比人的大,因为它除了包含人的性质外,还包含另外一个性质:会作诗。概念的成长既体现在内涵上,也体现在外延上。体现在内涵上称为抽象,体现在外延上称为概括。

2. 抽象

(1)分析。事物的完整知觉或直觉过程,包含了把感觉要素综合在一起从而给出一个知觉的过程。不过,这个知觉在第一次被经历时,是通过外部原因进入意识的,并没有清楚的轮廓。幼儿第一次看到他父亲时,所得到的仅仅是一团视感觉。当他开始使用由外部提供的名称时,他会把这个名称不加区分地用在所有人身上,这时候,他还没有形成"男人"这一普遍概念。当他喊一个陌生男人爸爸时,不是因为这个词同等地适用于其他人,而是因为他把这个陌生人错认成了那个他习惯喊爸爸的男人。然而,在幼儿的这种心理状态中,我们看到了普遍概念的萌芽——代表众多个体中的某一个个体的图像或符号。动物可能也是如此。这时候,不同人的独有特征还未被识别,而词的内涵虽然广大,却也最为肤浅。这被认为是一般概念的起源,也就是说,一个特殊的经验被认为可以代表其他经验。在成人的思维过程中,当新的概念进入心理生活时,它们会逐渐从最广阔、最模糊的心理图像中获取自己的形式。第一次看到一个新词比如"政府"时,我只能从上下文中搜集出它的模糊含义。后来,我把一切可能的政府形式都放在这个概念之下,直到最后我从其他渠道澄清了这个概念。

从这一点来看,不断增长的经验使我放弃了那些并不总是会出现的标记,从而限定了这个词的含义。抽象不是一个自主地抛去某些特征以单独考虑另一个被选中特征的过程,因为,这将牵涉到前面已经形成好的概念。相反,它是一个逐渐的、无可预见的消除过程,这也是发现真理的必经之路。我并不是以多个不同政府为起点,从它们中抽象出"主权"这一性质,然后抛掉它们的个别化特征,相反,我是从一个模糊的政府概念着手,通过经验,借助分析,从而最终发现主权是一切政府形式所必不可少的一个特点。也就是说,我先分析概念的内涵,然后只留下那些经验允许我留下的性质,这种抽象形式可称为分析。

表征在记忆中的实际活动可进一步深化这个过程。由于过去的记忆会逐渐褪色,所以只属于个体的特征会消失,而那些一般本质相同的个体则被认为是一样的。如此回忆起来的模糊轮廓将会帮助我们形成一般概念,而它一再出现的特殊特征或要素将会得到强调并被如此"抽象"出来。这可以解释为什么概念越是普遍,图像的次要要素就越是模糊。就如高尔顿所证明的那样,在合成成像中,把图像变成一个"合成图像"或"一般图像"是非常典型的。①

(2)综合。然而,要完成一个概念,还需要从经验中得到另一个结果:内涵的扩大。我们经常会检验概念的充分性,在这个过程中,我们发现,不仅要从最初建

---

① 见《人类官能的研究》中的"合成成像"一章(Inquiries *into Human Nature*, "Composite Portraiture")。

成的概念中去除一些要素,我们还要添加其他要素。新的发现总是能增加我们所熟悉的概念的内涵,自然科学研究揭示了某种物质的一项出乎意料的特性或一个标本的特征外,这个特性或特征就会成为一个概念的一部分,内涵的这种持续增加称为综合。

所以,我们发现我们的概念会不断地发生两种变化,这两种变化都倾向于定义和提纯它们,使它们与真理达到完全的和谐。但是,这同一个过程,尤其是它的综合方面,会引起概念内涵的变化。

(3)概括。概括是把类的名称更普遍地应用于个体的过程,也就是说,把更多的个体带到这个类里面。抽象既会阻碍又会促进这个过程。之所以阻碍,是因为通过去除概念的模糊性和肤浅性,抽象过程把一部分最初包括在类中的物体踢了出去。之所以促进,是因为抽象过程通过减少特性的数目,而使更多的物体可以满足要求而进入此类,并且一个新特性的发现也会把具有这个特性但之前被排除在外的物体带入此类。

概括过程进行起来极其困难,而且在实际生活中,概括也很少是绝对精准的,只有在完全归纳中,我们才能完全信任概括。推理错误和谬误、科研失败等通常都是因为我们草率或肤浅地做出了概括,可以说,我们的概念是极为不稳定和多变的。因为它们的发展要依赖经验,而经验是无限的,所以,我们的概念总是要面临更正和修改。跟人聊了一个小时后,我们思想中的一个看似清楚和精确的概念,就具有了一个不同的地位和价值,我们说这是"换个角度来看"。

3. 概念形成过程的产物

所以,经过概念形成过程,我们将获得两类概念:抽象概念和一般概念。前者把事物的内在性质带到我们面前,我们认为这些性质多多少少与它们所依附的事物不同。后者则是把事物带到我们面前,而我们多多少少漠视它们的内在性质,成人通常把自己的普通知觉以极快的速度和极为任意的态度归结于这两类概念。

4. 语言与概念的关系

词语在概念形成过程中的作用就相当于图像在知觉过程中的作用,在知觉过程中,统觉结果用图像或符号来表示。复制图像可以穿越一切记忆和想象建构阶段,而无须一遍遍地去参考真实物体。同样,词语可以携带着概念所表示的经验总结,而经历所有的思维操作。此外,通过声带发音,我们还可以把它们传输给别人,所以,语言具有二重心理效用。首先,语言能固定和表达心理产物的具体阶段,如此可以使得思维不必反复返回其经验源,可以使它直接从一些高级阶段出发继续向前。其次,语言能极大地解放思想,无论最初获得概念的道路多么迂回和痛苦,给了一个概念名称后,它就成了我们的战利品。

然而,语言通常也会扰乱和阻碍思维,因为词语会给概念以稳定性和固定性,不允许抽象过程对其进行改进和纠正。通过研究派生词,我们可以看到概念是如何逐渐超出之前所用词的最初含义的。

图像在概念形成过程中的用途,我们前面已经说过,图像可以给概念表征性力量。此外,我们也可以说,普遍性较差的概念所对应的心理图像更不清楚,这种图像只能给出这类实在的大致轮廓或框架。我们在对其进行仔细检查后发现,这个图像产自一系列快速相继出现的特殊物体的图像,后来,这个图像因内涵过大而被我们抛弃。我们清楚地感觉到每个图像都不充分,这种感觉持续存在于最后的表征中。在构想颜色这一普遍概念时,每当我们使用一种颜色来代表这个概念时,就如洛兹所说:"我们感觉其他任何一种颜色也都同样有权利做这个代表。"这种模糊轮廓的具体面貌取自我们平时最关注的个体或取自我们根据经验而认为是最基本的特性,同样,注意可以极大地突出概念的某些特性而忽略其他特性。

然而,对于更为抽象的概念,我们很难确定我们是否像在美德和感恩这两个概念中那样,是根据实际的画面而得到它们的。不过,词语的图像(印在纸上的词语)通常代替了这样的画面。在快速演讲时,我们用词语来代表它们本身所传达的东西,而不再去进一步构想画面。同样,我们有理由相信,一个词语的声音图像能够像它的视觉图像一样代表概念。[1]

---

[1] 关于概念和实在的关系,也就是实在论和唯名论之间的争端,见笔者所著的《心理学手册》第1册第14章第2节。

第三节 判　　断

1. 判断的本质

思维功能的第二大阶段是判断，在判断过程中，发现和断定不同心理状态之间的关系，以及借此发现和断定这些状态所代表事物之间的关系，成了发生在意识中的大事件。判断过程建立在概念形成过程之上，因为判断要素都是处于不同成长阶段的概念，因此，以最宽泛的意义上来讲，判断就是对一个关系的程度和种类作出心理断言，其中，这个关系在某个概念形成阶段就已经形成。

在介绍判断的种类时，我会给出一些具体的例子，在这里，举一个一般的例子便已经足够。"约翰是人"就是一个判断，它指出，人这个一般概念的外延已经发展到了只包括"约翰"这一个概念的程度，或者说，"约翰"这个概念已经在内涵上发展到了一定阶段，到了它的基本属性已经能够包括人这个一般概念的基本属性的阶段。也就是说，这个心理断言表明，人概念的性质已经与约翰这个概念的性质联系在了一起。表达二者同一性的动词"是"其实就是这个心理活动的符号。逻辑主项"约翰"中包含的全部内涵性特征用 a 表示，被断言所增加的特征用 b 表示，那么判断的心理公式就成了 $a=ab$。

2. 同一律

在这个公式中，符号"＝"相当于动词"是"，因为判断立足于一个事实之上，即我把以前的经验当作新经验或新经验的代表来用。实际上，这个事实已经成了一个有意识的推理法则，可以称作同一律或不矛盾律。在这个等式中第一项 a 是指这个概念所代表的实在，第二项 b 是指为了使以前的这个概念符合新的经验 a 或与其等同而必须添加的东西。当然，这个判断操作只能发生在这个新经验之后，所以，所谓的判断其实就是更新原先不充分的概念，判断在语言上又称为命题。

3. 判断的统一

根据上述内容，我们看到判断的内容根本就不是两个概念，而只是一个概念，一个充满关系的概念。用修改后的概念 ab 来表示判断时,我们就能很容易看到这一点。比如,从心理角度来看,"这条狗很凶"这个判断相当于把凶这一性质 b 添加到狗的特性 a 之上,然后产生了一个单独的概念 ab,即凶猛的狗。从这个方面来看,它对应有一个真实的对象,这个对象只有一个。考虑到这一点,判断既不与表象也不与概念相区别,它们都是统觉的不同发展阶段。判断的这种统一,作为一个心理产物,可进一步见于简单的存在判断中,比如"巨人存在"。在这个判断中,谓项并非是一个属性或特征,它只是简单地表达了所有命题的基本前提——对实在的信任。

相比概念形成过程,判断的基本特征在于,它以一种有意识的、沉思的方式阐明了这个真实的思维运动阶段。在前进过程中,它突出并强调对概念的信任。每个新的知觉都会进入信任的范围,此外,概念的概括活动中也存在这种信任。在判断中,每个这样的信任都变得很明显,如"约翰是一个男人""詹姆斯是个男人"等。因此,判断需要指出这种信任,而信任也构成了判断的标志性特征。①

4. 命题的组成部分

语言性判断或者命题,可以说是由三个部分或词项构成:主项——其关系被断定的概念;谓项——那些被断言为与主项具有这个关系的概念要素;联项,表明主项与谓项关系的语言符号。在"拿破仑征服了欧洲"这个判断中,这三个部分以常规顺序排列,即主项、谓项和联项。

第四节 判断的种类

1. 根据内涵划分

从结构上看,判断可以分为两类,即分析性判断和综合性判断。从心理角度

---

① 参见下面对"信任"的讨论,以及《心理学手册》第 2 册第 7 章中相应的完整讨论,关于判断与信任的关系,可参考笔者的论文《情感、信念和判断》。

来看,判断的这些方面指出了概念在进一步发展的过程中所处的不同阶段。分析性判断只是对主项的展开,在这个断言中,谓项之前就已经包含在主项的内涵性特征之中了,比如,"树有树干"就是一个分析性判断,因为树干这个词所代表的特征已经是树概念的一个基本部分,所以这个命题就只是对树这一概念的展开。所以,这种判断形式表达了这个概念在抽象阶段的发展,这个抽象阶段在前面被我们称为分析。最初形成的模糊概念,倾向于通过丢弃次要特征以及通过确证和断言已经发现的基本特征,而获得确切性。另一方面,综合性判断是抽象过程所建构或综合而成的产物。这种判断把以前未被发现的或未包含在概念中的谓项,当作已经形成的谓项来断言。比如"牛是反刍动物"就是一个综合判断。反刍这一特性添加到牛的概念上,成了这个概念的一个标记。综合性判断总是会变成分析性判断,对于博物学家来说,反刍特性是牛这个概念的基本特征,所以他们认为上面这个命题是分析性的。

我们也可以从外延的角度来看这个划分,在教育过程中,我们可以看到概念通过形成连续不断的综合性判断而持续进步。教师所掌握的所有谓项,可以丰富小学生对手中事物形成的概念。

2. 根据信任划分

(1)绝对判断。最简单的心理断言就是做出肯定或否定的判断,也称作绝对判断。可分为:

①简单的绝对判断:也就是前面介绍的普通分析性和综合性判断。

②存在判断:存在判断的基础是一个比分析活动和综合活动更深刻的活动。判断的前提是相信被断定的概念的实在性,而存在判断则以一种特殊的方式断定了这个信任。它不仅相信概念的一致性和充分性,它还相信这个概念所代表的外部实在,"月亮是存在的"就是一个存在判断。①

充分理由律。存在判断不只阐明了我们信任心理现象的自然倾向,它还指出

---

① 关于存在判断的本质,见笔者的论文《情感、信念和判断》。

了由此产生的问题并通过论据对其进行了驳斥。对于"美人鱼是存在的"这个判断,如果我没什么理由怀疑它们的存在,那么这个判断实际上就没有什么心理意义。所以,要使这个判断成立,我们就需要找出证据来消除这个怀疑。在此,我们面对的是一个思维大法则的有意识运作,这个法则也就是充分理由律。在存在判断中,肯定活动或否定活动的基础第一次被意识看清楚,但我们发现,我们不能进一步解释为什么意识必须在这个原理下工作。

③选言判断:在这种判断中,选言命题或选项断言表达了我们在心理上对一类现象的信任态度。也就是说,判定依据使得判断要素之间可能不止一种关系。比如,"这个人可能是官员或律师"就是一个选言判断,因为判断依据——比如这个人的着装、举止和谈话,对这两个结论都是充分的。对判断依据的进一步探索或更清楚的定义,将会排除其他答案而只保留一个,如此一来,这个判断就具有了普通的绝对形式。

(2)假言判断。从信任角度来看,假言判断介于普通的分析性、综合性断言和存在断言之间。分析综合断言只相信在分析过程或综合过程中揭示的关系是真的,存在判断只相信被表示对象是真实存在的,而假言判断则参照了这两个方面的信任。在假言判断中,断言被信任的心理前提是它得有理由或充分信任。比如,"道德若是沦丧,共和国便会灭亡"就是一个假言判断。对"共和国便会灭亡"这个命题(综合性)的信任取决于对"道德沦丧"这个命题的信任(存在性)。对理由或前件的怀疑将会消除对结果或后件的信任,这时候,我们在心理上就处于一种不确定的状态。在判断中,这种心理态度可称为有条件的信任态度。①

第五节 推 理

我们现在必须看看在论证和推理过程中,这些判断都会发生什么组合,思考

---

① 关于这些判断类型之间的相互关系,见笔者所著的《心理学手册》第1册第14章第5节。

活动具有两种形式,分别称作演绎和归纳。

1. 演绎:三段论

三段论可以在心理上定义为:通过断定两个概念中的每一个概念与第三个概念的关系,而断定这两个概念的关系。

三段论的组成部分可作如下命名:最先被断定的两个关系称为前提,分为大前提和小前提;其关系在最后被断定的两个概念称为项,分为大项和小项;分别与大小项具有大小前提关系的概念称为中项;最后得出的判断称为结论。比如:

大前提:人都会犯错。

小前提:总统是人。

结论:总统会犯错。

大项:会犯错这一属性。

小项:总统。

中项:人。

从这个定义来看,三段论的组成单位就是判断。判断就是一个心理运动,通过这个运动,大项和小项都与中项联系了起来,构成了大小前提,并且大小项之间的关系也在结论中变得明朗。

推理过程的产物就是判断,这个事实进一步表明,这个心理操作和概念形成过程中的那个心理操作是一样的,也就是说,并没有新一类的心理综合活动发生。推理的功能是对判断进行叠加和变形,而不是获得新的心理形式,或者建构新的产物。所以,推理是丰富心理存储物的过程,在这个过程中,我们不再轻信一个事实领域,而是去深入了解它的含义。以前模糊不清的信念变得明朗,几个相聚甚远且彼此无涉的概念建立了真实和谐的关系。

2. 三段论的概念性解读

我们已经说过概念的统一性,在此,为了方便展示概念的成长,我们可以用另一种方式来定义三段论:三段论是一个心理综合活动的产物。在这个综合活动中,判断得到了两方面的修改,而概念也借此进入了一个新阶段。

就如前一个定义看的是三段论的形式,这个定义看的则是它的含义。只要我们用前面说过的概念形成原理来解释三段论,我们就会立即理解这个表面上看起来很奇怪的定义。

我们已经看到判断的产物是被断定的概念,这个概念因为添加了新的特征而发生了变化:a 变成了 b。于是,大前提产生了。在大前提中,概念 ab 或者说中项进一步被修改,多了 c 这个小项。也就是说,ab 变成了 abc。所以,三段论的结论只是陈述了这个变化结果,即 a 变成了 abc:

(1)
a＝ab;
ab＝abc;
所以 a＝abc。

(2)
约翰是约翰人;
约翰人皆会死;
所以约翰会死。

这只是意味着,我脑海中的约翰这个概念要与作为外部实体的约翰相符合,就必须再添加上人的特征和"会死"这个特性。这样一来,我的概念约翰此后就必然会携带着人的特征,包括"会死"这个特性,这个过程再次展现了心灵是如何通过新经验而维持其旧有概念的。

第六节 归 纳

1. 归纳

第二种推理是归纳,归纳靠的是直接诉诸经验,而非概念对比。归纳得到的是关于新经验会是什么样子的陈述,这种陈述的依据是这类经验在过去的样子,所以,归纳代表了意识要略微领先于已经发现的现象,以建构一个假设来解释这些现象的倾向,归纳的用途已经在第2章的"心理学方法"标题下讨论过。

2. 演绎和归纳的关系

演绎和归纳并不是两个互相排斥彼此不容的过程,相反,正是它们的结合才驱动了发现和证明。要获得知识,我们首先要依靠经验,经验是形成概念的材料,并且可以通过归纳而化身为假设或经验律。这些最初的思想发展阶段给了我们更高的起点,可以方便我们进一步探索经验的多样性,并且通过演绎而征服更多的现象种类。所以,这两个思维过程之间一直存在着作用和发挥作用,它们一个把我们从个别带到一般,一个把我们从一般带回个别。每来回一次,我们就具有更多的心理财富。

第七节 证 明

证明是推理的反向过程。在三段论和归纳中,前提是给定的,有了这些充分理由,我们可以得到结论。但是证明的情况正好相反,在证明过程中,结论或论点是给定的,我们要寻找它的充分理由或原因。比如,对于"总统会犯错"这个给定的论点,我们要寻找其充分理由,即"人都会犯错,而总统也是人"。证明的本质在于给论点建立信任或实在性。

我们可以把这个理由放入常规的推理形式来检查它是否充分:既可以从演绎角度出发,将其放在三段论中看能否得出论点,也可以从归纳方面着手,通过引用一些似乎可用这个论点解释的特例,而把论点提升到假设的高度,所以对于"诗人会犯错"这个论点,我们可以以演绎的方式来证明如下:

所有人都会犯错;

诗人是人;

所以诗人也会犯错。

也可以以归纳的方式证明如下：

    坦尼森、华兹华斯等人都会犯错；

    而坦尼森、华兹华斯等人是诗人；

    所以诗人会犯错。

在这里，大前提成了一个在经验中被检验的假设。

  演绎证明本身可以给出完全的确定性，因为这个理由是一些理性的或全面的原理，这种方式用于证明单称命题。另一方面，除了在穷举归纳中，归纳证明从来都无法给出绝对的确定性。这种方式可用于确立一般的高级原理，它的证明手段包括类比、证言、间接论证等。①

第八节　思维的观念性产物：理性功能

  作为一个综合过程，思维使我们更加清楚地认识了知觉和表征所产生的观念性产物——统一性、矛盾、同一性等。同样，通过思维，我们理解和认识了支配一切心理活动的理性原理。前面我们已经介绍过认知范围内的基本理性形式，即同一律和充分理由律，其他理性原理可通过与情感和意志相联系而变显眼。认识论是形而上学的一个分支，它专门负责解释这些原理。更多的心理学讨论，见《心理学手册》第1册第15章。

---

 ① 关于一般意义上的证明，可参见塞奇威克（Sidgwick）的《谬误》（*Fallacies*）一书。

第三部分　情　　感

第 16 章

感性的本质和分类[①]

第一节 感性的本质

1. 定义

到目前为止,感性一词几乎与意识同义,至少我们已经假定,感性或情感是意识最基本和最一般的特征。

经验观察确证了这个假定。在普通生活中,我们对一切心理现象的最终解读都是从个人情感角度进行的。我是怎么知道我想要一个给定的行为动作的呢?因为,我感觉到了意志的运作。自信的直接基础是一个定性的情感状态,我又能怎么确信我在思考而不是在动用意志的呢?原因还是同样的,我意识到了我的情感,所以,机体对意识的觉察是一种情感状态,而感性,也就是情感,是它的首要内容。

如果事实确实如此,那么我们将会发现,情感在心理生活中无处不在,它将会以或显或暗的形式伴随所有可能的心理状态。这个观点虽然普遍为心理学家所承认,但在许多感性论中,它只是得到了部分的解释。检查和描述情感的所有种

---

① 见笔者所著的《心理学手册》第 2 册第 3 章。

类后,这个观点将会变得更为清楚。

2. 情感无处不在

情感在意识状态中具有优先地位,认知和意志都会参考外部世界,但情感有其自身的独特主观性。通过这些事实,我们可以大致对情感作如下定义:情感是一切意识变化的主观方面。对于这个一般的定义,我们也许可以进一步说,情感是一个事件对意识的刺激,至于这个事件本身是什么或有什么含义,我们却无须理会。

在我们的经验中,感性现象是一个非常清晰确切的现象,所以就算我们能更准确地去定义它,也无须多此一举。区别于"你的意识"的"我的意识",就是对感性的概述。你可以认识我所认识的物体,你也能做出我所做的动作,但你绝不可能感到我所感到的事件。当我把我的情感说给你听时,我的情感就变成了知识的对象,我的情感状态就发生了变化。这就是主观性,也就是把一个意识中的事件与另一个意识中的事件隔绝开,这种隔绝独特而不可消除。

3. 感性的最一般标记

我们已经区分了一般的感性和具体的情感变化种类,后者也被我们称为感觉,一般来说,后者属于神经系统中具有特殊终端器官的具体部位。

所以,一般情感包括一切不属于特殊感觉种类的感性变化。通过这种否定陈述,我们可以把含义丰富的感性划分成更具体的、能被心理分析所发现的种类。

当这种分析发挥到极致且感性上的定性差异已经尽可能地被指出时,我们感兴趣的将是感性本身的最一般标记,也就是隐含在所有具体感性形式下的共同要素。是什么使我们把特殊感觉、机体感觉、模糊的身体不安感和尖锐的神经痛感,都放在情感这个名称下面呢?最初,我们在兴奋或意识程度现象中发现了这些共同标记,接着,我们在一些特殊的、被我们称为痛苦和快乐的东西中发现了这些标记,苦乐是第二个伴随并渲染心理兴奋的要素。

我们可以把痛苦和快乐与它们所伴随的特殊心理现象剥离开,至少可以为了阐述方便而做这种剥离。如果苦乐真是一个最基本的感性特征,那么在苦乐方面,任何心理状态都不是完全中立的。不过,在高度进步、高度复杂的心理生活中,多股情感之流彼此冲抵,所以苦乐可能并不能作为一个显著的意识特征。实际上,高级的情绪在苦乐方面也会出现这种中性,这时候,虽然情感的强度最大,但它似乎并没有积极的苦乐色彩。

作为具体现象的痛苦和快乐,通常只是附加在意识内容上的要素。在这个方面,我们把它们称作苦乐基调,通过基调,我们多多少少可以准确发现它们所依附的状态。

此外,感性状态可分为复杂状态和简单状态,有些意识事件除了一般感性特征外还有明确的定性价值(声音、气味和恐惧),这些便是复杂的感性状态,那些只具有苦乐特征的意识称为简单的感性状态。

第二节　感性的分类

根据前面所说,我们可以对感性状态做下述区分:

1. 低级感性或感官感性

(1)复杂:感官情感。

　　①一般感官情感 ⎫
　　②特殊感官情感 ⎬ 感觉

(2)简单:感官基调。

2. 高级感性或观念感性

(1)复杂:观念情感。

　　①一般观念情感 ⎫
　　②特殊观念情感 ⎬ 情绪

(2)简单:观念基调。

我们已经讨论过感觉的量或强度和性质,并注意到了感觉所伴随着的快乐和痛苦,而感觉的所有"情感性要素"也就是这个快乐和痛苦基调。我们已经发现,"表象要素"取决于统觉功能。

第 17 章

快乐和痛苦[①]

第一节 感官痛苦和感官快乐

1. 痛苦的一般条件

在描述苦乐基调的一般机体条件前,我们先列举经验中苦乐发生的例子。借此,我们也许就能看清楚所有这类例子的一般特征,进而更好的作答,现在我们要最先讨论感官痛苦现象,因为这些现象最为显著。

(1)太多刺激会引起痛苦。首先,高强度的刺激会引起痛苦。在实际生活中,特殊感觉会因为刺激太强而让人痛苦,这种经历也促使我们将这个因果关系推及所有感性形式。强烈的光线、耳畔的巨响、皮肤的迅速摩擦、大力按压皮肤等,会让人感到痛苦,同样,强烈的味道和气味也会让人或很快让人感到不舒服。不过,伴随这些特殊感觉的痛苦与那些报告剧烈疼痛的感官所报告的痛苦不同。温觉,无论是热感觉还是冷感觉,在刺激非常强烈时,都会给我们带来积极的痛苦。从这个方面来说,嗅觉和味觉与其他感觉之所以有明显差异,似乎是因为它们的

[①] 见笔者所著的《心理学手册》第 2 册第 5 章和第 12 章。

终端器官有化学功能,而其他感觉的终端器官则在大部分上是力学性质的。在这里,我们需要指出的是,一些味道和气味无论多么轻微也会令人不舒服,而另一些则无论产生多么强的刺激,也是令人喜欢的。比如,苦味总是让人反感,而甜味总是怡人的。

刺激持续时间太长也是另一种形式的"太多",刺激持续时间过长,使得机体劳乏,从而产生痛苦。刺激太多也可表现为刺激的作用区域太广。比如,用许多针头扎皮肤产生的痛苦要远远大于用一个针头扎时产生的痛苦。眼睛可以适应一个强烈的光点,但一大片强光则会让眼睛很不舒服。

(2)发炎。某个器官发炎时,正常强度的刺激也会引起痛苦,皮肤在肿胀时受到刺激会产生痛苦,眼睛生病时,最轻微的光也会引起痛感。

神经也是如此。神经组织也会发炎,这时候,它对轻微的刺激都很敏感,并且会产生令人痛苦的反应,这种苦乐基调通常出现在平时无法使神经产生应激反应的低强度刺激下。对于本段所描述的一般事实,我们可以用一句话表达:痛觉过敏也会增加感性痛苦。但反过来则不一定成立,当感官的痛觉消失了,感性的痛苦要素只是可能会消失,换句话说,触觉或肌觉麻醉并不一定会止痛。

(3)刺激总和。本身不痛苦的刺激加在一起则可能会引起一个痛苦的反应。一个电火花不会让人感到疼,但是几个电火花连续一起刺激时,就会引起痛感,这种现象的深层原因可能还是因为高强度刺激。但是,在这种情况中,刺激只有在到达中枢后才能变成高强度刺激,而在高强度刺激情形中,刺激在作用于身体外周时就已经是高强度刺激了。

(4)欲望或冲动被否定。欲望或冲动被否定时,会引起缺乏之痛,这种痛苦总是周期性的,并且会伤害到机体。

2. 痛苦的特殊条件

除了上面说的,还有一些特殊条件可以产生痛苦。一个原本受皮肤保护的组织,一旦暴露在空气中就会引起疼痛;没有刺激或太轻微的刺激会给特殊感官中较为复杂的感官如视觉带来痛苦。器官有时候会因为无法适应其刺激而产生一个痛苦基调,当这个刺激非常强烈时,痛苦也会更大。机体感觉的基调似乎来源于机体功能受阻,如裂伤、痉挛、过饱等。刺激的间歇出现通常也会引起痛苦,这可能是因为器官无法适应碎片化的刺激。

3. 关于痛苦的经验事实

此外,生理学家所阐明的某些现象也有助于我们了解痛苦和快乐。首先,我们也许应该提一提痛苦的间歇性:痛苦感在不同的时刻会有不同的强度。我们可以在电击刺激中清楚看到这一点,可以从中清楚看到痛苦基调的升降或者说节奏。头痛、牙痛都是一阵一阵的疼,手指溃脓时,我们一会儿觉得不怎么疼,一会儿又觉得疼得要死。这些间歇性疼痛现象的发生原因是神经性的,因为神经过程就是起起伏伏的。但在有些现象中,这种间歇性很明显取决于血管系统的节律,也就是血管的扩张和反应。

注意的来来回回会引起另一种间歇种类。我们已经说过,注意能够增强情感状态的强度,所以我们可以预计,注意的集中和散逸将会极大影响疼痛的升降。此外,我们知道,再平稳的注意也具有节奏,而这种节奏也许可以解释上述所说的节奏性。

关于痛苦感,另外一个有趣的现象称为辐射或漫射。刺激越是强烈,引起痛苦的刺激就越不会被定位在一个特定的位置。这种痛苦感除了具有强度,还具有多寡,或者说散布在多个位置。这也许是因为引起这种痛苦感的刺激遍及一个较大的区域,无论是在外周上还是在中枢中。

此外,我们都是先得到感觉,然后才有对痛苦的有意识觉察,也就是痛苦感。即使刺激非常强大,感觉也会先于痛苦感出现在意识中。比如,被打时,我们先感觉到被外物碰触或感觉到压力,然后过了零点几秒后,才能感到疼痛。烧伤则需要更多的时间才能让我们感到痛苦,这种延迟是可以测量的。比如,针刺皮肤时,我们可以比较这个刺激的反应时间和被刺点产生简单触觉的时间。之所以有这种延迟,可能是因为疼痛性刺激的力量并不能一次性报告给意识,因为器官需要通过一系列部分传导才能适应这个刺激。这些能量最终集聚在中枢,产生了一个足够强烈的中枢刺激,从而引起疼痛感。

此外,一个痛苦的感性状态能持续很长时间。疼痛感不像那些无痛感觉一样,刺激一停止就会消失。机体摆脱疼痛的速度非常缓慢,一些感觉的后象在这里似乎成了一个后事。这可能是因为,引起痛苦的刺激具有更高的强度,它们带来的神经变化要比微弱刺激带来的神经变化更加稳固和持久。痛苦比其他情感经验能更容易也更清楚地复苏,这一事实也支持了我们这个猜测。有些痛苦的记忆总是挥之不去,甚至在我们最欢快的时刻也会不请自来。我们知道,一个复苏的图像代表的是原始经验,所以,为了解释痛苦的感觉为什么容易复制,我们只能假设这类感觉能产生一个更持久的效果。

最后需要指出的是,疼痛会降低疼痛部分的温度。

4. 止痛条件

有多种方法可以让我们在通常会引起痛苦的条件下感受不到疼痛。严寒可以镇痛,当温度降低时,疼痛先会变得剧烈,随后就会全部消失。停止对一个器官供血,将会使它感觉不到痛。然而,在这些低温止痛的情形中,疼痛敏感性在降低之前通常都会升高。刺激的强度突然降低时,疼痛也会明显消失,即便降低后的刺激在其他条件下也会引起疼痛。

5. 痛苦既是情感也是基调

我们前面指出了痛苦的条件,但这些条件都是存在于不同感性(一般感性或特殊感性)模式中的条件,也就是说,我们都是把痛苦当作基调。但现在我们要问:痛苦是否总是要依赖某个特定的感性形式,或者说,痛苦本身是否可以单独出现?有些事实表面,无论痛苦在解剖意义上是否独立,它确实有一种功能上的独立性。[①] 比如,氯仿麻醉可以摧毁痛觉,而其他感觉则不受影响。一般来说,在麻醉状态下,最先消失的是痛觉和记忆。另一方面,其他感觉消失时,刺激却仍然能引起疼痛。所以,在压觉、触觉、温觉和肌觉运动觉消失时,痛觉却可能仍然完好

[①] 也就是说,是否存在特殊的神经纤维可以传导痛苦,这一点得到了一些实验结果的支持,也得到了另一些实验结果的反对。

存在。所以,身体某个部位失血时,触觉会在痛觉之前消失,而最先消失的则是温觉或电感觉。换句话说,构成普通感觉的各种要素会分开瘫痪。但是,我们不能根据这些就认为,去除了痛苦的身体起因后,意识也就没有了苦乐特性。

6. 快乐的身体条件

要指出快乐的身体条件并不容易,但是我们发现,这些条件一般与那些携带痛苦基调的条件相反。

(1)适度的刺激令人快乐。对于特殊官能,这一点很明显。眼睛喜欢温和的颜色,耳朵喜欢纯粹的曲调、轻柔的触摸、适当的肌肉反应、温和的味道通常都令人愉悦。同样,刺激具有适当的时长、作用范围和强度时,也令人愉悦。

不过,也有一些反例。许多感觉无论刺激如何温和都会令人痛苦,这些感觉所对应的器官如果不产生痛苦反应,就根本无法影响意识。机体感觉也是如此,某些味道和气味总是令人作呕。此外,在一些感官比如视觉和听觉的正常运作中,苦乐基调几乎可以达到中性。

(2)器官适应刺激时会引起快乐。肌肉运动不费力时,会产生令人愉悦的肌觉。长时间的刺激可以使器官充分适应刺激,这时候,痛苦就会变成快乐。我们所期待的感觉会让我们感到愉快。不过,这也并非绝对,因为在很多情形(眼睛和耳朵)中,器官对刺激的完美适应就压根不伴随任何情感,无论是痛苦还是快乐。

(3)活动令人快乐。这里的活动是指在前两个条件所设定范围内的功能,令人愉悦的活动是适应良好的器官的适度活动。然而,愉悦更多地出现在大的器官活动中,虽然这种一般活动涉及一些特殊的痛苦。足球运动员虽然会在踢球的过程中磕伤碰伤,但是他仍然享受这项运动。在这种情况中,较大器官的活力和能量似乎战胜了较小器官的抗议,掩住了它们的抱怨。在快乐勤恳地工作时,我们会完全忘记平时折磨我们的痛苦,然而,这种产生愉悦的大型活动,本身必须也得满足适度和适应这两项要求。

此外,活动带来的这些快乐,如追逐之乐、运动之乐、一般活动之乐,相比其他身体性快乐要更积极。我们前面说过,很多状态既不令人痛苦也不令人快乐,也就是说其基调是中性的,但是活动状态则不然。肌肉处于活力四射的状态时,我们会意识到它的力量,会意识到这种愉快的活动,而同时又没有对相应痛苦状态的明显参考。实际上,由肌肉痛苦的停止而带来的快乐——也就是所谓的休息之乐,完全不同于这种活动之乐。

另外,这里的活动包括任何功能,而不只是简单的肌肉活动,因机体欲望和本能的满足而产生的快乐都属于活动之乐。这些功能需要周期性练习,它们的正常运作需要周期性刺激。除了令人痛苦的欲望,这些功能似乎都涉及快乐,但是关于这一点,人们的意见并不一致。不过,我们并不能说,食物之所以令我们觉得快乐,是因为它们消除了饥饿。

7. 感官痛苦和感官快乐的相对性

我们前面说到,许多身体性快乐都来源于先前痛苦状态的解除,支配这个现象和其他类似现象的都是相对律。首先,我们也许会说,在某些条件下,一个快乐或痛苦状态的开始起因于另一个痛苦或快乐状态的结束。我们前面已经说过,有些快乐实际上只是不痛苦。类似地,一个主动快乐的停止可能会给我们带来短暂的痛苦,并且是痛苦的唯一起因。然而,这种情形包含一个高级的情绪要素,在这里,痛苦或快乐的强度在很大程度上取决于它与先前状态的对比。去乡村走过一趟后,艰辛的城市生活就变得更加难以忍受。看过缤纷多彩的水果拼盘后,乞食者的菜盘就变得更加倒人胃口。所以,联想通常能把快乐变为痛苦,把痛苦转为快乐,所以,面对我们平时不喜欢的一道菜,我们可以动用一点点狡黠的自欺,就能使自己乐在其中。

第二节　对感官快乐和感官痛苦的认识

我们前面简要描述了感官基调发生的条件,根据这些描述,我们可以把这些情感分为两大类机体类情感。仔细检查这些条件就会发现,所有的快乐和痛苦或是牵涉到机体组织的变化,或是牵涉到机体－环境关系的变化。前者变现为整合或分解,后者变现为适应或失调,我们可以单独考察这两个方面。

1. 因整合和分解而产生的快乐和痛苦

从机体层面考察痛苦时,我们会很容易发现,除了那些无论多大的刺激都会产生痛苦基调的情形(比如某些味道总是令人反感)外,所有的身体痛苦都来自组织的分解。也就是说,强烈的刺激会伤害、撕裂和损伤被刺激器官,足够多的刺激叠加在一起也能产生同样的效果。如果我们可以把反应当作分解的信号,那么我们就可以把总是令人痛苦的刺激归为同一类,这一点至少受到了味道和气味化学的支持。比如,我们可以认为,苦味的产生是因为刺激损害了味觉器官,强烈的酸味也是如此。

不过,我们并不能说一切分解都是痛苦的,因为带给我们愉悦的温和刺激常常包含适度的分解。任何刺激都会引起消耗,这种消耗是指消耗之前存储在组织中的能量,也就是对组织做功。所以,我们可以说,在某些条件下,分解能产生快乐,同样,活动也会产生快乐。

另一方面,整合有时候也是令人愉快的,比如休息之乐。但整合有时候也是令人痛苦的,比如在一动不动和缺乏刺激时,我们会觉得痛苦,那么,我们应该说什么呢?

事实大约是这样的:生命过程是一个整合和分解过程。机体需要重建,但是重建之前需要被破坏,也就是,先失而后得。所以,有助于健康和发育的分解和整合都会产生快乐。另一方面,分解也许会超出生命过程所正常需要的消耗,这时候会产生痛苦。同一方面,如果一直进行整合而不允许进行生命过程所正常需要的消耗,那么这时候也会产生痛苦。

如果我们认为正常的生命过程伴随着快乐和无痛,干扰或抑制生命过程的任何机体事件伴随着痛苦,那么我们似乎对快乐和痛苦就有了一个合理的解释,至少在整合和分解的范围内,我们可以解释痛苦和快乐。

2. 因适应和失调而产生的快乐和痛苦

我在前面已经说明,整合作为一个机体过程,它并不包括所有苦乐基调现象。

有许多现象表明,另一个同样重要的苦乐原理是机体与其刺激环境的相对适应性。如果机体与环境严重失和,并因此影响到了器官,那么所产生的痛苦就受分解原理支配。但如果没有这种影响,失调现象本身就足以引起痛苦,乐声失和、过于耀眼的色彩、别扭的肌肉动作就具有这种令人痛苦的特性。

所以,只要我们能意识到一个感觉器官是否与其刺激环境相适应,我们就能说,适应是令人愉快的,失调是令人痛苦的,通过研究神经系统的发育过程,我们也能得到这个结论。

3. 关于感官痛苦和感官快乐的一般结论

很明显,痛苦和快乐在我们的生命过程中自有其存在理由,这里的生命过程既包括生命发育也包括简单生命。有机体当前的简单生命是一个恒定的功能,这个功能的现象有很多还未被我们观察到。痛苦和快乐都以未来为参考,也就是参考一个更充分的发展和更可能的成长。所以,我们把感官快乐定义为:有助于身体生命的持续或进一步发展的事物所产生的意识结果。把感官痛苦定义为:损害或限制身体生命的事物所产生的意识结果。

第三节 观念基调的基本条件

1. 一定程度的观念变化

就如身体疼痛来源于身体功能一样,高级的痛苦也来源于统觉这个观念功能。我们根据观念功能引起的情绪性兴奋程度来衡量该功能的强度,一般来说,这个强度也代表着痛苦或快乐的强度。相应地,观念变化,也就是在意识的统觉内容中发生的要素重排,是特殊观念基调的一般条件。

我们也许可以利用我们所得到的感官基调这个概念,只是把身体功能换成统觉功能,把终端器官的适应换成注意的适应。通过这种类比,我们将可以得到充分的观念苦乐概念,相应地,我们得到了第二个条件。

2. 注意的程度和时长将决定观念基调是痛苦还是快乐

注意的过度集中是令人痛苦的，不过，这种痛苦与身体器官适应所涉及的痛苦合并在一起。长时间的注意会引起疲劳，从而产生痛苦。另一方面，注意的适度集中和时长则是令人愉快的。

3. 注意的适应或失调程度

分神或注意受损会引起痛苦，能释放出轻松感、流动感、多样感和谨慎注意感的因素则会使人快乐，最令人愉快的适应可能是最精细最准确的辨别。沃德如此阐述这个和前一个条件：快乐与注意的有效利用程度成比例。

第四节　观念基调的次级条件

很明显，前面所得到的结论，也适用于那些起因于注意动作而与被注意对象的性质无关的情感。另外也有一些情绪性状态在很大程度上决定了意识基调，最具表现性的情绪（恐惧、热爱、气愤）、同情性情绪、伦理情绪和美学情绪有时都会主导快乐或痛苦。那么我们现在要问：是否可以把它们放在前面已经阐明的公式下面呢？要回答这个问题，我们需要考虑外部客体在什么条件下会给我们带来快乐或痛苦。

1. 知觉客体

只有当知觉客体与我们现在的或未来的身体幸福或不幸有关系时，它们才能激起快乐或痛苦。

我们知道，知觉是感觉的综合，虽然被感知客体只能给我们特定的感觉，但是它能指示出其他只属于这个综合产物的感觉，所以我们可以对这些感觉进行预期。看到下雨，我会想到被淋湿的不愉快；看到狮子，我会想到被撕着吃的痛苦。所以，只要知觉基调指向了外部客体，那么它本质上就指出了对它所包括和暗示的感觉的基调。

例如,孩童第一次见到火(黄色的光感觉),伸手去抓(触感觉),而感到疼(生命过程受损而产生的感官基调),后来,他再次见到火(知觉,带着以前的触觉记忆和疼痛记忆)就会感到恐惧,这个恐惧的基调就是痛苦。我们要说的是,后一个基调参考的也是生命过程。自然界习惯于利用简单的痛苦经验,就如知觉是他利用感官经验的一种方式一样。

2. 客体的表征

客体的表征能像客体一样激发快乐和痛苦,任何伴随复制—记忆、被动想象、错觉等的情绪都在这个条件的涵盖之下。这类表征所激发起来的情绪都有其定性的色彩(期待、恐惧等),但是它们的基调就像知觉的基调一样,取决于被构想客体带来的有利或不利预期。

3. 概念形成活动和思维活动

伴随概念形成活动和思维活动的情绪的基调,既与身体幸福或不幸有关,也与认知幸福或不幸有关。

(1)在有些情形中,概念形成活动和思维活动明显会参考身体快乐和身体痛苦。在形成"牙医的工作"这一概念的过程中,我的心理基调就是痛苦。这个基调就像我对特殊牙医的知觉一样,清楚地指出了牙齿诊治中涉及的身体伤害。同样,虽然牙科学是这门技艺的逻辑框架,只是一门学校科目,但是仍然逃不开其身体暗示性,医学生在第一次听放血讲座时会昏厥。因此,高级的美学情绪和逻辑情绪的快乐基调服从身体幸福律。

在美学情绪中,联想所贡献的要素在很大程度上是感觉性的。除了音乐中的纯粹感官之美,它的联想在很大程度上都是感官性的。在餐桌旁、在剧场中,或者在马背上,我们会因为联想而觉得一个人非常英俊,我们带入联想中的愉悦其实是这些感官快乐的回响。

(2)很明显,我们可以以一种自然主义眼光来看待快乐和痛苦,这样一来,我们就得承认,无论快乐和痛苦服务于什么目的,正常的快乐都意味着健康,正常的痛苦都意味着身体功能的不健康。这个观点能解释所有的心理基调吗?进一步思考后,我们会发现答案是否定的,因为有些情绪的基调似乎违反身体幸福律。

如果意识是一种综合性事物,且它的综合性表现在我们说的统觉或思维中,那么我们可以猜测,这样一种本质新颖的事物,应该有它自己的发展律。此外,我们还可以猜想,它的发展就是对其思维和意志条件的有意识适应。关于观念快乐和痛苦,最为自然的一个观点是将它们当作心理功能的指针,指示它是健康还是不健康。身体快乐起初只是盲目地服务于机体的幸福,后来则和与机体相关的外部物体联系了起来。同样,心理快乐最初只是与注意功能相联系,后来则也开始与被注意对象建立了关系,从这个观点来看,许多情绪的基调都基本上反映了心理功能的状态。

这个观点有大量证据的支持。认知追求的乐趣会使人忘记自己的身体状况,甚至使他们面对剧烈的身体疼痛,仍然能坚持自己的事业。美学喜悦与自利动机无关,所以有时候我们经常向那些毁灭性的、吓人的东西致敬。伦理情绪如果能带来幸福,就往往能胜过与其相争的身体冲动。所以,我们也许可以认为,意识内容的变化总是伴随着一种苦乐色彩。我们如此定义心理苦乐:观念快乐是有助于统觉生活或有助于其发展进步的事物所产生的意识结果,观念痛苦是损害或抑制统觉生活的事物所产生的意识结果。

第五节 关于快乐和痛苦的最终结论

通过前面关于感官苦乐和观念苦乐的讨论,我们也许可以总结说,快乐和痛苦是情感色彩,意识用它们来为当前或未来的幸福或不幸染色。

我们发现痛苦和快乐有三类条件:第一,产生感官基调的身体条件;第二,产生注意状态基调的心理条件;第三,产生高级情绪状态的身体条件和心理条件。

基调状态的复杂性。我们现在已经清楚,意识的苦乐色彩在任何时候都不简单。痛苦和快乐既来自身体,也来自心理,既同时来自多个身体器官,也同时来自同个心理环节。希望和恐惧在心中交织,意志已瘫痪无主,注意分散而不集中,除此之外，耀眼的阳光还令人心烦意乱，牙疼让人沮丧无神，而所有这一切，共同产生了一个痛苦基调。同样，心理情况和身体情况也可以结合在一起产生快乐基调，所有这些可能的组合可以有千变万化的顺序。

不过，这个复杂效果的要素则可以在意识中大致区分开。这些要素都倾向于产生情绪性兴奋(这个兴奋有其自身的基调)，但除了这个共同倾向外，它们并不聚合在一起。把两只手分别放在两股水流之下，一股非常烫，一股很舒爽，这时候，这两种苦乐效果将可以很明确地区分开。所以，悬而未决之境的痛苦来自希望和恐惧的交替性兴奋，无论希望和恐惧这些情绪本身如何在意识中搏斗，它们各自的快乐基调和痛苦基调并不影响总的痛苦基调。

第 18 章

观念情感的本质和分类

1. 观念情感和感官情感

面对观念的世界时,我们是否也存在感性的一面呢?在统觉过程的各个阶段,我们是否能够感受到各种强度的情感呢?答案是肯定的。我们现在要面对的是一大类观念情感,所以,观念情感是伴随统觉功能的行使而产生的感性变化。

正如霍奇森所说,观念情感是伴随一类新的神经过程的一类新感性。统觉功能的机体基础是一类大脑过程,这种过程代表了大脑特殊中枢的结合以及它们能量的动态统一。如果注意所执行的功能是一个新功能,那么伴随其各个阶段的心理兴奋模式也是新模式。

2. 特殊的观念情感和一般的观念情感

通过与感觉类比,我们还可以对观念情感再做一个区分。特殊机体功能的行使会产生某些特殊的感觉,而机体作为一个整体行使其功能时,也会产生丰富的一般感性,也就是机体感觉。运动感觉无处不在,因为肌肉是神经过程释放感觉的最一般出口。通过检验观念情感,我们也可以做出一个类似的区分。一方面,有些特殊的心理兴奋类型是在特殊综合过程的基础上发展而来的,比如回忆会引起遗憾、悔恨和自豪,想象会使我们陷入期望、希望、恐惧和爱,我们把这类情感状态称作情绪。情绪是特殊的观念情感,就如感觉是特殊的感官情感一样,但是情绪并不就是这个意识阶段的全部主观要素。情感有底色,感性有基础,这个底色或者基础不随情绪生活的变化而变化,它是一切情绪的基础,它来自心理综合活动本身,这个基础便是实在感,兴趣感等。此外,一切观念感性都具有基调——痛苦或者快乐。我们前面已介绍过观念性快乐和痛苦,接下来要讨论的是一般观念情感和特殊观念情感或者情绪,这方面的讨论将会收获颇丰。

第 19 章

兴趣、实在感和信任感①

一般观念情感的一般特征。认知过程所共有的情感方面包括兴趣、实在感和信任感。②

第一节　兴　　趣

描述兴趣这个心理状态的最好方式,就是问我们自己为什么会自主地按照这种方式或那种方式行事。答案必然是:因为我们对这种或那种行为方式感兴趣。后面我们会看到,关于兴趣,最重要的一点是它能激发意志。当一个事物因为某种原因占据了我的注意(它值得关注时),而我因为与其有某种关系而去调查它时,我就对它生发了兴趣。要去关注、调查和探究它,我就需要这种兴趣感,让正沉醉于玩具游戏的儿童放下玩具离开时,他就不会表现出什么兴趣。

---

① 见笔者所著的《心理学手册》第 2 册第 7 章。
② 认知过程的另一普遍情感是同意感或努力感,不过这种情感放在"意志"下讨论更为合适。自我感在这里也无法得到充分讨论,因为它与自主生活有着密切联系,不过从分类角度来看,它属于一般观念情感。

1. 兴趣和漠然的生理基础

前面讨论神经功能时,我们发现了习惯律和顺应律。我们说,习惯"在心理学层面上意味着监管缺失,注意分散,意志下沉",而顺应"在心理学层面上意味着意识复苏,注意力集中和自主控制。顺应的最一般形式就是我们说的兴趣";"习惯和兴趣是心理状态的两极,分别对应神经系统的最低活动和最高活动"。

兴趣是对认知生活过程的最一般意识,它代表了最高级和最不稳定的神经整合活动。只要注意和意志具有神经基础,身体就有足够的理由可以产生兴趣感。当注意或意志因为疲劳或疾病而缺席时,身体过程就会伴随着漠然感,也就是说,一切就会返回到受习惯支配的神经结构和神经功能这一层。

2. 兴趣的认知条件

前面提到的一般生理类比可以促使我们提出几个假设,而这些假设已经被兴趣心理学确证。

(1)任何只是依样重复的意识反应都会变得无趣,这时候,在下行生长律的支配下,神经过程从最初的顺应阶段过渡到了习惯阶段。

从心理学角度来看,我们可以称这个现象为重复原理。我们可以说,认知重复会降低兴趣。全面透彻地了解一个事物后,我们就会失去对它的直接兴趣。如果用兴趣来衡量价值,那么没有几本小说值得去读第二遍。对于那些以描述细节和陈述事实为主,且不留任何思考空间的学习科目,我们很难打起兴趣。保姆向我们絮叨我们小时候生病痊愈的细节时,我们并没有多少热情去听。

(2)相反,新的关系是有趣的。这时候,神经生长是上行的,它包括更高级的整合活动。关于这一点无须举例,因为只消想想我们听到新闻、流言和他人的八卦时是如何兴奋,我们就能明白了,这可以称为新颖原理,我们可以说,新知识是有趣的。

(3)兴趣的反面不是漠然,而是倦怠、心理疲劳、无聊。漠然意味着手握执政权的是神经习惯,意味着能量在沿着我们习以为常的渠道释放,但是倦怠则意味着厌恶,它源于我们对兴趣的逃避。倦怠是疲劳,是一种消极的情感。

3. 辨别或探索的兴趣

这些认知条件每一个都有助于引起一特定类型的兴趣,即好奇之兴趣、探索之兴趣。这种兴趣在现实中并不纯粹,因为下面提到的情绪性因素和其他因素会影响到探索冲动。但是,在一个冷酷、时刻算计的人身上,这些条件最为显著。在儿童早期,兴趣几乎都是这种探索类的。首先,是物理性探索,比如幼儿先探索他自己的身体,然后探索外部物体、房间、隔壁房间等。他的注意方向在很大程度上是偶然性的,取决于随机的刺激。后来就产生了一种道德探索,他开始去理解自己的衣服、玩具、器具、东西的拼装、面部表情和口头表达的含义。这些探索本能一旦被满足,他的兴趣也就戛然而止了。

不过,这类兴趣经验属于个人生活中较为肤浅、多变的一面,它们代表了注意的迅速变迁,所以,纯粹认知的兴趣是短暂的,它并不能把自己牢牢固定在其对象上,不能使其对象成为我们的一个兴趣或目的。今天早上,我的兴趣集中在纸、街景、下午的兜风和辩论社团上,但是明天,吸引我的又是新的事物,而我昨天的经验只有一两点与我的终生兴趣相交。那么,除了我们对认知辨别动作的简单兴趣外,更为持久的兴趣又是由什么构成的呢?

4. 情绪性兴趣和主动兴趣

到目前为止,兴趣只是代表了一个认知倾向。兴趣的对象来来去去,不受我们影响。当我们知道了它们是什么以及如何表现时,我们的好奇心就得到了满足,但一旦把这些兴趣对象带到我们的情绪性反应或意志性反应的范围内,一切就都变了。它们的存在或表现是否会影响我们呢?这个问题非常关键。送信的男孩儿每天给他的雇主送 50 封信,他对这些信并不感兴趣,对他来说,知道信是写给甲、乙、丙的就足够满足自己的好奇心了。但假设有一封信是写给他自己的,那么,能激起他兴趣的不只是信的内容或其中寄托的情感,还包括信封、信的边边角角、邮戳、地址,甚至还有这封信散发的气味。简而言之,如果一种事物除了与其他事物和人的关系外,还具有使我生发情感和做出行动的力量,那么它就会变得有趣。我可能知道一种事物出现了,但是并不感兴趣。但是,如果我根本不认为它值得我去仔细注意,那么我就感觉不到它的出现,更别说对它的出现有所行动了,这种情绪性兴趣似乎会在不同的情况下出现。

(1)能直接使我痛苦或开心的东西都能激起我的兴趣。对自我的这种参考是非常直接的,所以,注意所唤醒的认知功能只是一个自我保存功能。我对痛苦感兴趣,是为了发现痛苦的原因并予以消除;我对快乐感兴趣,是为了理解它并使它继续。快乐和痛苦的职责就是来警告和劝诫我们,说它们能激发我们的兴趣,其实就是指它们把这个自存功能带入了我们的思想生活。

所以,兴趣感似乎就是添加在苦乐基调上的东西,兴趣感的产生与我们对这个基调和其原因的认识有关。我们不能说,一个尖锐的工具插入一个牡蛎的上下壳间而为其带来痛苦时,这个牡蛎是感兴趣的。这个侵入动作影响了牡蛎,而牡蛎的兴趣在于避免被入侵。实际上,这个入侵动作伤害了它,而非激起了它的兴趣。有时候,痛苦和快乐并不伴随有兴趣。比如,当我们为一个无法治愈的身体疾病或萦绕于心的心理困难而感到痛苦时,我们并没有兴趣产生。我们对这些痛苦的理解和忍耐只是伴随着一种消极的兴趣,也就是想去忘记它们。

(2)自主决策所引起的兴趣也是同样原始的。一般来说,我们之所以对一种事物做出反应,是因为我们对其感兴趣。也就是说,我们是在知性或情绪性兴趣的驱使下而做出行动。但是,行动过后,我们的兴趣比之前还要更强烈。为一种事物每付出一分,该事物对于我们来说就贵重一分。你也许起初只是礼貌性地表示对一个新的洗牌方法或握笔方法感兴趣,但是尝试过一次后,你的兴趣就会增加,进而会付出新的努力。同样,就算起初从未思考过一个事物、工具或器具,并且只是将其作为一个手段来实现一个与其不甚相关的目的,那么在长期使用后,这个手段本身也就逐渐引起了我们的兴趣。有谁在脱去旧鞋或摘掉去年夏天的草帽时,未体验到一种积极的痛苦呢?这种痛苦就是兴趣。因与他人分享而产生的兴趣提升,也指出了这个自主性和情绪性要素,分享是同情情绪的结果,分享要靠行动。

在此需要指出的是,兴趣依附的是客体,而不是活动。不过,幼儿期的兴趣除外,因为在这个时期,运动本身就是兴趣的客体。但是,它之所以依附客体,是因为这个客体与我的活动相关,别人的活动绝不会以相同的方式引起我的兴趣。

5. 习惯的兴趣

稍做留意就会发现,重复虽然会降低前面说的暂时性的知性兴趣,但在很多时候,真正的兴趣正是通过习惯化而得以形成。在这一点上存在一个明确的界限,超过这个界限,我们所习惯的东西将成为我们的兴趣。在这个经验界限之前,事物是暗淡而无聊的,但是随着我们越来越习惯它们,我们会因为这种日积月累的熟悉而对它们产生兴趣,我们开始期待它们、依赖它们并靠近它们。

无疑,正是通过这个习惯原理,有些最为深刻的人生兴趣才得以产生。渐渐地,当我们想起自己的时候,总会也想到某些总是与我们形影不离的附属物,所以,商人最后只对他的生意感兴趣,因为他所有的习惯都与它有关。从事宗教文化的人会丧失对文学和科学的兴趣,因为他们整日研究来生,没有时间去接触文学和科学。要治失恋,唯两不相见。要让求婚失败者保持希望,在于让他时时刻刻记住他自己和他向心上人求婚的计划。

6. 兴趣的定义

现在,我们也许会看到,所有复杂的兴趣现象都具有一个共同点:客体只有在影响我们的时候或与影响我们的东西有关联的时候,才能激发起我们的兴趣。"影响我们"一词的意思是,它给我们的感性带来了一些变化,这些变化会在运动反应律的支配下通过运动实现,情感性意识发生了这种变化后,兴趣就必然会产生。

这种情感性变化会有两种产生途径。能够激发活动的两大刺激是苦乐和暗示,暗示转瞬即逝,其激发的兴趣也是短暂的知性兴趣,但是快乐和痛苦代表的则是本质而持久的刺激。作为运动刺激时,它们一而再再而三地出现,苦乐所激发的兴趣是深刻的、贯穿人一生的兴趣。

此外,兴趣的共同要素是一个受情感驱使的要素——一个倾向要素,它通过注意来实现它的目标。所以,根据前面所说,我们可以把兴趣定义为"去关注的冲动"。由于所有的心理综合活动都发生于注意中,所以我们可以说,兴趣是对思维倾向的意识。我们对一种物体或一个话题的感兴趣程度,在任何时候,都等于它对注意的作用力度,无论这种作用是通过直接暗示还是通过联想实现的。

7. 作为观念情绪的兴趣

仔细思考后,我们就会同意"兴趣是统觉功能的主观方面"这一观点。习惯会削弱兴趣,因为它会削减表象建构的强度和能量。习惯也会产生兴趣,因为它能使联想轨道或表征建构轨道变得更加深刻和牢固。简单的暗示在重复中失去了自身的力量,但联想通过重复使我们的本质情感变得更强烈,变得更能刺激注意的相关过程。

第二节　实　在　感

1. 信任感和实在感的区分

我们暂且不深究做此区分的理由,而只是介绍两种不同的情感类型,既实在感和信任感。实在感是指与感觉状态的表象性方面相关的意识所发生的基本变化,儿童在后来获得实在感后,就会觉得物体是确定在那里的。另一方面,信任感是一种附属于一个心理次级状态或表征状态的情感,它表明我们彼时在多大程度上相信某个事物存在于某地。我们可以说,带有实在感的观念,它的实在性就得到了保障。这个观念是一个给定物,我对它的直接认识就是我对它的感觉。但与信任感相联系的观念,则是通过其他一些心理状态、通过我对它的认知或通过它与之前已经被保障的观念的联系,而得到保障的,这个区分及其关系在后面会变得明朗。①

2. 实在感的产生

我们前面已经说过,儿童的早期意识是被动意识,这种被动意识中充满情感

---

① 笔者认为这是一个根本而关键的区分,不过据笔者所知,心理学文献中还未做过这个区分。

性的感觉事件。起初,这种意识的全部内容就是感性或某种感觉,这种感性没有什么意义,也就是说,我们不能根据别的东西来解读它们,而且也不存在别的什么东西,闪光感觉、肌肉感觉、疼痛,都纯粹是这种经验。这个时候,儿童没有真假之分、内外之别,也分不出表象和表征。

所以,这个阶段的实在感只是情感现象,如此而已。存在只是简单的在场,而在场就是存在,并且出现于意识中的任何东西都是真实的。①

3. 非实在感的产生

此外,早期的意识很快就能体验到一些非常不同于这种在场感的东西。一旦出现了欲望和冲动,这些东西就能被感觉到,实际上,正是这些东西对早期的感性提出了最尖刻的要求。在我们成年人眼中,它是一种缺乏感、需要感,但对于儿童来说,这只是一种新的感觉,但是这种新的感觉必须迅速与实在感或在场感联系在一起,比如对白色表面的感觉和对牛奶瓶的温暖触觉都源于饥饿。换句话说,一种简单的在场感开始与一种简单的缺失感联系在一起。实际上,这两种情感是一起到来的,在儿童的意识中,这也许是最先被感受到的,比如断奶时候的模糊饥饿感、味觉和触觉的在场感以及缺失感,这种缺失感是最早也最原始的非实在感。

进一步检查后就会发现,这种非实在感与对信任的否定无关,也就是与怀疑或犹豫(对信任的真正否定)无关。如果非实在感是作为实在感的反面出现的,那么这个观点也许还能得到一些支持。但若是这样,我们就不会有非实在感,有的将是对一个新而相反的经验的实在感。比如,早期的意识中出现了一支蜡烛,这是一种实在感。突然,这支蜡烛熄灭了,这时候,黑暗就成了一种新的实在感。对蜡烛的记忆持续存在于意识中,并与当前的黑暗相对抗,这时候就出现了一种新的情感,也就是怀疑、疑惑。这种情感是信任的基础,下面我们就会看到这一点。非实在感则具有一个非常不同的起源,它来自我们主动而冲动的本性。在记忆与

---

① 在做梦时,实在感的出现并不伴随着信任感,因为在这种状态下,最荒谬的画面也能被我们接受,这也表明,意识已经完全丧失了它的质疑态度,但实在性仍然具有充分的强度。

表象发生冲突之前,它就已经存在,并且在出现这种冲突之后,它仍然逗留在意识中,它不同于这种冲突所引起的情感。

4. 实在感和非实在感的程度

这两种原始的情感形式都有程度之分。对于儿童来说,食物的实在感在饥饿时比在饱腹时更强烈,也更重要,成人也是如此。每个人都有他自己的真正实在感,除了虚幻和暂时外,他还有他的真实和永恒。有时候,外部事物似乎都会伤害我们,让我们鼻青脸肿,这时候,它们的实在感也会变得坚硬。另外,整个世界看起来又是浅薄、脆弱而虚幻的,我们相信许多无法给我们"实现感"的现象。简单的神经系统状态就可以扰乱我们的实在感,情绪状态足以把我们的身体注入生活经验,或者使这些经验变成无所事事的幽灵。然而,如果去检验婴儿的心理生活,我们也许会说,对于婴儿,最生动的实在经验是那些满足了他的欲望和需求的感觉状态。

站在更高的角度,我们看到的是一个生物体,它存在于一个被众多条件环绕的世界。在这些条件中,有某个感觉过程代表了它最好的生命状态。当它缺少这个正常的感觉过程时,这种缺失就会刺激一个运动过程,借此来重建这个感觉过程。我们可以先假设存在这样一个正常过程,无论最后发现它是什么。我们可以称这个过程为感觉因子,这里的感觉因子是指会产生感觉或记忆图像或引起冲动的神经活动,感觉因子所表示的神经活动通常由一个真实的客体引起。

在这个实在感中,我们发现了我们在前面章节中提到的心理"错觉倾向"。如果感觉因子的出现会给一个意识状态染上"真实的"颜色,那么,无论什么时候出现这个因子,我们都会有实在感。这样一来,当这个因子因为疾病、情绪、期望或其他内部原因而人为地出现,并且没有外部实在与其相对时,那么错觉就发生了。

所以,到目前为止,我们得到的大致结论就是:实在感只是意识本身,它在伴随有一个具有感觉因子的神经过程时最为活跃。大脑中的特殊感觉部位缺少感觉因子时会引起欲望和冲动,而非实在感的产生就与这种欲望和冲动有关。我们可以说,这是我们在形成对实在的意识的过程中,所经历的第一个阶段。

第三节 信 任 感

1. 信任感主要依附表征功能

当记忆和想象拿出多个选项供我们选择时,我们才会显示出信任或不信任。前面的讨论足以表明,除了伴随着感觉的实在感和不实在感,我们还需要添加一些别的东西,才能得到真正的信任。信任的问题可以大致表述为:有两个图像进入我的意识时,我为什么会摒弃其中一个,认为它是想象或幻想,而接受另一个,认为它是记忆或当下的事实呢?

2. 怀疑先于信任

前面已经说过,当我们的内心被欲望占据时,会有非实在感产生,用以对抗表象或记忆的实在感。毫无疑问,起初,我们觉得蜡烛的记忆与蜡烛本身一样真实,这时候没有什么可以推翻这种实在感。但是,至于其他记忆,这种实在感就受到了野蛮的干扰,婴儿吮吸空奶瓶所唤起的食物记忆就没有这种实在感,这时候,取而代之的是非实在感,所以,某些记忆被贴上了不真的标签。怀疑的起点就是发现这种可能的不真,发现感觉因子并不存在,且不能满足我们的冲动。

通过观察幼儿,我们已经证实了这个理论。幼儿起初对什么都信任无疑,但是很快,他们就会进入一个怀疑和疑虑的阶段。陌生的事物总是会带来痛苦,所以,他们会审慎地对待新面孔、熟人脸上的新表情、新房间和新玩具,并且明显表现出对这些东西的不信任。他们问自己:我可以相信这个新图像能满足我对它的冲动吗?

3. 怀疑的发展

在孩童时期,怀疑的产生源于一种心理状态未能满足儿童的需求,源于感觉因子的缺失。同样,所有高级的怀疑也都可以追溯到类似的起因上。我之所以会怀疑一个图像、陈述和法则,是因为它不能满足我的正当要求,所谓正当,是指如果它声明的内容是真实的,我就有权对其做出这些要求。除了感觉因子外,还有美学因子、道德因子和知性因子,这些因子中的每一个分别会满足我的本性在其相应领域内的需求。我之所以怀疑一个面孔是否可称之为美,是因为我的美学功能对它不满意。我怀疑结核菌素能否治愈肺痨,因为我的逻辑功能不满意于眼前的证据,如此等等。

我们生活中有很多事物根本就没有达到怀疑和信任的阶段,这些事物自始至终都受简单实在感管制。比如,我不能说我信任母爱。母爱是我最早意识到的实在之一,它的实在感从未在任何一方面受到质疑,并且仍将免于怀疑和重申。一个人从小就接受的宗教信仰也是如此,"你信吗"这个问题,在第一次问时,对我们的感性来说是个冲击。这个问题指出了怀疑的可能,并且强制要求我们把简单的真变为有根据的信。不过,对于我母亲之外的人和我宗教之外的真理,我则会提出某些要求,并且根据这些要求是否得到满足而决定是否给予信任。

4. 怀疑的解决

怀疑产生于我们对新图像的心理态度,所以,要解决怀疑,我们也要尽可能地诉诸实际经验。对于可感事物,我们会尝试着看图像是否具有感觉因子。幼儿被空奶瓶骗过一次后,就会在下次看到奶瓶时产生怀疑,但检验的办法只有一个:试一试,看它是否能带给我们需要的感觉。如果能,就是真的;如果不能,就是假的。任何种类的信任都包含有这种测试,对此,我们在后面会详细介绍。

5. 信任的本质

在任何时候,我们得到的都是怀疑解决感。怀疑解决之前,我们拥有的是简单实在感,或者说非实在感,怀疑解决之后,我们拥有的是一种更大、更自由和更充分的心理状态。这种状态就是信任和不信任,或者更确切地说,是肯定性信任和否定性信任,毕竟,二者其实是同一种心理状态。后面我们会看到,信任的反面是怀疑。[①]

[①] 在后面的内容中,信任一词包括信任和不信任,后者相当于信任某种否定了不被信任之物的东西。

要确定这个结果是否正确,一个人只需要小心问询自己就能知道答案,信任一词暗示了不确定。信任的心理方面离不开关联物的传承,这些关联物沿着意识的浪潮下转,进而把自身固定在这股意识之潮中。如果我意识不到一种事物的真正力量,意识不到它的感觉性、情绪性或令人信服的特性,我只会忽略它。我们周围有成千上万种事物,社会习俗、繁文缛节、穿衣规则和日常习惯。我遵从它们,因为它们不值得让我采取一种更为严肃的心理态度。但是,我信任的东西有它自己的正反面。我们更满足于正面,而非反面,这一点无论多么昏暗不清,也仍然不失其正确性。如此一来,我便首次得到了信任。从前面的论述可知,信任有着或明或暗的条件。对可感事物的信任,我们会说它是简单实在感之外的一种确定感。它是一种明确的认可感,因为对实在感到满意,我自己便把这种认可感给了这种事物,这意味着我同意。粗略地说,感官信任以及其他所有的信任都可以定义为"意识到了自己对实在的认可"。①

6. 对实在的信任反应

在我们对实在的意识过程中,信任反应属于第二个阶段。在这个阶段,简单的实在感已经变成了信任感,信任反过来又可以检验实在。我们回过头冷静地审视我们所接受的东西,看它们能否在第二个阶段经受住实在性测试。对于我来说,实在成了我所信任的,而我所信任的则是能够满足我的生活要求的事物。

7. 信任的种类

一旦扩大我们的视野,我们就能够区分信任感的几个方面。我们分别称之为对外部世界的信任、对记忆的信任、逻辑信任、对理想的信任。通过前面的阐述,我们看到,所有信任都涉及一个以获得特定经验为目标的冲动或倾向,其中,这种经验的实在性取决于它能满足这个倾向的能力。如果把这种满足能力称为"因子",那么我们的本性中有多少基本倾向,我们就会有多少实在因子。

---

① 关于信任与判断的关系,见笔者的论文《情感、信念和判断》。

第四节　对外部实在的信任

1. 外部信任因子

在我们所信任的实在中,外部实在与其他种类的实在有些不同之处。对此,我们可以问:意识中的感觉因子是什么？假设一旦出现一个真实的客体,就会有这样的一个神经过程,那么这个过程又引起了什么心理变化呢？

关于幻觉的起因,我们在前面已经得到一些结论,现在,我们可以援引这些结论。幻觉起因于某些特征,这些特征使它与实在相似,给了它实在因子。一般来讲,这些特征分别是高强度和不可控性。对于一个心理状态,无论它是感觉还是图像,只要它足够强烈,能够抵抗住我们对它的修改或贬斥,那么,在感觉检验的范围内,也就是感觉因子发挥作用的范围内,它就携带有我们的信任,让我们有了实在感。很多时候,我可能都有理由打乱这个状态,认为其他因子要比感觉因子更能帮我确定这个心理状态的实在与否。不过,如果我只有感觉因子,如果我只是一个被感觉和反应占据的存在,那么,对于我来说,强烈的、持久的心理状态就相当于是实在。

感觉因子的这两个要素中,第二个更为重要和基本。只要冲动可以在微弱的图像中得到满足,那么简单的实在感可以像依附于强烈的图像一样依附于微弱的图像,但在"不可控性"这一要素中,我们确认了一切信任的冲动起源。我们的冲动,我们的生命需求是固定不变的,且不受我们的意志制约。同样地,我们也无法控制它们的满足,因为这种满足是我们在生活经验中已经确定的实在。

2. 最能表现外部实在的感觉:肌觉

前面,我们把具有肌肉感性的触觉称为控制性感觉,因为关于实在的问题都是参考它来解决的,我们现在看看这是为什么。意志、冲动和欲望,一切外向过程,都是通过肌肉运动实现的,所以,如果本性的满足是信任外部实在的基础,那么这种满足的媒介也必然是实在感的媒介。此外,运动反应本身就是一种冲动性的原始事物,它很大程度上是通过阻抗的刺激而发生的,所以阻抗的出现,本身就满足了运动进程的需要,这种需要也许是我们最基本、最一般的感官需要。如果离开了肌肉感觉我们也能得到满足,那么这种肌觉就不再能够检验外部实在。

3. 外部实在的首要标准

正是因为上述原因,我们才会优先使用阻抗感觉来衡量外部实在。我们认为,任何抵抗我们意志的东西都具有当前的实在性,这不仅是通过接触而产生的阻抗,而且包括任何感觉种类中所涉及的阻抗。熏人的烟雾阻碍我想摆脱它的意愿,也就是说,无论我在心理上如何努力消除它,它仍然存在。

第五节 对记忆的信任

1. 记忆因子

记忆因子是指某些代表先前意识状态的图像所具有的实在性色彩,正是通过这种色彩,我才能够把回忆与梦或想象区分开。一般来说,这是一个再识别问题。对记忆的信任感就是对被识别图像的信任感,由于识别意味着统觉内容在重建过程中会消耗更少的能量或更容易调整注意,所以,我们在此就能充分描述记忆实在感的知性条件。

然而,关于记忆,我们具有两种不同的实在—意识。第一种是简单复苏感;第二种是信任感,也就是相信被识别出的图像本身在最初被我们体验时就是一种实在的客观事物。我也会记得一个梦,会认出它,并且像信任普通记忆一样信任它,不过,我会怀疑我在最初体验它的时候,它究竟是一个梦还是一种实在的事物。

信任的记忆因子只附属于这些阶段中的最初阶段,它回答了"我应该识别出什么"的问题。至于"我把什么认作实在"这一问题的答案所附带的信任感,我们还需进一步探究被识别记忆的本质。被识别的记忆包括感觉记忆吗?我相信我在最初经历它时它就是一种实在的物体吗？这个问题将决定我是否认为它是一个客观事物的记忆。同样，我们还需要介绍其他高级的实在因子。我是否认出了一个美人脸的原始心理图像？如果是，那么我是否把它认作一个鲜活的美人脸呢？这取决于在我之前见到这张脸时，我所使用的因子是感觉因子、想象因子还是美学因子。

2. 严格的记忆因子

"我为什么能够有意识地识别"的答案就在于严格的记忆因子，也就是说，因为我们可以开启一个与之相连的联想链条，而自主地复制它。它可任由我复制，从这个意义上说，它受我控制。如果我不能在现在的意识中，使用过去的经验，那么过去就不是我的过去。我会通过彩排记忆细节而保养记忆，并由此记起一些点，但若是这些点不附带任何原先的关系而进入我的意识，我将无法识别它们。所以，我们有两类当前实在：当前的外部实在和当前的记忆实在，前者独立于我的意志，后者则顺从于我的意志。

3. 外部实在的完整标准

除了阻抗感中蕴含的衡量外部实在的基本标准外，记忆还能提供一个次级标准。具有记忆因子的记忆有两种，一种代表外部实在；一种没有外部实在呼应。在我们认识外部世界的过程中，前者非常重要，能够使我们自主唤醒记忆的联想序列，都是某种肌肉性序列，它们本身伴随着阻抗记忆，它们所带起的记忆也伴随着阻抗记忆，正是这些以一个阻抗经验为终点的肌肉性阻抗序列，使被记起的外部事物获取了我们的信任。比如，我能同等程度地记住一条男性人鱼和一位销售员，我可以再次接近以外部实在（阻抗）的形式而存在的销售员，只要我能复制再访其商店所需的一系列肌肉（自主但具有阻抗性）感觉。但是，我只能通过一系列心理联想（自主但没有阻抗）而获得人鱼图像，我只能而且必须把前者当作是外部实在。所以，衡量外部实在的次级标准是我能够自主恢复阻抗经验的能力。

"外部事物"的概念中包含持存性这一要素，而这一要素也存在于这个次级标准中。在我们的认识中，事物是持续存在的，也就是说，我们能够再次找回它们，而且它们能够像我们第一次体验它们时那样显示出阻抗。对于一种没有记忆的生物，实在只是成功获得的阻抗，对于有记忆的生物来说，实在是伴随有持久性这一要素的识别。

关于我们对客观事物的信任这个问题，历来都有争论，但是审查这些争论后发现，我们忽略了完整标准的二重性。①

第六节　对概念和思想的信任

思维因子。② 在概念形成的过程中，我们从简单的经验复制活动，过渡到统觉的抽象和概括功能。概念形成、判断和推理是意识的连续努力，借此来保持经验的多样性统一。所以，我们称之为逻辑冲动的基本运动，是为了获得意识内容的同一或部分同一、相似或一致。思维的基本需要是和谐一致，它反对矛盾，矛盾是思维不能忍受的。

所以，一致性，或者说表象矛盾或概念矛盾的缺失，是信任的思维因子。如果其他因子彼此不冲突，那么单纯的一致性就能获得思维的认可。但是，我们必须指出，在逻辑冲动的范围内，思维认可是指形式上的认可，逻辑上的认可，是冷漠的认可。至于对概念和判断的客观真实性、对它们内容的实在性的信任，则又另当别论了。

第七节　情绪性信任

强烈的情绪会影响信任，关于这一点，我们无须详细论证，我们都知道情绪劝说法是多么的普遍而有效。一个能够强烈激发我们希望、恐惧、愤怒和爱的观点，

---

① 见笔者的论文《外部实在因子》，另参考笔者在《心理学手册》第 2 册中给出的相关讨论。
② 与前面第 15 章以及《心理学手册》第 1 册中的第 14 章相比较。

会轻易赢取我们的信任,而情绪的妥善运用也能有效增强对情绪客体的信任。

所以,和感觉因子一样,情绪因子也在于强度和不可控性。高强度确实会增强信任,但我们并不确定这是否主要是因为高强度引发了不可控性。只要我们能够控制情绪,可以告诉自己"冷静思考",情绪的歪曲作用就不复存在了。

第八节　关于实在和信任的一般结论

通过讨论不同的信任因子,我们认为,有多少种因子,就有多少种实在——有道德和美学实在,也有逻辑和感觉实在。我们的心理本性需要不同种类的满足,而我们也可以获得这些满足。正是在这个事实的基础上,才有了不同种类的实在,而这也决定了我们会以同样的理由信任这些不同种类的实在。感觉实在不能满足我们的逻辑需求,因为它们通常是非逻辑的。逻辑实在也无法满足我们的道德和美学需求,因为逻辑实在通常是反道德和丑陋的。我们可以毫不避讳地说,逻辑一致性并不是实在的全部,在这个瞬息万变的宇宙中心否定事实,就如理性否定偶然多变的情感一样,是天经地义的。

1. 复合实在

我们对实在的信任,最后就使得这些不同种类的实在多少彼此充分地适应了彼此。当我们把高级自我抽离出它所在的关系时,我们经常会否定、贬低、嘲笑外部世界。唯心主义哲学就是在道德因子的名义下反抗感觉因子的哲学,无论它所主张的信任系统多么符合逻辑,相反,唯物主义则认为感觉因子比其他所有因子都更具有实在性。宗教真理或告诉我们该扬弃什么,或劝我们等待一个未来状态,届时,我们身上的所有要求都会得到和谐的裁决。

所以,作为一个个体,我所相信的是一种复合的事物,它汇聚了多个真理。这些真理代表了我在不同事物当中所达到的和谐程度,其中,这些事物中的每一种都得到了我的认可。在这些事物中,占据头位的是外部或感觉实在。当然,这是因为我们和外部世界的联系是最为密切和直接的,并且,一旦我们忽视了外部世界,我们得到的惩罚也是最迅速和确定的。具有第二实际重要性的是逻辑真理世界或论证真理世界,当感觉不投反对票时,这些真理就会霸居王者之位。我们之所以会忽略和违反美学、道德和宗教真理,是因为我们很难确定这些因子究竟是什么,并且难以把它们与一群隶属于不同满足类型的暂时性心理状态分开。

2. 自我:终极实在

现在看来,复合实在千变万化,但它最为稳定的一个参考点就是自我感。自我是心理学分析实在时的边界,一切实在都是通过经验给我们的,而经验的中心就是自我和自我的需求。

3. 存在

此外,有多少实在因子,就有多少种存在。前面我们已经说过,判断包含了对某类存在的信任。这类存在并非总是外部存在,也有可能是单纯的心理存在(想象因子),或理想存在(美学因子),或逻辑存在(思维因子),如对假设的信任,或是我们说的"实在性存在"(感觉因子),即对外部实在的信任。事物总是从这类存在变为另一类存在,我们发现我们错会了因子。圣诞老人的实在性存在变为了想象性存在,而某些人心目中的无形体鬼神则变成了有实体的存在。

4. 信任与意志的关系

如果前面所说的信任理论是正确的,那么很明显,信任不是努力感或意志感,它是一种愿意或顺从感,无关意志,我经常会违背意志而去认同实在。意志对信任的影响其实就是自主注意对前面所提因子中的一个或多个的影响,注意能够增强图像,并因此给予它更大的感觉实在性或情绪实在性。注意可能会停留在一个图像的某些相关联系上,并把这些联系指出来,如此便把逻辑因子放在这些联系方面上。此外,注意会拒绝关注那些令人反感的关系。我们不能相信我们所愿,信我们所需也不等于信我们所欲。

5. 定义

信任在前面被定义为"意识到自己私下认同实在"。就我们目前所知,实在是指满足个体一项或多项需求的某类经验。从最普遍的层面上讲,信任某个东西,是指我们意识到了这个东西的出现能够满足一项需求。信任不同于早期的、不含反思的实在感,后者只是指意识到了某个东西的出现。

6. 兴趣和信任

另外一个有趣的问题是这两种情感状态间的关系。兴趣是指意识到一个对象激起了自己的关注冲动,信任是指意识到一个能满足这个和其他冲动的客体出现了。相比信任,兴趣与未来明确相关。如果一个客体此后永不参与我的生活,那么随着它的图像变得越来越微弱,它将再也无法激起一个强烈的冲动,如此一来,我对它的兴趣也逐渐衰亡。但是,尽管它不再参与我的未来,我却仍然信任这个客体。因为,它的记忆因子将与记忆本身,与该对象自身实在的特殊因子,持续同样长的时间,所以,信任与过去相关。兴趣必须通过新的冲动、新的统觉活动而持续更新,而信任只能通过经验摧毁,并且这个经验得能让我明白,我最初错放了信任。这两种情感的相似之处在于,它们都以一个知性客体为终点,并且都是通过一个冲动性的心理释放而产生。

第 20 章

表象性情绪[①]

第一节 分 类

1. 一般本质和特征

前面已经说过,特殊观念情感或情绪属于感性现象的一种,只要这些特殊情感在意识中可以彼此明确区分开,它们的产生就与不同的知性活动阶段相联系。它们具有质的不同(比如希望和恐惧),就如感觉有质的区别一样(声觉、味觉)。

情绪除了有质的区别外,它们还有量(或强度)、时长(时间关系)和基调(快乐和痛苦)的区别。我们已经知道,这四个特征也存在于感觉中。

2. 种类

情绪可分为活动情绪和内容情绪。前者是指对统觉功能的运行所产生的情感,与该功能所处理的内容无关;后者是被特定思维对象激发起的情感,这些观念情感种类需要分别讨论。

[①] 见笔者所著的《心理学手册》第 2 册第 8 章。

第二节 活动情绪

我们已经看到,所有的心理活动和所有的统觉过程都要依赖注意,所以,活动情绪簇拥着注意生活的不同方面。这些情感又可以分为两类,即适应程度感和功能感,或者更确切地说是活动感。

1. 适应情绪

我们可以很容易从实验中得到这些情感,把注意集中在一串快速相继的声音序列时,我们将很快会觉得痛苦,会有一种失神感或混乱感。这是因为,注意不能使自己及时适应和再适应它的刺激,相反,若是注意对象是一串均匀温和的序列,我们会有一种抽象感或清晰感。我们会因为刺激太过微弱、模糊而给予它强烈的注意,这时候,我们就会有收缩感或努力感。看到异常广阔的画面或意识到巨大的范围时,我们会有扩展感或轻松感。

2. 功能情绪

尽管适应情绪和功能情绪之间的界限不甚明确,但我们依然能很方便地将二者分开。只要功能情绪出现在统合操作中,那么它们就是关于统觉过程的情感,而与特定的被操作对象的性质无关。注意的消失可以被我们感受为新鲜、得意、热切、警惕、希望、勇气、热望、高兴,或犹豫、焦虑、怯懦、忧郁、恼怒、恐惧等。前一类是我们熟知的高昂情绪,后一类是我们说的低迷情绪。

第三节 与客体有关的情绪:内容情绪

关于内容情绪,我们可以根据其客体之间的区别,也就是根据它们牵涉到的信任因子,来对它们进行分类。

据此,我们可以区分开表象性情绪和关系性情绪。表象性情绪还包括一类只指向自我、以自我为对象的情绪，比如自豪。类比那些更偏情感化的感觉种类，我们可以称这种情绪为自我情绪。我们还记得，这里说的感觉种类具有最直接的价值，因为它们能反应感觉经验的主观方面。表象性情绪还包括一类情绪，这类情绪取决于情绪对象与自我的关系，如恐惧。通过类比感觉中的知识要素，我们可以称这类情绪为客体情绪。另一方面，关系性情绪指向的是那些本身具有一定复杂性而与个体无关的对象。表象性情绪携带有对感觉因子或记忆因子的信任，而关系性情绪携带的则是对逻辑因子的信任。

此外，我们又可以把客体情绪分为表达性情绪和同情性情绪。前者指意识中的一个反应，表达了个人情感；后者也是一个类似的反应，对这个反应，我们可以用"同情"一词充分描述；此外，关系情感也属于所谓的逻辑和概念情感。

上述分类可见图 20-1。

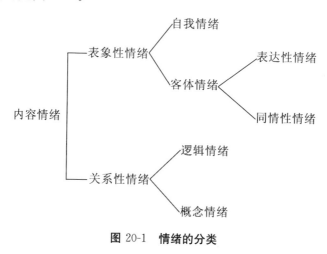

图 20-1　情绪的分类

第四节　自我情绪

以自我为对象的情绪与严格意义上的自我感是截然不同的，只要出现了自我意识，任何意识形式都会伴随着这个自我感。如此一来，无论自我是什么，当我们以其为对象进行思考时，这种思考都会引起某些自发和特殊的情绪形式，即自我情绪。

这类情绪若非伴随着对自身或自身才德的抬高,就是贬低。前者我们称为骄傲,后者我们称为谦卑。随便一看就会发现,骄傲情绪包括我们通常说的骄傲、自负、自大、优越感、扬扬自得、傲慢、自信、不逊等,而谦卑情绪则包括我们通常说的谦卑、谦逊、自我贬低、不自信、低人一等感、羞怯、死气沉沉、软弱、困窘、羞耻等。

对于不同的人,这些情绪在不同的环境中具有其固定的刺激。自负之人里,有的总是沉湎于过去的辉煌,有的则是幻想自己将要去完成的伟大功绩。卑微的灵魂中,有的时刻铭记自己过去或现在的软弱,有的则忧惧自己的不足在未来的某个时刻暴露。从狭义上来说,它们具有一个共同的对象,也就是自我。除此之外,这些情绪可广泛依附于任何我们所感兴趣的东西或任何由我们负责的东西。至于这些情感的程度是否足以使我们扩展自我的概念,从而使情绪主体的一切客观兴趣也都包括在这个概念内,对此我们不做讨论。不过,事实确如休谟所称,自我情感会外溢,并把它们自身连接在一切与其密切且习惯性相关的客体上。一个人会为他的大学、寄宿公寓甚至是敌人的英勇而骄傲,会为他的伙伴、商店里的劣质衣服、政敌的丑闻而羞耻。假设我对某个事物真正感兴趣,无论这个事物是什么,它都会在情绪意义上属于我。看到它的命运,我就会觉得那是我的命运,为此而心受触动,只不过受触动的程度要比我的真实命运带来的触动要弱。

第五节　客体情绪

客体情绪出现于有客体在场时。作为情感,客体情绪是主观状态,但这些状态具有不同的性质,这种性质上的不同似乎在某种程度上取决于自我与激发这些情绪的客观对象之间的关系,不过,这时候并不一定有自我的概念。儿童在形成自我的概念之前,就已经会表现出恐惧、愤怒等情绪。对于成人,情绪的对象与自我确实有一种关系。如此一来,起初的纯本能(表象)情绪变成了理性(表征)情绪。由此可见,一种情绪既可以有意识的参照自我,也可以不参照,而这也说明,自我参照并非它的基本条件。

第六节　表达性情绪

此外,通过研究成人和儿童的思考活动,我们发现,这些情绪也存在于反应性意识中,它们在儿童期出现,这时候意志还未占据主导地位,所以,表达性情绪这一术语能很好地描述它们。这些情绪表现了意识在给定客体出现时的反应和行为,它们代表了意识的反应性和外向方面,就像情感类情绪或自我情感代表了意识的接受性或反思性方面一样。

从这个角度来看,情绪的基础是冲动,并且它们还显示了冲动的两大方向:趋向一个能够满足冲动的对象,回避一个不能满足冲动的对象。对术语进行仔细辨别后,我们去除了高级冲动情绪中的主动和强力因素,只保留了心理兴奋、不安、意识扰乱感。无论如何,这有助于涵盖问题的两个方面,并给予我们一套可以持续持有的术语。

因此,看到了表达性情绪所伴随的冲动方向后,我们也许可以将其再分为吸引情绪和厌恶情绪。

1. 吸引情绪

吸引包括所有接近一个物体或个体的倾向,是对其出现的满足。从轻微的赞成感到对社会喜悦的热烈表达,或者到更为平静却更为强烈的喜欢和爱,这些都属于吸引。这个情绪在程度和与对象的密切度方面的发展过程,是自然情感历史中有趣而典型的一页。

一个客体起初只是引起了我们的兴趣(简单的注意),随着它与自我形成清晰的关系,我们也逐渐被它吸引。通过参照自我而形成的简单关联,和通过逐渐认识该客体所具有的迷人特性而形成的简单关联,都能够增加它的吸引力。此外,我们为这个客体所做的任何努力都会增加它的吸引力,并通过增加我们的兴趣,而使它变成一种需要。

然而,我们要把吸引力不断增加的客体明确区分为人和事物。常常接触某些事物,我们就会因为联想和兴趣而依恋它们。如果这个事物是有用的,我们对它的依恋会加深;如果是无用的,我们就会逐渐忽略它,但事物并不能引起我们的厌恶情绪,除非这个事物与人存在某种联系。

另一方面,我们对他人的这种依恋起初表现为仰慕,随着进一步的接触,它会变为一种更积极和强有力的情绪。如果联想和自我关系(亲戚关系、合伙关系等)的纽带变得足够强,依恋情绪就会变为喜欢和爱。在吸引情绪的发展过程中存在一个界限,一旦超过了这个界限,就算发现了对方的性格或行为对我们自身造成了很大伤害,原来的连接也只增不减。而若是还未到达这个界限,比如吸引情绪只到达仰慕的阶段时,这类发现将会使吸引逆转为厌恶。

我们可以围绕着吸引的三个发展阶段,对这些情感进行分类。仰慕是指对他人持有浓厚的兴趣,当其客体是长者、优于自己的人或居高位者时,仰慕表现为尊敬。当客体是伟大和威严的人或物时,仰慕表现为敬畏。依恋是对人或事物的密切关联感和依赖感,当其客体是无生命物体、动物、弱者或强者时,依恋会有明确的色彩。喜欢是他人对我们的深沉吸引,产生于较为深刻的家庭纽带或共同的生活兴趣、相似的思想志向或相投合的性情。喜欢具有许多形式,比如我们常说的自信、耐心、安全、帮助、庆贺、忍让、谦让、心软等情感,总之,喜欢包括无限多与过去、现在和未来有关的情绪方面。自从心灵学会了扩大它的边界去接纳其他人,就有了喜欢,诗人为其歌唱,女人受其感发。

所有这类吸引情感都有其特殊的性质,这些性质取决于它们的客体是关于未来还是关于过去的。信任因子可能是一个区别于感觉(表象)因子的表征因子,一方面具有未来的力量,另一方面又具有记忆的力量,这些情绪可分别称为希望和喜悦。

2. 厌恶情绪

排斥冲动也给了我们一大类重要情绪。我们上面说的吸引的发展过程,稍作修改,也适用于这类情绪。首先,我们需要简单的兴趣和一些知识来诱导无趣感的产生,这种无趣感将会变为对事物(主要是对事物)或人的反感。对事物的情感不会变为强烈的情绪,除非通过与人的联系。对人的情感则可以变为厌恶,会变成强烈的憎恨。除了极端厌恶外,在任何厌恶阶段,一个强烈的吸引动机——亲情、骄傲、知性仰慕等,可以变厌恶为吸引,这时候形成的依恋最为持久和强烈。

我们所提到的反感有很多变体,包括卑劣、无礼、奸诈、蔑视、不信任等情感,积极的厌恶可以表现为急躁、嘲讽、叛逆、无礼、恶意、报复、恐惧、气愤、恨等,憎恶可表现为嫌恶、蔑视、厌烦等。

我们也可以按照未来实在因子和记忆实在因子把它们分为两类,这样一来,它们就构成了希望和喜悦的反面,即恐惧和悲伤。

第七节　同情性情绪

第二类表象情绪称为同情性情绪。我们平常所说的同情,是指因得知别人的好远或厄运时而激发起的情绪,其中,这些好运或厄运与我们没有直接关系。

1. 对同情的条件进行充分的心理学分析

(1)同情由明显愉悦或痛苦的状态引起。不需要同情的人并没有发生同情的机会,所谓不需要同情,①是指主体并未处于一种积极的情感状态,无论这种状态是好的还是坏的。此外,研究儿童的初期同情现象后发现,儿童的同情客体既包括事物也包括人,不过逐渐地,会变为专门只针对能够感受的客体。儿童在能够区分有感觉能力的事物和无感觉能力的事物之前,就已经流露出了同情情绪。② 但是,无论客体是什么,要激发儿童的同情情绪,客体所发生之事必然与曾发生在儿童身上并引起儿童快乐或痛苦的事件类似。

(2)同情的产生需要一定程度的兴趣。这一点,似乎在日常生活中已经得到

---

① 我们将只详细讨论同情的痛苦性起因,这也符合平常我们说的同情的用法,不过,讨论结果也适用于快乐性起因引起的同情。

② 达尔文发现自己六个月十一天大的孩子显示了同情。

印证。早晨在报纸上看到一则新闻,中国有几千人葬身于洪水,但是相比去同情遇难者的悲恸亲属,我更关心我接下来的咖啡是否弄好了。但是如果我的邻居中有个什么人离世了,我会立即想到他的家人该多么痛苦。探索性兴趣在遭遇痛苦的遭遇时,也通常会引起同情情感。

(3)同情大致与主客关系的亲密度成正比,这一点同样无须详细证明,比如哥哥的腿断了要比一个普通朋友的腿断了会让我有更多的同情。同样,就算我最爱的马腿断了,也绝比不上哥哥的伤疾令我痛心。

(4)除了真实的存在之物外,关于受罪的任何概念也都会引起同情。同情的客体未必就是实实在在的事物,记忆画面、想象的场景以及表明他人要发生厄运的凶兆,都会引起我们的同情。只要意识中出现了一个有意识的人,无论这个人是现实中的人,还是只是记忆、想象、幻觉或其他实在形式,也就是说,只要他有可能以任何一种形式存在,那么他受罪或享乐的命运就会激起我们的同情。

就算我们告诉自己受罪之人并不存在或者说是他罪有应得,借此来压制我们的同情性情绪,也仍然会有同情。小杜丽的形象会触动一些读者,就算他们在理智上知道这个角色是杜撰的。被处死的罪犯也能够激起我们内心的波澜,尽管我们坚信他们是活该一死。要成功压制这种情绪,我们需要摆脱这个受罪之人的形象,转而去注意一些别的东西,燃起一些新的兴趣,而不是去剥夺这个受罪画面对我们的影响力。

2. 同情的定义

如果上述几点是正确的,那么很明显,同情是任何含有受罪暗示的表象所激起的一种情绪。

在这个定义中,有几点还需要进一步思考。"暗示"一词可用于区分承受同情的客体和引起同情的客体,暗示是一个起刺激作用的观念,它从外部进入意识,并且获得一个联想,不过它并不属于我的真实生活过程。比如,暗示得来的痛苦是一个我在暗示之下想到的痛苦,而不是我实际经受的痛苦。暗示得来的受罪并不具有当前的痛苦因子,而只具有一个被记起的痛苦因子。所以,暗示得来的痛苦只是关于痛苦的观念,不同于表象经验中的真实痛苦。

那么问题来了:这种暗示能激发同情吗?假设一个狠心的父亲掐自己的孩子以示警诫,那么,父亲的表象就会给孩子带来痛苦,但这似乎并不是同情,而应该是恐惧或痛苦的记忆。对儿童进行仔细观察后发现,如果这个父亲采取了之前伴随着这个痛苦的身体姿势,就会有真正的同情情绪出现。让父亲去掐一片木屑、纸或他自己的手指,一岁的幼儿就会做出明显的同情表情。儿童不需要认识到有另一个人或物体在受苦,他只需要两个条件:第一,一个能够清晰暗示痛苦的表象;第二,自己过去所受痛苦的实在因子的缺失。换句话说,同情压根儿就不需要客体。同情获得了一个客体,并通过强调这个客体而维持自身。但是首先,同情会依附于任何与同情起因紧密相关的简单表象。

3. 同情暗示的种类

所以,在无任何东西可同情的时候我们也会同情,这是幼儿期的经验。但是同情最后得到了一个客体,并借此来发展和维持自身。实际上,起暗示作用的表象基本上就等于遭受痛苦的人,正是这个事实给了情绪客体稳定性。接着,就有了对痛苦的身体信号的理解,有少数儿童天生就对这类信号敏感,这类身体信号把同情的客体参照转移到了自己身上。实际上,痛苦的最早暗示可能就来自他人的面部表情和声音。儿童还可通过模仿来复制他人情绪的表达性动作,这反过来也暗示了儿童自己的相应情绪。

4. 同情的发展

我们也许可以根据前面所说的观点来描述同情情绪的产生。如果只考虑情感要素,并参考前面讨论的每个情感要素的知性条件,我们也许可以把这个发展过程分为三个阶段,即情感、兴趣和关心。情感是一个当前的情感状态,具有驱动力,比如当前的痛苦。情感与表象紧密关联,这种关联过程出现在注意中。注意的运用可以引起兴趣。只要兴趣与记忆中的痛苦和快乐相关,它就会带来关心,也就是说,同情具有了一个明确的个人对象。

5. 同情中的利他要素

在此,我们将部分地介绍同情情绪中的利己和利他问题。如果暗示得来的痛苦能够激发同情,并且只有暗示得来的痛苦才能激发同情,也就是说当这种痛苦不像真实痛苦那样在当前存在于我们自身,而是属于别人,那么我们就必须相信,同情是利他的。这种由暗示带来的痛苦起初既非利己的,也非利他的,因为当同情最初出现时,我们的意识中既没有"自我"也没有"他者"。把真实的痛苦指向自己,把暗示得来的痛苦指向别人,似乎都是后来习得的东西。不过,儿童的确在能清晰地把自己呈现给意识之前,就已经能够清晰地把外部客体(尤其是他的个人物件)呈现于意识中了,所以,在利己动机出现之前,同情就已经是一个有意识的动机了。

6. 同情情绪的种类

很多种情绪都属于同情类,比如友善、慈爱、慈悲等。如果这种情绪是针对与我们在性格或地位上对等的人,我们就称之为喜贺、同胞感、友伴情、同悲、关怀、心疼等。如果是针对在性格或地位上低于我们的人,我们就称之为同情、可怜等。如果是针对高高在上的人,同情就接近敬畏,不过与其有种不可名状的差异。

7. 社会情感

同情的发展与个性密切相关,通过进一步概括个性这一概念,我们就为情绪找到了一个更宽广的参照。社会情感是一般人都具有的同情情绪,只有理解了人的本质,理解了人是由许多特殊的"像我自己"的个人组成的一个类别,同情才能出现。如果我不把所有人当作"像我自己",而是把一些人当作奴隶、一些人当作野蛮人,一些人当作异教徒,那么社会情感的范围就会局限于社会中的某个种族或阶级,特殊的社会情感包括平等感、公正和不公感、权利感以及政治爱国情感。同样,社会情感也包括竞争感、超越感、嫉妒、抱负感、对名誉的热爱、多愁善感等。实际上,所有这些情感都来自社会生活中人与人的关系。我们可以说,强烈的痛苦和快乐都与社会和人际沟通有关。

第八节　表征性情绪

当客体本身是表征时,比如是记忆、想象或其他任何一种复制产物,表象性情绪就会变成表征性情绪。我们可以说,复制产物所激起的情绪与相应原始表象所激发的情绪是一样的,不过,前者的强度要大大逊于后者。表征性情绪所包含的时间要素也赋予了它们一个新的色彩,结果,记忆的快乐就多少不同于现在或未来的快乐。

第 21 章

关系性情绪[①]

统觉功能在概念形成、判断和思维这三个阶段中,也产生了一些特殊的情绪状态。注意作为相关功能的基本行为给这类情感染上了一种最为普遍的色彩,从这种色彩中,它们获得了自己的名称——关系性情绪。

起初,情绪经验可以分为三大类:知性或逻辑情感、道德或对错情感和美学情感。后两种情感属于概念情感。

第一节 逻辑情绪

把更为基本的关系情绪区分为逻辑情绪,是为了指出那些依附有思维信任因子的情绪,这类情绪伴随着各种判断动作。首先,我们发现有一类情感的起因只是单纯的关系,这个关系是意识的对象。这类情感包括合理感和不合理感、矛盾感、逻辑满意感、思维倾向感、无知感、未知感、神秘感、不可理解感、论证无果感、假设感、无结论感等,这些情感与前面介绍的怀疑和信任极为相似。

[①] 见笔者所著的《心理学手册》第2册第9章。

联系到时间关系,我们得到了所谓的时间情绪,比如与未来相关的期待、预期、预感、希望等情绪,与过去相关的缅怀感、沉思感、悔恨、不可挽回感、机遇丧失或增多感,以及与现在相关的按部就班感、惊讶、震惊、当前的机遇感和匆忙决策感。

空间关系除了反映在空间关系感觉中,也会反映在情绪状态中,如距离感、道德远近感、壮观感、微小感、心理空虚感等。

其他关系会给我们以下感觉:共存感或单独感,包括共享感、陪伴感和孤独等;数量感,包括重要感、无关紧要感、伟大感、充足感、不足感、贫穷感、完全感和不完全感;同一感或相反的情感,包括相同感、相似感、差异感、相反感、性质感;适宜感或不适感,比如功用感、无用感、充分感、不足感、多余感、一致感和不一致感、适合感、适应感、目的和手段感;客观力量感,比如执行感、毁灭感、强大感、恐惧感。

这一整类情感的特殊性在于我们明确意识到了关联操作,正是因为这个特征,判断过程才得以与概念形成过程和想象过程区分开。从被动想象中因素的机械结合,到判断过程中对关系的清晰意识,这个进程是有程度之分的,同样,这些情感在这方面的明确性也有程度之分。此外,我们可以预测,有一类情绪只与关系的最小明显程度有关。这类情绪在未触及判断活动中的有意识断言之前,就出现在了统觉过程中,我们现在就要来思考这类情绪。

第二节 概念情绪

前面已经介绍过思维是如何从不自主的幻想组合,变成想象活动和概念形成活动的自由建构。这一进程也伴随着情感,我们在这时会有范围扩大感、解放感、建构能力感,用普通的话说,我们会感到自己"有了想法"。如果我通过想象为自己建构出在某些方面更纯粹、更令人满意的东西,比如在形状、颜色、用途方面等,那么我将说,这个建构产物在这个方面更接近我的理想。为自己去建构一个哲学系统时,如果每一个进步都使该系统更接近我的系统理想,那么我会觉得满意。

如果一种品质更好地代表了我心目中的理想人，那么我会更加钦佩这种品质。在所有建构过程中，除了能感受到实际建构的程度，我们还能感到这个建构过程还有进一步继续的可能，既超越已经完成的建构，又与其保持一致。

第三节　理想的建构

我们已经介绍过建构想象过程，正是这个过程产生了理想，在这里，我们只需要在感性框架中，为之前提到过的要素分配合适的位置。

驱使科学家或艺术家去发现或创作的欲望或动力，是需求冲动，也是信任和行动的基础。不过，这里的冲动属于我们将要讨论的高级冲动。艺术家的创作意图表明了这个冲动是持久的，且表明该冲动覆盖了他所有的可用材料，材料是否适宜的问题其实就是理想是什么的问题，现在我们就来看看什么是理想。

1. 理想的本质

什么是理想？审美者眼中的艺术又是什么？很明显，理想与当前的图像有关。凭借理想，在单纯的理解性情感之外又出现了一类更为高级的独特情感。换句话说，想象建构出的概念具有一个特殊的性质，这个性质使我们认为它们是真的、善的或美的。通过理解概念形成活动的基本本质，我们可以大致获悉该性质出现的范围。

（1）概念形成活动靠的是抽象，而我们已经知道，抽象是穿过新经验的迷宫追求同一性的倾向。只要两个之前相异的经验要素得到了统一或有了共同的含义，这种追求就会得到满足，一旦满足，它就会产生一种愉悦感。没有这种同一化过程，没有这种满足，任何概念都将无法形成，所以，概念情感的一个要素必然来自抽象，而这个要素可以描述为"整体同一感"。

（2）但概念形成活动的另一个同等重要的方面是概括，概括与抽象相对，概括功能可以使一个概念通过修改它的内涵来扩大对经验的适用范围。在抽象过程中，我保留我的概念，并忽略所有不能彰显这个概念的经验；在概括过程中，我接受我的经验,并修改我的概念来涵盖这些经验。概括是从同一性到多样性的心理倾向,它的满足可以把另一个要素带入概念情感,也就是部分之间的和谐感。

(3)概念的内涵或深度会引起一类情感,这类情感与该概念在经验中的独特价值相对,不过,概念的外延只会让我们得到概念的当前偶然适用感。内涵人可以激发起我的同情和社会情感,代表的是具有兴趣冲动的人。而外延人只是指人,指任何人,指所有人,非常的普通和无趣。内涵情绪使我们产生了含义感,这种情感是概念情绪中的第三个基本成分。

"含义"一词指的是令人感兴趣的性质,它指出了一切能激发起人知性、情绪性和意志性兴趣的东西,我们的理想是最能激发起我们兴趣的东西。

(4)此外,从指向来说,概念是客观的,它们产生于认知功能中。这种客观性既指呈现在意识中的关系是客观的,又指这些关系除了对我成立外,对别人也一样成立。关于这一点,我们也许可以用普遍感来表示,这种情感是概念情感中的第四个成分。

所以,理想是概念的实现形式,这种实现在统一性、和谐性、重要性和普遍性上都令人满意。我们也许可以称前两种特性为理想形式,称第三种为理想含义,称第四种为理想有效性。

2. 适宜感

我们现在可以更精确地定义那种被称为适宜感的意识状态,这种情感依附于那些用于建构概念的想象图像,也就是说,附着于那些倾向于以理想作为自身形式的图像,适宜感指出了我们有望在上面列出的一些或全部标题下进一步推进理想化。不过适宜感出现于实际建构之前,因为理想并不是积极的建构产物。如果接下来是概念形成过程,那么适宜感就会变成简单的逻辑关系感,会依附于被认为可用于进一步做理想建构的新产物。比如,我感觉在自然界或实验室中发现的每一个现象,都必然符合根据所有类似现象而建构出的一个产物,即一个规律。这个规律只是一个被模糊感觉到的理想,一旦我发现了这个理想本身,那么就只有当它本身是一个更大理想的构成要素时,它才能引起适宜感。

第四节　概念情感的范围和种类

理想多种多样，我们对它们也怀有不同程度的情绪，根据我们感觉合适的材料的种类，我们可以将这些理想分为三种。第一种是逻辑理想，它们对应心理建构情感。第二种是道德理想，对应善感或道德情感。第三种是美学理想，对应美学情感。我们接下来将依次分析这些理想。

第五节　心理建构情感

科学哲学体系。科学想象力的运用是伴随着科学理想而生的，据了解，它的材料有助于实现这个理想。在这里，统一和多样的标准几乎是独一无二的，并且贯穿于评判过程中产生的各种关系中。理想是在客观事实的无限多样性中完全统一的概念，而任何科学，如化学、生物学、心理学所做出的每一个新的概括，都是作为它的部分目标而得以实现的，至今令人满意。统一观念之后，对哲学的追求也达到了同样的目的。

第六节　道德情感

1. 道德情感的因子

如果认为道德情感伴随着概念形成过程，那么我们也许可以询问它们都有什么特质。道德情感的一般本质是什么？它们依附于哪种经验？如果用善来表示我们在道德上赞成的，用恶来表示我们在道德上反对的，那么，我们也许可以检查意识，以寻找它们的适用范围。道德因子是经验中促使我们判定其善恶的因素，我们暂且可以称之为道德品质。

2. 道德性

稍做总结我们就会发现,道德上的善恶都只依附于可能的行为。我说一个人是坏人时,我其实是说他会做坏事;我说一把刀子不错时,我其实只是说它很有用,完全没有道德上的褒贬。但是,并非所有的行为都具有道德意义,有些行为其实是强制性的,我也许会违背我的意愿而做出一种行为,这就无关道德。所以我们认为,道德行为必须是自主行为或意志的行为,无论这些意志是什么。我可能不会在两点或六点吃饭,我可能会向北走或向南走,这些行为都无关道德,意志行为还具有什么特质可使我们称其为善或恶呢?

对概念情感的心理研究已经有所发展,参考它,可以让我们更好地明白这一点。我们发现,我们对理想的情感,包括了情感客体本身中的和谐、含义和普遍性,所以,如果我们把道德情感归结为概念情感,那么只有在某种程度上满足这些条件的意志状态才能激发道德赞同或反对。

(1)道德性:和谐。具有道德性的意志行为离不开它们的意识环境和行为环境,并且有善恶之分。道德行为是那些符合一种理想的行为,一种无关道德的行为是孤立的,只对行为人有价值,而对构成行为人品行的复杂行为没有意义。我在何时吃饭并没道德性,这对我来说只是一个是否方便的问题,除此之外,对别人没意义,对我也没有意义。一旦它关系到我的健康或关系到他人的感受,比如使一个关系的设定更为有意识或无意识,那么它就成了一种道德行为。我自己的利益和别人的利益构成了一个利益复合体,而道德特性所依附的意志行为就是这个利益复合体的一个要素。被我们当作道德判定的对象,是某些被我们感觉到的行为可能性,我们认为它们与其他所有的行为可能性都有关。

(2)道德性:普遍。道德情感的普遍性在意识中有两个鲜明的形式。道德是客观的,一方面是因为我自己所作的判断也为别人认可,也就是说真理具有普遍性,另一方面也因为其他人的存在和声明也是构成我的情感内容的要素。整体上的道德满足必然要包含一些要素的满足,同情感便是这样的要素之一。虽然所有的概念情感都含有一种漠然,也就是具有一种无关自身得失的价值,但在这里,这种漠然性并不足够,在这里,制约感,也就是义务感代替了漠然,下面我们会考虑这两个要素。

①道德同情。只有想到人时,我们才会产生道德同情。以前我们发现,单单想到受罪,就足以引起同情,现在,受罪这一概念已经有了充分的个人参照,道德同情是指我们意识到个体在善的理想上是平等的。

②道德权威:义务感。道德普遍性的第二个方面是义务感或者说屈服道德权威感。我们已经说过,义务感是对限制和约束的意识,它来自内部,也就是说,在意识之外没有什么东西可以引起义务感。义务感一方面使我们不去做一类行为,另一方面又强制我们去做另一类行为。它并不是我可根据我的意愿而选择或忽略的选项,它具有额外的情感要素,而这个情感要素可用"应该"一词来形容。我可以去听讲座,也可以不去,但帮助我可怜的邻居,则是我应该去做的,这通常被称为道德情感的命令性一面。

所谓的道德权威,也就是我们觉得某些动机或目的相对于其他动机或目的,具有一种独特的价值,这种价值并不是理想角度下的价值,而是我在自由选择基础上觉得必不可少的价值。换句话说,在当前阶段,我们可以把道德权威感定义为,感到意志得到命令要去自由选择一个道德目的。

对于这个定义,我们需要做出几点评论。第一,义务感的命令是一个无条件的命令,虽然这个命令只能通过与其他可替代的行动路线相联系而产生,但其一旦产生,一旦变成了一种应该感,它就脱离了这些联系和条件,康德将此形容为"绝对命令"。第二,自由感仍然存在于选项面前,哪怕道德命令已经明确地指向一个选项。尽管我感觉我应该这么做,但我仍然觉得我是自由的,我可以无视我自己的道德命令,而做出另外一种行为。第三,应该感总是与一个理想有关,因为我们看到,有些行为在某些时候是对的,在另外一些时候也许就是错的或无关对错的,因此,道德暗含了一点,即所有道德行为相对于一个理想都是和谐的。第四,道德感总是与具体的、特定的意志动作有关,我们没有一般对错感。如果我们试图去把一个道德理想刻画为一个抽象理想,并且想要通过它得到抽象意义上的正确感时，那么我们就会徒劳无功，道德决策本身总是关于具体行为的决策。

道德权威的基础。接下来要问的是：这样的一个意志活动法则又是如何变得可以适用于具体行为的呢？为什么不包括所有的意志行为，也就是说，为什么不是所有的意志行为都具有道德性呢？如果我们设置一组行为选项，然后根据它们相对于道德理想的价值大小排序，其中，价值较高的行为是相对正确的，较低的是相对错误的。那么，我们通过观察意识对这些选项的反应，将可以确定哪些具体行为是道德命令。

这种判定方法是一种相对判定，只是判定出了具体选项相对于一个理想具有怎样的价值排序。换句话说，具体行为只是概括用的材料，它们具有不同的适宜度，这个概括产物就是道德理想。另外，我们会感觉到自己赞成或反对某种最适合的行为，这种特殊的赞成或反对感同时还伴随有应该感，因此，我们可以说道德权威在心理学上是"基本而不可分解的"。

3. 关于道德因子的结论

关于道德性的主观方面，也就是对对错行为出现的意识，我们可以给出更确切的结论。我们可以承继前面的观点而总结说，所谓的道德因子，就是指我们可以感觉到意志的态度，也就是意志倾向于选择相对适合或避免相对不适合建构道德理想的行为。就我们所知，适宜度就是指我们在多大程度上，感觉一种行为将与绝大多数利益相和谐，将让别人和我们自己都赞成，以及将成为一个不妨碍我自由选择的强制命令。

所以，看起来这个道德因子具有两个方面，主观方面和客观方面。从主观方面来看，道德因子是意志的一种带有义务感的赞成态度，可以用"应该"一词来表示。从客观方面来看，道德因子是指和谐和普遍性，可以用"对"来表示。关于"应该"，我们已经说了该说的。应该感是一种基本的情感类型，无论它的起源是什么。至于"对"，平时生活中已经有不少行为准则，比如基督的仁爱原则。

4. 道德理想：道德目的

含义。和谐和普遍性都是理想所必需的要素，也就是说，是概念情感所必需的要素。通过查看道德情感中涉及的和谐要素和普遍性要素,我们现在可以来看含义要素。为了再次区分这些要素,我们既要考虑观察者的视角,又要考虑创作者的视角。在本情形中,我们考虑的是行为人的视角。如果我要做出对的行为,我应该为自己设置什么方式或目的呢?

(1) 目的概念。目的是我有意识地让自己去追求的东西,目的必须要与动机明确区分开。动机是任何可能会与意志有关的影响,无论它们是否呈现在意识中。只有一部分动机是目的。此外,目的并不总是伴随对自我的意识。儿童在模仿保姆的动作时就已经有了一个目的,但这时候,并没有证据表明他能反思自己的心理状态。所以,在同一个时间,意识中可能不止有一个目的,也就是说,目的不同于意志,意志是只选择一个特定的目的。

(2) 主观目的和客观目的。说一个目的必然会呈现在意识中时,我们其实是排除了生物和机体结果,因为在我们看来,这些结果似乎起因于表象或意图。身体组织可以做各种各样的适应改善,而我们认为这些适应改善全部都是为了产生最多的快乐和最少的痛苦,然而,快乐和痛苦并不必然是自主身体活动的目的。要把痛苦和快乐变成主观目的,我们就必须把它们描述为是自主过程的对象,否则,考虑到它们的机体性,我们只能说它们是一种客观目的。

(3) 道德理想或目的论。如果前面关于道德性和道德权威的说法是正确的,那么我们将能够很容易理解目的论。要判断一种行为是否在道德上是对的,我们就必须参考它与其他行为的关系。所以,我应该做的行为,也就是我所选选项的内容,其实是相对的。无论对的行为是什么,对的形式都是一样的,这个形式便是一个"普遍命令"。形式不是目的,否则的话,就会沦为同义反复,也就是说"我应该做我应该做的"。但是,要把被选中选项的内容描述为一个普遍目的,我们需要完美的概括所有可能的具体选项,而这是不可能的,所以,并不存在普遍的主观目的。我的道德意识普遍地告诉我应该做出对的行为,但它并没有普遍地告诉我什么才是对的行为。我所遭遇的每一个困境,其实都是一个应该怎么做应该如何选的问题,而不是在选择后考虑是否应该的问题。

如果充分理解了概念情感,我们就会发现,任何关于道德理想的断言都是不充分的,适合目的的选项并不一定就能充分完成那个目的。在不断发展的社会中,没有任何人的行为选项可以覆盖意志的所有可能领域。所以,我们所能意识到的道德理想,其实就是行为的和谐程度和普遍程度,对于这个程度,我的情绪本质会必然而迫切地作出反应。在个体和种族的生命进程中,理想是相对的、易变的,在不同的发展阶段,理想具有不同的化身,而个体或种族则对这个化身作出反应。虽然如此,这些化身在彼时彼刻却都是绝对的、具有不可置疑的有效性。

道德理想的最高化身是"上帝的德行"这个概念,但这并不能用来描述道德理想,因为上帝作为一个完美存在,达到了我们的道德至善,同时,它还随着我们自己的进步和种族的进步而变化。所以,目的并不在于上帝的德行这一概念,相反,上帝相对于我们的德行,恰恰来自我们对道德目的的理解。

5. 行为准则

所以,个体受制于一些有效的行为准则,不是因为这些准则普遍地阐释了理想,而是因为它们概括了我们对"对"的具体直觉。行为准则是道德因子的主观方面,每一个准则的价值都取决于道德意识在具体情形中对它的支持。这些准则包括诚实、节制、审慎、慈悲、宽容等,无论道德意识给了它们什么应用范围,这些法则都具有绝对的约束力。不过,道德意识并不会把它们放之四海,诚实准则有时候需要服从一个更高的道德感需求,比如忠诚、悲悯等。

6. 良心

良心一词能在最广泛的意义上描述道德意识,良心可以指并且也确实指三种截然不同的事物,但这三种事物在本质上又是一样的,所以,我们可以单单用良心一词来表示它们。如果我们在生发正面道德情感的时候,从正中间纵切心理生活,我们将会得到心理意识流的剖面,从中看到此刻在意识中的一切内容,这个剖面就是良心。该剖面具有三个部分,分别对应道德性、道德权威和道德理想。

良心的作用可用一个具体例子来说明：在良心的驱使下,我施舍给乞丐一点钱,施舍行为的道德性就在于我感到这么做与我的整体德行相和谐,与我对别人提出的要乐善好施的要求相协调。若非如此,这种行为就与良心无关,就是一种冷漠的行为。该行为的道德权威在于,我感到这个道德性直接与我的意志相关,我必须这样做。没有了这一点,也就没有了良心,良心就死了。道德理想是我对一种意志状态的情感的延伸,在这种意志状态中,相对的、令人犹豫的决策将会产生更清晰更直接的道德景象。我虽然无法在头脑中勾画这种状态,无法构想它,但是我能感到我的意志想要的就是它,从良心的角度来说,我现在的行为只是我用来实现该状态的手段。

所以,从个体意识的角度来看,良心是一个自发的、命令式的反应,即赞成或反对一个备选目的。在以一个不可见但是强制性的道德理想为参照标准时,被赞成的目相对于其他目的应具有更高的优越性。

7. 类似于道德情绪的情绪

围绕着基本的道德情绪,簇集有大量更为特殊和复杂的情感。我们会在道德层面上不同程度地赞成和反对他人,而这种赞同和反对就是道德上的赞扬和责备、尊重和蔑视、崇敬和厌恶。当我们赞成和反对的是自己时,这种赞同和反对就是善良感和懊悔感,道德上的希望和绝望。当我们知道别人也知道并会判断我们的行为时,这些善良感和懊悔感、希望和绝望就会以特殊的形式存在,比如骄傲和羞耻。在我们的道德世界中,这两种情感是最为有力和持久的,从"该隐的记号"和"红字"中的严厉惩罚,我们可以觊见它们的身影,它们利用同情本性中的一切动机和情绪力量来增加义务的固有约束力。另外一些常见的道德情绪包括道德忏悔和悔罪,以及与道德勇敢和果敢形成鲜明对比的道德怯懦和犹豫。宗教情感也与道德情绪密切相关,并以后者为基础。

第七节 美学情感

在美学世界中,我们称之为理想的要素在一开始就会得到最充分的阐述。稍稍留意一下美丽的事物,我们就会发现,美既需要形式上的统一,也需要形式上的多样。绝对的统一无法产生美,只有当布局形式能够允许我们区分统一的多样性和多而不一的多样性时,我们才能感受到美。同样,含义、意义,都有助于产生美学效果。山水画之美是形式上的、冷冷的美,只有往其中添加一缕农舍的炊烟,或一个乡村教堂的尖顶,给它增添点人的味道后,它才能变得温暖动人,绿色的乡村要比银装素裹的阿尔卑斯山有更多的内含。此外,我们感觉所有的美都具有可分享性、普遍性和有效性。我猜想,一个让我心动神摇的佳人,同样会令你意起三叠。

虽然所有的美都具有理想的特征,并因此具有概念性,但我们还是能够很好地区分开两种美学情绪。一种情绪依附于偏感官性的经验,几乎纯粹是形式上的。另一种依附于偏表征性的经验,其具有意义。冯特认为,前者是低级的美学情感,后者是高级的美学情感。

1. 低级美学情感

很难断定美感产生于童年生活中的哪个时期。我们很长时间以来都认为,美学情感的外在表达与快乐的外在表达一样,比如笑、积极做出肌肉动作等,这是因为我们假定,美学情感中能表达的只是简单的快乐。然而,通过研究其他无关苦乐的客体对儿童有何影响,我们可以排除单独由形式引起的外在表达。

美学印象的客观特征促使我们去检验视觉和听觉,这两类感觉最具表象性,是专门感觉感官美的官能。声音的客观形式是时间,视觉画面的客观形式是时间和空间,所以,所有美学情感中的形式要素都是时空关系的统一性和同一性。

此外,无论是时间还是空间,我们都必须像霍奇森一样,区分开它们的动态关系和静态关系,同时出现的声音和我们所感知到的静止的空间关系,都是静态的。一个接一个的声音,和通过物理运动而变换的空间关系,都是动态的。我们可以用两个词来形容这两种性质:静止和运动。

最能说明时间关系的莫过于音乐。和弦所代表的就是静止的时间关系,辅音的多样性保留在主音所支配的统一性中。普通乐器所发出的单音也是静止的,因为这个单音中包含了许多次音或泛音,它们给了这个单音独特的音色。一般来说,音乐和谐是时间之美的静态形式。时间关系美感的动态要素体现在节奏、复杂的移调、拍子、音乐小节、乐章中,这种动态要素用一系列效果来表现和声的构成和解决,而这些结果则统一在整个乐曲或其部分的流动中。在音乐中,这个动态要素被称为旋律。

空间关系的动静之分也是如此简单。建筑之美体现了空间的静态美,转轮、飞鸟、舞步体现了空间的动态美。关于静态,我们要问的是:什么样的空间关系最能激发起我们的审美愉悦。在平面图形中,丰富的空间分割若还不失简明的构局,将会引起美感。方嵌于圆,要比单独的方或单独的圆好看,而圆中嵌两个彼此重叠的直角三角形,将会更好看。通过调查研究,我们已经找到了纵分和直分的美学法则。要取得最好的纵分效果有两种方法,一是分成两个严格对称的部分;二就是使两个部分呈一定的比例,这个比例又称为黄金分割比,也就是较长部分是较短部分和总长的比例中项。对于垂线,我们认为最好的分割方式是:上面部分与下面部分的比在三分之二和四分之三之间,或下面部分与上面部分的比在这个范围之间。人直立时,胳膊就满足这个比例,我们把能够引起审美情感的分割特性称为平衡。

构局的问题基本上就是轮廓的问题。如果分割是令人满意的,那么,我们应该用线条勾出什么轮廓呢?已经有人尝试着把轮廓之乐与相关的情形或与眼睛在看图形时的运动难度联系起来,这种尝试可能也取得了一定的成功。眼睛的普通运动,除了垂直运动和水平运动外,都是一个温和的曲线,具有多少有些不规则的曲率,因此,曲线要比延伸的直线更悦目。这个原理还有许多变体,包括:曲率不断发生轻微变化的曲线型轮廓更美,角度的变化应该尽量用曲线而非锐角或直角来完成,陡弯急角若不能有规律地重复,将是无法令人接受的。换句话说,图形的一般构架应该大致与视野相一致。理想的图形应该是能使眼睛轻而易举地注视个中细节,又能使其轻松自如地转向对整个构局的关注。从古至今,人们一直认为直立的人体最能体现形式美,无论是从平衡还是从轮廓上来说。

与建筑和音乐不同,绘画和雕塑被称为模仿性艺术,它们体现了空间形式的理想。之所以说它们是模仿性的,是因为它们所表现的东西来自自然界。不过,自然界中只有少数事物被我们认为是一些理想的化身,是可以用来完成艺术的目的。这个现象也说明,模仿是次要的。一个画家在画一个人物时,既可能是为了展现美丽的形式,也可能是为了展现美丽的内涵,或者同时为了二者。如果这个肖像既无美的形式,又无美的内涵,那么它就无关审美,不是艺术。即便是一个肖像,也必然是以某些美丽和令人满意的东西为理想而进行的。

绘画中的透视是把具有深度的空间关系简化成一个原始的二维视觉画面,也就是一个平面图形。透视图形符合所有空间美的要求:有一个众线可归的视中心,并且,如果这样的中心有两个或多个,那么它们必然会反过来从属于一个更大的中心。

2. 高级美学情感

我们现在离开感官知觉框架来思考美。如果空间和时间关系是美学理想所包括的所有内容,那么美将失去它对我们的影响力,失去使我们快乐的能力,是艺术的内涵,是它的暗示性激发了我们心中的美学情感。许多学者认为,艺术的内涵就相当于是美丽事物所唤起的联想或记忆。比如,当我们知道某个建筑物其实是儿童医院时,我们会觉得它美。工匠老茧密布的双手暗示了他一生都在贫困中劳作和奉献,并因此激发起我们的尊重和钦佩。不过,即使是那些只会引起简明联想的事物,其暗示本身也包含了理想,并且使这些理想更为生动地呈现在我们面前。因暗示而得到的情绪并不是针对建筑物本身，而是针对它所代表的慈善理想，不是针对那双粗糙的手，而是针对它们所代表的生活理想，所以，联想并不是内含的全部。联想本身得具有内含，才能构成眼前之美的内含。

早前，我们把内含与概念的内涵联系在一起。内涵包括我们对事物的所有认知信息，不过，我们对事物的认识要比对它们的表象性关联对象的认识更多。另外，这些事物还会激发我们的各种情感，并且使我们对其做出运动反应。所有这些要素都会以更高级的形式进入美学情绪的框架，比如联想性关系、情绪复苏、意志回响和美学回响等，我们必须认为这个框架在某个方面代表了多样统一、和谐和普遍性。也就是说，抽象概括功能倾向于超越其直接材料，而正是通过这种倾向，高级的美学情感才得以产生。完整的美学因子和道德目的一样，是一个理想，因此，我们不能充分地对其进行阐述。

3. 与美相关的情绪

美之为美是有条件的，如果这些条件只是得到了部分满足，那么就会有别样的情绪产生。在喜剧中，我们就会违反协调律。喜剧是美的死胎，笑话呈现出的是一个错位的语法关系或逻辑关系，如果这个关系摆正了，就会是美的。喜剧情境就是一个失调的情境，而概念过程需要调和，会预期调和，所以，所有幽默和风趣都包含惊奇、失调和失和等要素。喜剧在很大程度上就是一个内含问题，另一方面，荒诞是关于形式的喜剧。别具一格之物也是对普通美的偏离，不过这种偏离并不足以引起明显的失调，形状尤其会出现失调，尖锐、反常、出人意料的轮廓都属于失调。高超绝妙之物的内涵依附于一些特殊的情感，这些情感是那些被巨大的、威力无穷的和具破坏性的事物所激起的情感，这种内涵似乎带有一种恐惧和敬畏的色彩。

第八节　情感的一般分类

关于情感,我们可以如图 21-1 所示分类。

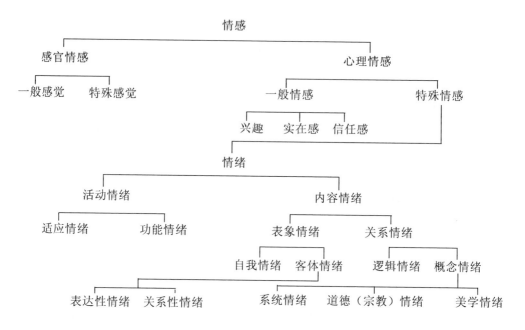

图 21-1　**情感的一般分类**

第 22 章

情绪的性质和持续时长[①]

第一节 情绪的性质

1. 心理兴奋

我们可以用"兴奋"一词来描述围绕心理活动而产生的情感状态。兴奋意味着刺激,就如身体刺激会带来扩散程度不一的身体反应或兴奋一样,表象、观念也会激发高级的情感状态,这些状态都具有被我们称之为"兴奋"的扩散特性。想象一个会输出三段论而没有任何情感或感觉的逻辑机器时,我们同时会想象这个机器没有心理兴奋。是否具有兴奋是人与机器的区别,"冷静"就是指情绪性兴奋的缺失。现在,我们从意识方面来思考这种兴奋,并为其冠以心理兴奋之名。在揭露出它的内部方面之前,我们暂时不考虑它与神经扩散的关系。

2. 情感的相对性

情感的一般本质取决于身心过程,这也说明了情感为什么在不同的和相同的

[①] 见《心理学手册》第 2 册第 10 章。

条件下,会如此多变。如果情感可以遍布于意识,那么当前的情感状态必然起源于复杂的身心条件。对比原理既可以适用于感觉现象,也可以适用于情绪状态。

3. 情绪表达

催眠现象表明,情绪存在于反应性意识中。情绪可以指兴奋形式,这时候它们代表的是强烈的刺激条件,而它们的基础则是明显的神经变化过程。情绪也可以单纯地指兴奋,这时候,它们代表了神经活动的扩散外向波,源于大脑中枢的强烈活动。从性质方面来看,特殊情绪与位于特殊器官部位、具有特殊方向的神经释放相关联,结果使肌肉发生了不同程度的收缩。虽然这种肌肉收缩在四肢中更为强烈,但脸部肌肉才最能清楚表达情绪,肌肉运动最终会化为肢体的剧烈抽搐。我们对这些情绪表达形式已然是非常熟悉,我们生来就有察言观色的潜能,后又辅以经验的磨砺,久而久之,就能够快速解读这些外在表现并迅速做出本能反应。虽然我们都会看人脸色行事,但只有训练有素的观察者才能够解析普通的面部表情。

心理学家把不同的情绪与特定的肌肉关联在一起,并因而取得了很多进步。一般来说,每个主要情绪的表达都不是通过单单一个肌肉的收缩而完成的,而是通过一组肌肉的协调作用而完成的。婴儿的哭泣或微笑是一个大范围肌肉神经分布的问题,而成人的全部面部表情,类似于思考或笑的表情,都集中在眉头或嘴上。通过观察别人,或对着镜子刺激情绪,我们就能很容易得知主要表象情绪的一般表情。我们无须过于细致地研究这些表现,因为细节实在太多,索之无益。

催眠状态,尤其是在强直性昏厥状态中,我们可以很好地研究表情。

基本的情绪表达都是冲动性的。幼儿为了生存发育的缘故而继承了必要的生命反应,除此之外,还继承了某些表达快乐和痛苦、喜悦和悲伤的肌肉动作,如笑、哭、叫、抽泣等。在很早的时候,我们就有了一些比苦乐喜悲更为独特的情绪,包括恐惧、好奇、愤怒、爱、嫉妒等,它们也都伴随有相应的反应。根据我们对心理成长的认识,我们猜测,这些早期情绪要等相应的神经基础发育好后才能出现,也就是说,要等某些皮质中枢发育好后才能出现,这些一般的情绪若非是高昂和激动性的,就是低沉而约束性的。

4. 情绪的物质基础

要全面思考表情问题,我们就需要既考虑神经系统的生理运作,又考虑意识现象。我们可以把专属于情绪兴奋的神经过程方面称为情绪的神经因子,用来代替"表情"这个容易招致非议的词。我们要问:这个因子由什么种类的神经过程构成? 随着意识情感的变化而变化的神经过程是哪些?

根据前面定义的神经系统的一般概念,我们认为只有在神经系得到高度的整合时,个人意识才能出现。我们还认为,感性只是意识的另一个名称,强烈的意识就是强烈的感性或者说是兴奋。所以,兴奋是神经整合活动非常强烈或者说非常复杂和不稳定时的意识,这就是情绪的神经因子。情绪表现是神经因子的外向方面,中枢的复杂性是指神经冲动的扩散性,不稳定性是指神经冲动易于释放,这是情绪表现的两个特征。

5. 情绪的有意识扩散

前面已经指出,扩散性是情绪的神经基础的一个要素,同样,扩散性也是心理兴奋的一个显著特征。强烈的情绪会遍及整个意识内容,使得我们的思想流也相应地变得庄重、欢快、激动或低沉。不仅如此,我们还会对我们的情感进行一定程度的客体化,如此一来,外部世界也染上了我们的情绪。这可能是因为我们无法控制强烈的情绪,无法驱逐它,也无法将它固定在它独有的客体上。更为基础的机体条件尤其如此,它们给了整个意识以基调,比如,消化不良总是会毁了我们的心情。

6. 情绪和激情①

当我们没在想我们的朋友时,我们爱他们吗? 要回答这个问题,我们需要介绍一类可用"激情"一词来描述的现象。激情是指情绪在深度上的增长,不过代价是表情的丧失。我们已经对身心习惯有所了解,在此基础上,我们猜想,情绪会在

---

① "激情"(passion)对应康德的"Leidenschaft"。德语中,"Affekt"用以指作为兴奋的情绪。

几个习惯性的反应形式中得到增强。心理反应在知觉、潜意识信念和兴趣中变得秩序井然,如此一来,情绪在心理上具有了潜意识形式。一个男人对未婚妻的爱会经常出现在意识和表情中,而对妻子的爱,则需要失火或溺水这样的意外事件,才能进入他的意识。然而,情绪性兴奋依然是激情的表达方式,普通意义上的激情用来指这些激烈的情绪表达本身。然而,真正的激情是一个深层次的、普遍的情绪动机,它是性格的一个构成部分。

在最为显著的激情当中,有一部分激情明显是先天性的,另外一些则可以追溯到偶尔重现的情绪经验。最为独特的一类情绪可以称为感情和情操,感情起源于一类更为有趣和个人化的情绪,比如同情、爱、蔑视、慈爱、坚韧、悲观等。情操则起源于一类更客观、更中性的情绪,如钦佩、尊敬、宗教或非宗教态度、爱美、道德等。

7. 情绪理论

关于情绪性兴奋的本质,有三个一般观点:知性论认为所有的情感都是观念情感,产生于观念之间的相互矛盾或支持的关系,该理论很明显无法解释感官情感。生理理论把所有的情感都当作是具有不同复杂程度的感官情感,认为情绪是机体快乐和痛苦的高级形式,是一个生物功能。这个理论不能解释高级的情绪,或者说,不能普遍地解释情感特性。根据该理论,整个情感生活都贯穿着合成统一。原始论不同于上述理论,它认为情感特性是原始的主观事实。前面对情感的所有阐述都是对这个"原始"观的论证。

8. 情绪的复制

我们前面已经描述过情绪产生的条件,从中,我们可以很容易地看到情绪复制所遵循的规律。如果只有先出现一个观念性客体,才能出现一个情绪,并且只有先恢复最初感觉的大脑条件,才会出现相应的观念性客体,那么观念联系律将同样也是情绪性兴奋的复制律,它们的基础是动态的大脑过程。

在意识中,情绪复苏依赖观念复苏,就像最初的情绪依赖表象一样。然而,在这些观念中,我们发现了被记住的肌肉感觉和机体感觉。通过回忆一件悲伤的事情或做出悲伤的表情，我可能都会感觉到悲伤。如果我想不起悲伤的事件，就可能会产生悲伤的情绪。

此外，我们可能会猜想，随着这个或那个实在因子而变化的情绪，可能也依附于复苏的经验。当我们记起一个事件，并确认它确实发生在我们的过去中，那么这个事件所激发的情绪就会因此而具有一个新的性质。现在，当回忆起过去令我愤怒的事物，我可能会觉得感激或怀念；回忆起以前的希望，可能会觉得懊悔；回忆起过往的恐惧，可能会觉得得意。或者，我可能会自主地驱逐当前的思想流，恢复最初经验的条件，并因此获得原始的情绪。回忆感觉经验时，实在感会更强，原来的情绪会以或高或低的强度回归。这是因为，在感觉经验中，客体与我自己的情感联系地更为紧密，故而很难放在一个新的情绪背景中。

初始情绪得以复苏时，我们得到的将不只是初始状态的图像，而是一个实实在在的感觉状态。回忆痛苦时，我就是痛苦的，虽然这两种痛苦并不一定一样。比如，我能清晰记起牙疼，因为是记忆，所以，这个痛苦已经失去了它的感觉因子，但是它具有记忆因子，所以它是实在的。如果这个痛苦过于强烈，那么我也许会真地感觉到牙疼，也就是说再次获得了它的感觉因子，如此一来，这种痛苦就变成了幻觉。我们可以在脑海中刻画面部表情，这是唤醒类似情感的最直接的表征性手段，我们已经在同情情绪提起过这类现象。

这可用于解释群体中的情绪传染，也可以解释社区和国家范围内的大众情操。恐惧可以在人群中飞速传播，这可能是因为人们半无意识地解读了旁边的人的肌肉表情和言语表情。可以说，我们从我们所居住的情绪气氛中，把流行时尚、道德和习俗吸入了我们自身。

9. 联想引起的情绪迁移

最初由某个观念引起的情绪兴奋，可通过联想而迁移到别的观念上，这一现象很常见。因为黑色会使我们联想到葬礼，所以这个颜色就变得令人抑郁和悲伤。同理，大早上看到邮递员，会让我们精神一爽。实际上，我们在前面已经说过，深刻的兴趣源于我们对起初无趣的事物不断耗费情绪或行动。当观念已经变得模糊而沉入了潜意识时,象征主义的整个范围和艺术的暗示性都依赖于观念所引起的情感。

10. 情绪冲突

一切心理冲突都是情感的冲突,说观念相冲突,其实是说我们感觉它们冲突,也就是说,这些观念把冲突带入了情感生活,所以,我们常说的情感和理性的冲突,其实纯粹是情感的冲突。"理性"在这里指思维的动力方面,说明真理有多大的强度可促使主体投入行动。就算我透彻地理解了一个真相,可能也不觉得否认它有什么不对,只有当这个真相既引起了我的情绪又促使我行动时,它才会引起一场争霸赛。但是情绪冲突是真实的、悲剧性的,尤其是围绕义务的问题而展开时。情绪下面的观念的持久程度和强度才能决定胜利落谁家,所以,情绪冲突指出了不同真相种类对主体的把控力度。有人会屈服于感觉因子,有人更青睐更为间接的、观念性的真相,而另外还有人则可能在不同的真相类型之间摇摆不定。

第二节 情绪的持续时长

当然,说情绪会与其起因持续同样久不过是老生常谈,不过情绪的身体基础和知性基础给了这个"常谈"一些特殊的意义。有时候,知性客体虽然消失了,但情绪依然在持续,这时候,相应的表情会非常刺眼和热烈。表情有时候会明显缺席,比如在强烈的美学、道德和精神感觉中,这种情况虽然不经常发生,但的确是真的。

情绪的中止和缓解。从前面的描述中可知,我们可以人工缓解情绪。沉浸于强烈爆发的情感中,有助于减轻起因的力量,因为这种爆发耗尽了相关的神经过程,从而引出其他情绪。痛扁仇人一顿可以满足我的复仇欲,但这种满足更多的是来自新产生的正义或荣誉情绪,而非来自神经消耗,不过这两种满足都是实实在在的。在情绪引起行动的情况中,情绪就是通过神经消耗而解除的。心血来潮时去做了想做的事后,无论事情是否取得成功,我们都会觉得很平和。

此外,有一类情绪可以通过倾诉而缓解,这也是为什么小说家会经常利用郁结于心的主旨来培养读者的情感。倾诉可通过同情和社会共同体感而缓解情绪，从心理层面上来讲，构成这种缓解感的要素有三个：第一，我们感觉聆听我们倾诉的朋友捍卫了这个情绪；第二，我们感觉自己得到了帮助；第三，孤立感和孤独感消失了，其中，孤立感和孤独感是社会感的反面。

  不过，如果不辅以其他措施，倾诉带来的缓解将会是暂时性的，而当情绪再次来袭时，它会借助社会帮助感而变得更为强烈。倾诉的直接效果在很大程度上是神经性的，除此之外，倾诉会把观念性起因固定在意识中而深化情绪，在意识中充分地扩展情绪起因，并给予这些起因以更多的关联，使其更经常地被联想起来。毫无疑问，丧服会使悲恸长新。很多时候，我们之所以会产生一些情绪，是因为我们感觉别人期望我们有这些情绪。① 然而，很多时候，一个旧联想通道似乎已经长期干涸，再也勾不起相应的快乐或忧伤，可忽然，它会往我们心中倾倒一股由苦乐记忆构成的洪流。我们称这种体验为情感逆转，它们有时候会改变情感生活的永恒波流。

---

  ① 作者在九岁时失去了一个弟弟，他的哀悼记忆主要是对葬礼重要性的意识和他想要举止得体的愿望。

第四部分　意　　志

第 23 章

运 动 意 识①

第一节 运动意识的概念

运动意识就是意识中由运动器官提供的一整套要素。对大脑运动区域的状态的意识,对神经冲动外流的意识,对正在发生或已经发生的运动的意识,所有这些都是运动意识的要素,所以,这个表达是最为一般的表达,我们可以将其定义为关于肌肉运动的意识。

1. 心理动力发生律

经验观察有力地确证了神经动力发生律的推论,即每个意识状态都倾向于通过一个适当的肌肉运动来实现自身。动力发生律在神经方面的应用,很快促使我们将其也应用于感性。如果每个内向过程都会产生一个外部紧张,或产生一个肌肉释放倾向,如果更为强烈、整合度更高的中枢状态,能够更好地适应这种内向和外向过程的作用,那么我们可以预计有些意识要素将会专属于运动反应。也就是说,我们会预计情感意识将并入运动意识,就如内向的神经过程倾向于释放能量

---

① 见笔者所著的《心理学手册》第 2 册第 11 章。

到外向通道中那样。

这个类比也可以这么说：神经系统在发展过程中获得了两个功能，一是刺激功能；二是反应功能。意识一旦出现，它就能通过快乐和痛苦这两种感觉，来帮助生命过程，促进神经系统的发育。在这个类比的启示下，我们有望去寻找一个新要素，它与这两个基本的神经功能都有联系。

如果上述类比大致上是成立的，那么神经过程和它们的意识状态就是相伴相随的，这一点可用图 23-1 来表示。在图 23-1 中，我们用"动力四边形"来代表普通的运动意识，用圆圈（○）来表示意识要素，用叉（×）来表示神经过程（参考图 3-12）。

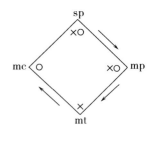

图 23-1

2. 运动意识的变种

如果所有的意识状态都多少会引起相应的肌肉反应，那么我们应该会发现运动意识可以分为几个阶段，事实上确实如此。所以，我们在此要追溯不同意识种类与运动的关系即分别讨论潜意识、反应性意识和自主意识的运动价值。

第二节　潜意识的运动价值

用以引证潜意识现象的事实大多都是运动事实。未跨过意识反应门槛的运动现象，部分属于潜意识，部分属于意识，也就是说，部分属于非常微弱的感性，部分属于感性。但是我们并不能清楚地区分开它们，就算勉强去区分，也不过是人力强而为之。所以，我们应该把这类反应堆放在上面的名称下，并且同时宣称，它包括那些纯粹神经性的反应。

关于潜意识反应的一个奇怪事实是，一个本身不足以引起感性的神经过程，本身则可能具有相当可感的肌肉反应。对于一个我们无法识别、不能在随后通过回忆发现的刺激，我们也会做出反应。我们可能会说出或写下没有经过大脑的话，联想通常都缺乏有意识的连接。我们会通过平衡身体来对一个高背靠椅做出反应,会通过增强肌肉紧张来对我们所踩材料的差异性做出反应。简而言之,通过仔细观察就会发现,就算我们表面上没有意识到周围的环境,我们也总是对它们积极做出反应,我们前面介绍过的相互协调的反射就属于这一类。最明显的例子就是催眠暗示,就算催眠已经过去了很多天,被催眠者仍然会莫名其妙地用行动来执行这些暗示。在这种情况中,无论是否假设存在有次级意识,我们似乎都具有绝对的无意识,所做的生理反应也与主要意识的任何变化无关。另外,当我们因为太过熟悉于物体的表象或事件的记忆,而在不加注意的条件下对其做出反应时,我们的心理状态就只具有微弱的意识。我们踱步于自家的屋中,把帽子挂到帽架上,用刷子刷鞋,但若别人问我们刚才在做什么,我们甚至都回答不上来。我们晚上给手表上发条时,才发现刚才已经上过了。早晨,我们会突然发现自己在穿一件已经决定不再穿的衣服。出门去办事儿,恍然一抬头,却发现自己到了别的地方。在颠簸不已的马车上,尽管身体左移右晃,我们的注意力始终在手中的早报上,甚至车钱都是在这种状态下付的。精神紧张的男人一天会整理领带或摸胡子五十次,可是他自己并不自知。我们所有的人也都有自己的小运动习惯,我们可以意识到它们,但注意不到。对于被动意识到的物体,我们也会调整自己的运动,比如,当我们一边沉思一遍穿过一间放有很多东西的客厅时,我们会自动而巧妙地避开所有的障碍物。

第三节　反应性意识的运动价值

我们前面已经详细地介绍过反应性意识,在反应性意识中,存在一个注意反应,也就是存在反射注意,这也是它区别于被动意识的地方。① 反应一词表明,在反应性意识

---

① 这些意识种类与注意的关系如下:

意识 { 被动意识……扩散 / 反应性意识……反射 / 自主意识……自主 } 注意

中,注意响应的是一个始料未及的刺激。正如前面所说,神经系统和意识中的反应都是真实存在的,尽管反应要素在参与区分过程的时候,经常会失去它们原来的顺序。比如,忽然听到一个响亮的声音时,我会不由自主地把头扭向声音传来的方向。事件发生的顺序似乎是这样的:声音响起,感觉到声音,产生注意冲动,最初伴随着粗略的头部和肢体动作,然后在注意得以集中时,伴随着精细的眼睛肌肉动作,通过注意区分声音,最后,产生运动反应。不过,这却不是我自己理解或识别反应要素的顺序。在这种情况下,我首先意识到的是:我突然扭动头和身体,我正在集中注意到我随后会认为是一个声音的事物上。

1. 反应性意识的要素

如果把反应当作一个被感觉到的反应,并根据神经反应中的典型顺序来考虑它的要素,我们将会发现:①反应性意识的刺激,无论是意识中的什么情感要素引起了一个不自主的注意动作,反应性意识都有这样一个刺激;②一个不自主的注意动作引起的消耗感,至于这个情感都包括什么并不重要;③特殊刺激对应的肌肉运动感。

在反应性意识的这三个要素中,我们可以认为最后一个要素只包括对已执行动作的感觉,也就是说,这些感觉来自总的身体肌肉,这些要素使得运动意识得以传出,化为行动。

我们随后会探讨以这种意识形式存在的刺激,现在我们需要深入研究在严格意义上属于不自主注意动作本身的情感,也就是所谓的消耗感,我们必须把这些情感与自主努力感区分开。如果关于"消耗",我们得出一个前后连贯的结论,那么这个结论将会极大地帮助我们在后面对"努力"的思考。

2. 描述

要研究一个不自主的注意动作,我们需要先辨识下述几个要素。

(1)注意准备感:心理势能。我们已经看到,这种准备感或势能与肌肉运动有关。肌肉活力遍布整个机体系统,所以,注意准备或知性准备也是一个清晰显著的意识状态。二者看起来彼此不同,至少部分不同。伏案写作一个早上后,我的注意不再具有弹性,也变得难以集中,但我的肌肉系统开始变得能量满满,急切地做好了运动的准备。当我放弃了脑力工作,去享受肌肉运动时,我就有种心理上的放松感,有种摆脱了思想奴役后的解放感,然而,无论我们怎么解释,在意识中,知性势能感和肌肉势能感是截然不同的,知性准备可能既包括神经活力,又包括肌肉活力。

(2)注意疲惫感。知性疲惫和肌肉疲惫大致相同。已经有人提问,除了特殊肌肉的疲惫外,是否还存在有神经疲惫。我们很难将这个问题分为两个部分,很难去假设除了神经疲惫外,还有纯粹的知性疲惫。注意疲惫也许包括:①神经系统的疲惫,这种疲惫或是整个感觉中枢的疲惫,或是参与注意所支配活动的特殊神经要素的疲惫;②低级的肌肉基调。

(3)不自主注意中的活动感。消耗中心点存在于我们在注意期间对实际活动的感觉中。如果准备先于注意,如果注意引起了疲惫,那么在注意期间,我们又有什么感觉呢?是否有一种不同于前述所有感觉种类的活动感呢?

3. 感觉性注意和知性注意

此外,不自主的注意或是感觉性的,即落实到一个身体部位或一个物体上;或是知性的,即落实在一个图像上。引起人身体移动的声音就属于典型的感觉性注意,而被动想象中的图像或幻想,则属于后一种情况。在此,我们可以单独就这两种注意提问。"思维"一词将用于指观念在统觉过程中的活动,这些观念不受自主控制。

如此一来,我们就简化了注意感的问题。现在,我们有三个简单问题要回答:第一,我们是意识到了大脑神经冲动的外走,还是只是意识到了这种外走的结果?第二,我们是意识到了一个注意活动或思维活动,还是只是意识到了这种活动的结果?也就是说,是意识到了我们在思考思想呢,还是意识到了被思考的思想呢?第三,这两种意识形式是否是同一种事物呢?

第四节　消耗注意感

描述。检查无意识注意力行为包含以下要素。

1. 参与感:心理潜能

肌肉运动已经出现了这种潜力的感觉。肌肉的新鲜感和活力遍布整个有机系统;因此,关注或从事智力工作是一个清晰而明显的意识状态。而这两者在某种程度上是截然不同的。整个上午我都把自己关在写字台前,注意力就失去了集中的弹性和准备。但是我开始感到肌肉系统能量过剩,迫切需要驱除。当我放弃我的智力任务,放纵我对运动的渴望时,我有一种特殊的感觉,那就是在轻松愉快的肌肉活动中,摆脱思想的重担及束缚。然而,我们可能会认为,智力和肌肉潜能之间的意识差异是很明显的。智力准备可能包括保持神经和肌肉的新鲜状态。

2. 注意力疲劳感

智力和肌肉疲劳的情况大致相同。除了特殊肌肉疲劳,是否还有神经疲劳,这个问题已经被广泛报道。把这个问题分成两个部分,并且假设除了神经疲劳之外还有纯粹的智力疲劳。注意力疲劳的感觉可能是暂时的,首先,它至少包括神经系统的疲劳,无论是在整体感觉上,还是在特定的元素中,神经系统都会在活动中产生疲劳,其次,它还包括肌肉张力降低的因素。

3. 无意注意感

在关注实际活动的过程中,注意力达到消耗的中心点。如果准备先于注意力,如果疲劳随之而来,那么我们在这个过程中有什么感觉呢?除了现在描述的各种各样的感觉之外,还有没有其他活动的感觉呢?

感官和知识的关注。另外,无意识的注意力既可以是感觉的,终止于身体的一部分或物体上,也可以是知识性的,即终止于图像上。导致开始的声音的例子是前者的典型情况:在被动想象中,或者当所有控制被撤回时,都论证了后者。摆在我们面前的这个问题,我们可以分开处理。除了任何自愿的因素都可能影响它们以外,"思想"这个词还可以被用来指明感知中的想法。

因此,注意力的问题就简化了,现在我们面对三个简单的问题:第一,我们是否意识到自己的大脑紧张不安,或者我们是否意识到这样的结果?其次,我们是否意识到注意力或思想的活动,或者仅仅意识到这种活动的效果,即思考的思想,或仅仅是思想的活动?第三,这两种意识形态是一回事吗?

第五节 反射注意活动感论

反射注意的联想论或效果论。该理论把反射注意当作一个由内向肌肉感觉以及这类感觉的记忆构成的一个联想体,所以,第三个问题的答案就是,感觉性注意感与知性注意感是同一类情感,但这两种情况中所涉及的感觉来自不同种类的肌肉和肌肉记忆。感觉性注意的感觉来自运动的四肢,这些感觉的痕迹残留在记忆中。知性注意中的感觉只是来自眼睛和眉头肌肉、头皮以及呼吸肌肉等,其中的记忆是关于以前的注意动作的记忆。

这个观点无须详细论证,因为我们已经观察到,完全没有注意时,肌肉消耗感也不存在。如果有朋友在我背后抓住我的手并轻轻提起我的胳膊,我不会感觉到肌肉消耗,这时候,肌肉消耗感是完全缺失的。做了很多次这个动作后,我开始觉得疲惫,不过很明显,这是肌肉疲惫,是传出过程导致的结果。在大脑和纯粹反射中,单独一个神经放电有时会突然引起肌肉颤搐。在这种情况中,我们也只能在事过之后才意识到,所以,我们就此可以舍弃第三个问题。

第二,该理论回答了上述第二个问题,即我们是意识到了思维活动呢,还是思维产物呢?是意识到了思想关系的建立还是意识到了被思考的思想关系呢?答案是,我们只意识到了后者,只意识到被思考过的思想。无论什么时候我们发现自己在思考,我们要不就是感觉到我们刚刚在思考某件事情,要不就是感觉到我们即将思考某件事情。被思考之事在未出现和出现之间并没有什么过程,压根儿没有什么缝隙。如果一个响亮的声音唤起了我的注意,那么这个声音在未出现和出现之间,并没有什么间隔可以容纳有意识思考,也就是没有思考感,整个过程就是一系列情感相继被一个新的情感暂时打乱。我识别出这个声音时产生了顿悟感,这只是因为这个序列恰好终止于一个我所熟悉的情感。此外,就算承认思维过程中存在一项综合活动,这项活动也是凭借其建构产物的出现而被我们认识到的,而不是因为我们意识到了该产物产生的过程。

结合任何给定思维阶段中的实际意识要素,这一点似乎将更容易理解。意志不在场的时候,我们不能说我们感觉到一项综合活动,因为我们感觉到的全部内容不过就是要素的聚合和离散。"这是活动的结果"只是一个假设,一个必然的前提,而非一个被感觉到的事实。

所以,关于这个理论,我们只需要回答第一个问题,即我们是意识到了穿行于大脑中的神经流呢,还是只意识到了这种神经流的结果,也就是实际的肌肉运动呢?与前面一样,这个问题在此只局限于反应性意识或反射注意。

对于上述问题,效果论会很快作答。效果论的拥护者要求其对手举出例子,说明在什么情况下,这类消耗感不能从传出感觉的角度来解释。随后,我们会在一个新的关系中,简单地指出当前的讨论状态。①

第六节　关于反射注意的结论

我们前面已经说过,只要反射注意中有自我意识,这个意识中的自我就是一个客观的、被感觉的自我,而不是一个主观的、去感觉的、主动的自我。无论后面我们发现这种主动的、执行性的自我具有什么基础,在这里我们绝无法发现这样的基础。

这个结论可以得到所有催眠现象的大力支持。在这种状态中,主体完全是反

---

① 见本书第 26 章第 1 节。

应性的,他完全意识不到自己的选择力、执行力和创造力,而神经过程的机械本质则通过他仍然具有的关系性意识而起作用。假设他并没有得到外部暗示,而是根据简单的感官刺激或进入内部意识的记忆来行动,那么我们就会对此有更清楚地理解。无论被催眠者具有什么活动感,这项活动都是他的神经系统的活动,哪怕这项活动反映了其他人的心理活动。

第 24 章

不自主运动的刺激[1]

刺激概念。我们已经把不自主运动反应分解为三个要素,即刺激、反应意识和实际运动。此外,在未有意志参与的反应中,第二个要素就变成了第三个。后面,我们会联系自主运动来讨论这第三个要素,很多种刺激都可以引起有意识但不自主的反应,现在,我们需要探讨这些刺激的本质。

刺激是指任何一类情感经验,它们倾向于产生有意识的运动反应。从神经系统方面来看,扰乱外部平衡的是新的紧张要素。根据我们对神经系统的理解,我们将很容易看到,这种新的紧张要素既可能来自神经系统的一些状态,也可能来自神经系统之外。相应地,引起反应性意识的刺激可以分为机体刺激和额外机体刺激。

第一节 运动刺激的种类

1. 运动的外部刺激:反射

我们已经充分讨论过不同刺激种类,如光、声等,讨论过感性部分较为模糊的

---

[1] 见《心理学手册》第 2 册第 13 章。

外部刺激。

所有反射都是从外部被刺激的,它们包括了多种多样的现象,反射出现于幼儿期,如吮吸、眨眼、吞、行走中包含的基本动作(双腿的反射替换)等。

作为运动暗示的示意。暗示包括一大类现象,这类现象的特点是,一个观念或图像会突然从外部闯入意识,并倾向于产生肌肉和意志结果,这些结果通常都随着这个观念或图像的出现而发生。我给朋友提议一个行动方案,他可能会采纳它。除了这种观念性暗示,另还有一种我们说的生理暗示。当暗示不能获得有意识的图像,而是仍然保持在潜意识中时,就是生理暗示。之所以称为生理暗示,是因为,就像在所有意识程度非常微弱的情形中那样,这时候的神经过程在很大程度上是自我行动或者反射,所以,生理示意是指通过一个外部刺激而潜意识地引起一个反应。

在睡眠状态下,暗示最为明显,睡眠者会很正确地回应我们的问题。按一定的姿势摆放他的四肢时,会使他想起与这些姿势相联系的人。睡眠者会自我防卫,会避免危险,儿童意识的早期发育很大程度上就是靠这类暗示完成的。在心理图像确切形成及服从联想之前,我们会发现很多运动反应都是由这类来自环境的生理暗示激发的。

在儿童的成长过程中,生理暗示变为了感觉—运动暗示,而这类反应类型最清楚地表明了前面说的动力发生律。在这种情形中,使能量得以释放和运动得以产生的是一种感觉,是一种清晰的意识状态。我们天生就具有很多显著的感觉—运动反应对,除此之外的反应则都是逐渐形成于幼儿生活中,并逐渐变成习惯。关于后者,我们要详细介绍:

(1)睡眠—暗示。诱导幼儿睡眠的早期环境和方法会有力地增强孩子的瞌睡度,甚至会替代瞌睡。

(2)食物暗示和服装暗示。这些暗示代表了最频繁、最有味道的快乐和忧伤,我们对它们的反应虽然不自主但具有高度目的性,这个特征标示了我们成人对衣服和事物的态度。

（3）个人特征暗示。在很小的孩童身上，我们就看到他们会偏爱某些人，他们似乎能够辨别出一个人的出现，并会整体上对其做出反应。也许，在其护士或母亲的个人特征中，声音是能激起他反应的首要标记，其次是触摸，最后是脸。

（4）模仿暗示。我们清楚看到，七个月大的幼儿就能模仿运动和声音。

在观念性暗示中，我们会得到图像或复制产物的运动方面。在此，运动伴随物在很大程度上就是联想，并遵循联想律。此外，复制产物和它们的联想流一旦出现，我们就会发现意志的身影。也就是说，这些复制产物和联想流激发了自主意识。关于这一点，我们随后再讨论。不过，表象之间也会有冲突和对抗，会导致一个无意识的结果，这时候注意就会以反射的方式被征用，烦恼、意见不一、持有几个相悖的冲动以及违背自己想要深思熟虑的愿望而匆忙做决定时，就是如此。我们经常发现自己被几个行动方案搞得晕头转向，被它们撕裂开，结果选了一个我们不想要的方案，这被称为丧志症或者说意志丧失症。这时候，人成了冲动之争的猎物，我把这种状态称为细思性暗示。很多幼儿在尚不能有效使用意志时，其行为就呈现了细思性暗示的特征。

2. 运动的机体刺激

此外，前面我们对感觉的机体起源做了分类，这个分类的结果涵盖了当前话题的很大一部分。一般来说，任何足以抵达意识的机体状态，无论是主动的还是被动的，都倾向于产生天生的或习得的肌肉表情。消化、呼吸或血液循环紊乱都会提升或降低肌肉基调，就算不表现在脸上，也会表现在人的行为上。肌肉感觉属于"一般感性"的一部分，它们反映了运动反应倾向和方向的直接变化。神经系统疾病可通过它们对肌肉器官的影响而得到诊断，比如，中风用身体僵硬作为诊断指标，癫痫用抽搐来判定，睡眠用肌肉的无力状态来指示。在痛苦和快乐状态中，我们最能清楚看到机体刺激对机体意识的影响。

表情反应。在直接的或先天性的反应中，有一类称为表情反应。这类反应是分化了的肌肉运动，它们统一反应意识的各种情感状态，我们前面已经讨论过这类反应。

快乐和痛苦对运动的刺激。也许,不自主运动最为直接和不变的刺激就是痛苦。表面上来看,痛苦的动力与以其为基调的内在经验无关。比如,一个光感觉产生的运动力量,可能正好与光线给病眼带来的痛苦所产生的运动力量相反。绝望会使人不作为,但是绝望的痛苦则会产生不安。这只是说,基调是一个独立于感觉本身的感性要素,而且,基调和感觉都具有运动力量。

事实上,在绝对意义上,任何经验都具有快乐或痛苦的基调,这个事实给了这些经验的动力部分以普遍性和重要性,而这个普遍性和重要性则是任何心理理论都必须承认和给出的。是否存在某些行为,我们在执行它们的时候不会首先考虑它们是否会带来快乐或是否能避开痛苦呢?我们一般认为这个问题的答案是否定的。但无论如何回答这个问题,我们在此都可以说,如果快乐或痛苦没有引起运动冲动,那么任何反应就都不会发生。如果每个传入过程都会影响中枢系统的平衡,并修改其外部倾向的方向,那么这个观点就必然是正确的。我们可以把机体状态产生的快乐和痛苦,称作是反应性意识的最一般内部刺激。

快乐反应和痛苦反应的本质。我们已经看到,适度的运动一般都是令人愉悦的。所以,我们可以猜测,痛苦会降低肌肉系统的活跃度,以此来缓解痛苦,诱导快乐。实际上,我们可以说,一个痛苦的运动反应倾向于抑制它自身。

此外,在极度痛苦的情形中,其他运动要素的活动可能也会增强这个抑制过程,也就是说,会抽走痛苦反应的能量。所以,我们会发现,强烈的痛苦会刺激一个扩散的痉挛反应。

另外,由于快乐一般伴随着适度功能,那么,我们可以预计,这两个因素也会促进快乐反应的持续。也就是说,重复一个快乐反应,并消灭其他干扰它、分耗它能量的活动,将会促进生命过程,所以,我们可以说,一个令人愉快的运动反应倾向于持续存在。

运动自发性。通过观察婴儿,我们清楚看到,运动和情感都是原始现象。有些人说,身体只有充分发育到可以做出运动反应的程度,情感才会开始出现,不过,这一点根本无法证明。另外有人认为,胎儿的所有运动都是对情感状态的反应，但这一点同样无法得到证明。情感和运动完全有可能是两类同样原始的、相辅相成的现象，不管怎样，我们在获得了独立生活之后，情感和运动就确确实实是相辅相成的。机体本身的内部状态就足以激发无穷多种运动，这类反应只是有机体的释放和爆发，它们与特定的外部刺激无关，因而被称为自发反应。婴儿不停做的随机动作和一岁幼儿的类象棋行为，都是自发反应。

相比成人的动作，婴儿的动作所对应的运动感似乎更强烈。婴儿之所以不停地手舞足蹈，是因为它们感觉到了强烈的势能感，与疲惫相对应的是肌肉运动的完全消失。之所以如此，是因为婴儿的皮质要素在进入特定关系和系统之前，是非常容易流动的。一旦进入这些关系和系统，这些要素一方面将具有更大的惰性，另一方面将能更持久地消耗能量。

所谓的游戏本能就是建立在运动能量的这种剩余上，由于游戏本能的通道还不够确定，所以它并不是严格意义上的本能。在自主控制之下，肌肉能量用于满足其他感觉，而非肌肉感觉本身。从教育方面来说，游戏是非常重要的，因为游戏可以使儿童获得动作流畅性，并可以使其对排列、形状和复杂情境有所认识，游戏还可以培养儿童的发明建构能力。

第二节　冲动和本能

我们在上一节中已经说过，反应性意识的刺激来自机体内部或机体外部。主要来自内部时，我们可以称之为**冲动性刺激**，主要来自外部时，我们称之为**本能性刺激**。有了这个粗略的区分，我们便可以进一步探究冲动和本能。

1. 冲动

我们说的冲动型个体是指活动在其中居主导地位的人，不过，这里的活动是指那种多少任性的类型。我们会把冲动之人和理性之人放在一起对比，这种对比既是意味着冲动性个体会无法为自己的行动提供充分的理由，也意味着任何人都无法提供。冲动在外人来看基本上是不可理喻的，说它们是任性的，是指它们在某种程度上是怪异的。

在这种情形中,就如在很多其他情形中那样,仔细分析的结果只是印证了我们的普通定义。从生理角度来看,感觉过程和运动过程只有在彼此相关和对立的时候,才是如此。生理单位是一个反射弧,一个反应,而我们在心理层面上发现了事物的一个类似状态。一开始,我们发现了一个运动感要素,即包括外出感和内入感。只要有意识出现,这个"外出"要素就会具有一种个性或特质,既体现在它的选择性反应中,也体现在它所建构起的性格种类中。可以这么说,意识的支柱是成双成对的,就像感觉神经和运动神经构成了神经系统的一对脊梁一样。根据我们最后的分析,这对支柱是一切意识生活的基础。在研究感性时,我们其实就是研究这个支柱对的一个方面。感性是一个深不可测的谜:它是一个基本的心理现象。冲动也是如此,它是这个基本支柱对的另一个要素。

然而,根据我们对生理和一般意识的了解,我们可以对冲动做出下述描述。

(1)冲动属于反应性意识。冲动不涉及深思和意志,深思型个体是一个可以控制自己的冲动的人,他可以使他的意志与他的冲动有效挂钩。另一方面,非常强烈和多变的冲动则可能会战胜意志,使意志瘫痪。所以,在不自主生活的心理和生理中,我们都可以发现冲动的一般条件,结果,冲动的目的并未出现于意识中。

(2)在普通条件下,冲动并非不可控制。冲动的内源性和非反射性,使得它们不能受制于自主否定。不过,它们对意志生活的影响则可能非常巨大,在后面的讨论中我们可以看到,冲动甚至可以驱动行为。对于长期放纵或决断力薄弱的人,冲动的制服只能间接完成。也就是说,去积极追求别的活动种类,借此来把不好冲动的能量转移到邻近的通道中。

(3)冲动的特异性必然在很大程度上源于个体遗传得到的或在特殊生活环境中形成的倾向。在这方面,遗传效应是非常显著的,最明显的遗传例子就是活跃性情的遗传。此外,我们也能很容看到冲动在个体生活中的消长,令人沮丧的环境或持续的厄运会使一个充满希望性冲动的人变得悲观而死气沉沉。鉴于冲动的这种独特的个别性,我们很难对其进行分类,也无法为单独的冲动反应制定任何准确的刺激法则。

(4)冲动受内部激发,且不能分解为特定的反射要素,无论从生理方面还是从心理方面来看,这一点都是真的。一个生理冲动不能直接而一贯地追溯到一特定刺激,因为它看起来更像是某个专属于中枢过程的东西的结果,似乎是神经系统生长的结果。另一方面,意识中的冲动也不能追溯到一个固定不变的心理起因。冲动所代表的似乎是整个意识状态,而与具体图像的理论价值无关。无论我们怎么解释和劝说,紧张的人都无法摆脱它们的恐惧冲动,我们的理性结论总是不得不冲破许多阻碍它们的冲动倾向。

不过,一般来说,正是一些特定客体或图像的出现,才使得冲动得以显明。杰森说,起初我们只有一种模糊的不安感,一旦这种不安感找到了合适的客体,它就会变为一个冲动性的运动反应。

感官冲动的定义。所以,我们可以从心理学角度,把感官冲动定义为意识通过运动来表达自身的倾向,不过这种倾向必须独立于特定的感官刺激而存在。

感官冲动的种类。现在,我们只讨论冲动的感官方面。我们发现,这种倾向或是肯定的,或是否定的,也就是说,是趋向或避开当前的刺激客体。感觉到痛苦后,我们会产生避开痛苦起因的冲动,感觉到快乐后,我们会产生接近快乐来源的冲动。不过,这些冲动并没有特定的目的,不服务于什么意识目标,在心理学的范围内,冲动的目的性只是一种原始的适应性。

此外,肯定性冲动会促进运动反应,而否定性冲动会抑制运动反应。不过,有一类身体痛苦会诱发特定的、激烈的运动骚动,身体需要或欲望得不到满足时,就会产生这类痛苦。所有的动物性欲望都是先天的,它们的相应运动器官会产生冲动活动,愉悦性状态引起的冲动无一例外都是促进性的。

2. 本能

我们用冲动指较为复杂的内源性运动性倾向,同样,我们称受环境激发的复杂反应为本能。这种划分非常粗略,其中,每一类里都有例外。根据日常观察,我们发现本能有两大特征。第一,我们认为本能是机体生来就有的能力。第二,我们认为本能最能说明机体对其生存环境的适应本质。

如果事先假设本能是受外部激发的复杂运动反应,那么通过经验观察,我们将可以对其进行下述描述。

(1)和冲动一样,本能也属于反应性意识,对此,我们已经可以充分理解。

(2)一般情况下,本能不受自主控制,这一点与冲动不同。

(3)本能通常是确定和同一的,本能不像冲动那样千变万化,具有个体特征。

(4)本能与特定刺激相关联,本能会对这些刺激做出反射反应。

当我们说本能是反射时,我们会想到这类反应的所有特征:它们作为固定神经过程种类的机械本质,作为意识现象的不可抵抗性,随着动物种类的不同而具有不同的具体形式。本能代表了根深蒂固的神经结构,这些结构通过遗传传递。本能还代表了低级的意识,这些意识还没有足够的特征可以变为冲动。

当我们说本能是反射时,我们其实还指,本能并不带有对它们所产生效果的意识。母鸡最初"坐"窝时,它并没构想将来会孵出小鸡,也没有抱着孵化的目的。说它具有"坐"的本能时,我们的意思是,当它的机体状态(温度)因为很好地适应了环境(窝、鸡蛋等)而能孵化小鸡时,它会在反射神经系统的强制命令下而"坐"窝。所以,我们不能说候鸟会想到它们首次飞往的地方,不能说它们预想到了南方气候的温暖舒适。我们只能说,在环境和其他条件的刺激下,鸟的迁徙本能便外化为了一个适当的运动反应。

本能的复杂性。但是,考虑到我们所观察到的本能具有非同寻常的复杂性,所以,我们还需要修改一下简单的反射反应概念。如果机体的目的性适应只局限于一个反射弧,也就是说,局限于一个感官刺激和一个肌肉运动反应,那么动物生活将会停留在一个非常低的发育水平上。神经系统对环境的适应必须从两个方面获得这个复杂性:第一,为了一个共同的目的而协调单独一组肌肉要素,我们可以称之为共存复杂性。第二,为了一个共同目的而联合多个依次相继的运动反应,使它们构成一个有条件的序列,我们可以称之为序列复杂性。二者都在动物本能中得以实现。

动物的筑巢本能既包括同时执行多个肌肉反应,也包括一天又一天地依次执行很多个飞行动作,这在自主生活中,被我们称之为利用手段实现目的。

动物本能的定义。从意识的角度来说,本能是意识在面对特定的但总体上复杂的感官刺激时通过运动反应来表达自己的原始倾向,也就是说,本能是遗传得到的运动直觉。

本能的多样性。本能具有多样性,可以被修改,在刺激条件发生变化时,本能甚至可以完全丧失,这些事实进一步支持了这个一般本能论,最近的观察结果已经使这一点变得无可置疑。断奶后的幼儿会丧失吮吸本能,他需要逐渐学习,才能重新掌握这个能力。笼中鸟会失去筑巢本能,蜜蜂可以巧妙地修改蜂巢的结构,以克服新的、甚至是相当棘手的障碍,但是它们仍然会保留能帮助节省材料的基本建筑原理。在此,我们似乎遇到了一大类介于冲动和本能之间的现象,这些现象可能会统一这方面的意识生活。对于这些现象,我们可以总结出下面几点:

(1)本能会因为失用而荒废。这一点不言自明,从生理角度来看,这是指神经组合通过作用于失用本能的材料或联系而腐蚀了该本能,结果,要素得以重新调整,原先的本能性反应被摧毁。

(2)本能会因为适应不良而变化。这是指反射协调反应会变成一个较为简单的类型,失去筑巢本能的鸟仍然保留下来了下蛋本能和交配本能,尽管在野生状态下,这些本能是很难区分的。反应确实会非常出色地适应实际出现的刺激程度和种类,本能的这种变化可能部分是受早期经验记忆的影响,生物体对当前刺激要素的记忆增强了这些要素的作用。而当前反应所需要的要素,就通过这种方式得到了强调。同样,模仿暗示也能改变本能。另外,自主选择也会破坏本能,结果,很多时候,只有冲动仍然是本能性的。

3.本能的自然耗竭。很多本能反应会自然而然地消失,比如,婴儿的吮吸本能,有些人的社交本能,另外一些人的羞怯本能。很多时候,随着年龄的增长,诚实本能会完全消失。许多身体性爱好会消失,年轻的热情也会消退不见,这些本能只代表了生物体的心理生活和身体生活的某个阶段。

第三节　所有运动刺激的情感本质

1. 情感

前面我们在介绍不同刺激种类时,已经假设它们都是情感现象。我们会感觉到一种暗示、痛苦、冲动的力量,感觉到它们的运动价值。一个观念本身不能做出运动反应,但是它出现在意识中时,这个"出现"本身就是一种情感。只要这种情感能影响我们,它就能使我们做出行动。

我们也许可以用"情感"一词来表示所有不自主运动的刺激。当我被刺激影响时,这个刺激通过我自己的内部感性状态使我运动,随后我们会看到,这些情感在意识现象中也很显著。不过,在自主意识中,情感与另一刺激种类相互对立,它们一起构成了动机。所以,情感是不自主运动的前因,正如动机(包括情感)是所有意志动作的前因。

2. 情感的分类

根据前面对运动刺激的描述,我们可以总结说,如果不自主运动既不是自发运动,又不是简单的反射,也就是说,当它是通过意识而被刺激时,其起因是图24-1中的一个或多个。

图 24-1　情感的分类

第 25 章

自主运动的刺激[①]

自主运动意识。对反应性意识所做的分析同样适用于自主意识。我们发现,在所有有意为之的身体运动中,首先存在一个理由可以解释我们为什么想要这种反应。其次,有一个确切的决定或意志动作。最后,有运动发生。所有"为什么"的答案放在一起就构成了自主运动的刺激,我们需要首先考虑它们。

第一节 一般刺激

1. 对客体的兴趣

有意行为的最显著特征就是,我们脑海中出现了某个东西,也就是说,意识中出现了某类表象。在本能和冲动中,我们并不会去预见一个目的,在道德感觉中,这个目的概念也是模糊不清的,但在这里,这个概念非常清楚地出现于意识中,用普通的话说,目的性是有意行为的最大标志。

[①] 见《心理学手册》第 2 册第 14 章。

显而易见,被感知客体必须携带有一些兴趣,才能被我们当作目标追逐。我在意志的命令下移动我的腿,这或是为了走路,或是为了缓解紧张,走路和缓解紧张都是我当前的兴趣。所以我们说,一定程度的情绪兴趣是激发意志的最一般刺激。

2. 自主决策的起源

幼儿的最早兴趣就是满足自身身体需要,所以,自主运动可能就起源于自发运动和反射活动对各种暗示和冲动条件的适应。实际上,我们发现婴儿的随机运动很快就会具有试探性自主模仿和探索的特征。幼儿会一遍遍模仿他所看到的动作和听到的声音,我认为,这种持续的模仿就包含了最早的自主决策。① 这些早期努力和它们的反面,逐渐构成了儿童对客观真实部分的良好信任,正是在这个基础上,自主反应才迅速变成了习惯。

3. 作为自主运动刺激的情感

自主运动的刺激进一步明确表现了不自主反应的刺激,感官变化在运动反应中遵循的一般规律也进入了自主领域。产生不自主运动的暗示也能产生自主运动,另外,快乐和痛苦、情绪和冲动也是如此。有的心理理论把意志和反应截然分开,否认其他刺激对意志的影响,而承认出现于意识中的观念会影响意志,这个理论是错误的。选择动作的环境从来都不只是备选项,在选择动作下面,还有一堆晦暗的、未明示的情感,这些被部分感觉到的机体倾向给了整个过程以色彩。在没有接入新信息的情况下,晚上做的决定到了早上也能反过来。一个微不足道的身体事故也会扭曲视觉,引起情绪,扭转决策。实际上,最抽象的意志动作会受到潜意识情感条件的强烈影响,这一事实也只是在现在才开始得到它早就该有的认可。

---

① 见笔者的论文《自主决策在儿童期的起源》。

第二节 自主决策的特殊刺激:欲望

除了前面描述的最一般刺激,我们发现一切自主运动的基础都是欲望。我们可以认为欲望与更经常被使用的愿望一词同义,这样,我们对它的认识将会更精确。

1. 作为欲望基础的冲动:自然渴求

前面我们已经讨论过感官冲动,在此基础上,我们要去探讨某些情绪为什么具有内在的吸引力和拒斥力。这些知性冲动伴随并推进统觉过程,就如身体冲动会保存和促进机体生命一样。这些知性冲动是较早的情绪分类的基础,在这种分类中,情绪被分成了:逻辑冲动和自我冲动,见于好高骛远、虚荣和自我贬低等;同情冲动,见于慷慨、克己、援救冲动、敢代人出头等;追求理想、真理、美和善的冲动。由于这些冲动都对应有特殊种类的客体,所以我们又称它们为自然渴求。

2. 欲望以及客体

然而,欲望的冲动性基础并非全部,知性冲动是一个有指向的冲动,它能意识到能满足自己的客体,正是这个客观指向把欲望与源于中枢的反应区别开来。当我们感觉自己什么都不想要的时候,就会感觉到无休无止的冲动性。从这类经验中,我们可以清楚地看到上述区别。心理上的躁动不安和身体上的躁动不安都倾向于通过扩散的、偶然的通道传导,神经性消化不良患者会做出反复无常、漫无目的、通常也是破坏性的肌肉运动,同样,他的注意和情绪也会发生类似的变化。但是,一旦这个外部倾向有了一个固定的出口且这个出口的图像清晰地出现在了意识中,我们就有了欲望。

所以,欲望的客体是欲望所追求的事物,这样的客体有千千万万。一般来说,任何能够激发一个冲动性的意识运动的表象,都会因此成为欲望的客体。

3. 欲望的产生

幼儿会伸手去抓他所看到的东西,这是欲望出现的最早例子。一旦有了注意,意识中一旦出现了一种事物的视觉表象,我们就会发现自己对这种事物产生了冲动性的肌肉反应。起初,这个反应的形式非常粗糙,随后就会快速变得精致。笔者以自己的孩子为被试做了一些实验,结果发现,虽然幼儿在六个月以下会徒劳地伸手去抓住远处的物体,但在两个月以后,他就不这么干了。在八个月大时,他不会去抓离自己十六英寸以上远的彩色物件,他的触及范围在十英寸到十二英寸之间。很明显,在这种欲望练习中,他把肌肉感觉与视觉性距离经验联系在了一起。所以,我们也许可以说,欲望起源于视觉暗示,并在它的引领下发展壮大。自然渴求引起的早期缺乏感和需求感就是模糊的机体感觉,不能称为欲望,因为它们的客体并未呈现于意识中。

4. 欲望和基调

欲望的基调通常都是痛苦,尤其是当冲动倾向非常强烈或长期受抑制时。欲望开始于一个不安或躁动的状态,欲望的基础和自然渴求的基础一样,都是一个基本的需求。这种需求状态本身是令人痛苦的,但它的满足则是令人愉快的。不过,痛苦的消除和快乐的获得都需要相应客体的出现。比如在饥饿状态下,营养功能的停歇会引起痛苦,其相应客体(食物)的出现则会使该功能投入正常工作,而该功能的正常工作会引起快乐。同样,对于学生来说,缺少一个可以耗费心力的学习项目是痛苦的,这个痛苦可以通过获得一个合适的学习对象而消除,如此一来,便会引起快乐。所以,从原始意义上来讲,欲望满足的苦乐基调纯粹是一个伴随物,而不是欲望的客体,除非快乐本身在意识中作为一个目标而被瞄准。通过观察儿童在初具意志时的行为,我们发现,最早阶段的意志会以最直接的方式处理客体,幼儿只会逐渐地学习操控客体,以此来增加和延长快乐。也就是说,他可以改变自己的自然反应,当这些反应碰巧能给他带来快乐时,他会应用这些反应来谋求快乐。婴儿的食欲一开始只指向能满足他的事物,所以,他会兴奋地喝奶,喝饱后就推开奶瓶。过了八个月或九个月后,他开始玩弄奶瓶,会时停时饮,就算已经不饿了,他也会继续吮吸。对于两岁和两岁以上的幼儿,口腹之欲已经明显取代了单纯的对食物的欲望,并且成了儿童的追求。

5. 欲望因子

我们要进一步问，一个图像具有什么性质或特性才能成为欲望的客体，我们为什么会有冲动去趋向或避免某些表象呢？要回答这个问题，我们需要仔细分析当中涉及的身心条件。

从心理方面来说，我们在不同经验的需求—满足特性中发现了各种信任因子。我们会追求欲望的满足，如此一来，某个事物的表象若能够给反应画上句号，它便会具有价值和满意特性。该事物的表征也暗示了相应的满足，不过这个表征没有实体、实在性和因子。这就是欲望客体的表征的一个特性，也就是说，它会给出满足的暗示，但并不会引起满足。

此外，这些暗示都是什么？都具有什么形式？很明显，所有暗示都会采取运动的形式，这些暗示倾向于使用与它们所代表的满足种类相匹配的运动通道来实现自身。结果，表征也许可以充分通过联想而引起运动反应，也许只能产生沃德说的"行动萌芽"，也就是产生一个反应倾向。本来，由于我们意识到了欲望客体并未确真出现，所以这个行动倾向便受到抑制。在后一种情形中，欲望会持续，而我们也会得到第二个要素，即运动反应萌芽，这个萌芽由客体表征激发，却并不由它完成。

欲望的这两个方面非常重要。仔细观察就会发现，在身体欲望中，这两个方面代表了客观实在的两个已为我们所熟悉的标准。我们认为这些标准首先表现了满足特性，其次表现了一个自主肌肉序列终点处的复制倾向。正如上面所说，当一个图像能像这些标准一样激发意识时，也就是说，能够在无法带来满足的情况下暗示满足，并能够在不提供一个动作终点的情况下激发一系列肌肉动作，那么欲望就会出现。我们可以简单地表述为，当一个心理图像暗示了既不直接在场也无法通过意志获得的满足时，这个图像就会被渴求。

6. 欲望的生理基础

要知道欲望的基础是什么生理过程，就必须先知道我们是凭借什么生理过程来感知不同种类的实在的。如果一个客体的感官实在性是通过某个大脑过程而反映在意识中,那么这个客体的概念也取决于一个大脑过程,并且,该过程缺少能够代表实在性的特殊要素。在这两种情形中,运动出口都是同样的。反应萌芽是欲望客体所唤起的普通反应,只不过它还是萌芽性质的。所以,从生理角度上说,欲望就是一场运动风暴的酝酿阶段。当客体确实出现时,神经冲动就会获得其全部的力量,这时候风暴就开始了。

第三节 动 机

迄今为止发现的所有自主意识刺激都可以用一个词语来表示,即动机。动机可用以指一切能够引起自主运动的刺激,有的动机代表的是被追求客体的表征,有的则是代表潜意识的、机体的、习惯性的或纯粹情感性的行为动因,其中这些动因的主要作用就是给整体意识一个色彩。相应地,我们可以把动机分为两大类:前一种动机叫作目的,后一种动机叫作情感。这些动机作为刺激,彼此之间并没有截然分明的界线,毕竟我们也看到,一种动机经常会变成另一种动机。不过,在意识中,这些动机则有鲜明和重要的分界线。下面我们会看到,在进行自主选择的时候,只有目的才能决定选择的方向。

第 26 章

自主运动①

到目前为止,我们已经探讨了自主行动的动因。不过,这些动因会产生什么结果呢?换句话说,什么是自主行动呢?如果我们像前面一样只讨论肌肉运动,那么我们将会发现两大类情感,这两类情感依附于所有我们愿意称为个人表现的运动,我们可以把它们称作努力感和同意感,我们愿意把一切我们自己同意的或努力做出的身体运动称作是我们自己的运动。下面,我们可以更进一步地来思考这两种情感。

努力感和同意感

通过探讨一个具体的自主动作,比如说前举胳膊到一定高度,我们将能很清楚地看到作为一种经验类型的肌肉努力究竟是指什么。如果忽略我们已经发现的存在于反应性运动或无意识运动中的要素,我们将能看到两大类努力:努力去做和努力不去做。在肯定性努力的情形中,我们奋力谋求运动的发生,我们可以

---

① 见《心理学手册》第 2 册第 15 章。

称之为意志的肯定。在否定性努力的情形中,我们奋力终止一项运动,或者控制或压制它,我们可以称之为意志的否定。如果我被人责怪说没有动一动麻木的胳膊,而我说"是的,可我确实努力去动了",这是肯定。一个儿童因为做了某个动作而被责怪,他喊叫说"是,可我真的努力不让自己动了",这是否定。

意志的肯定还包括一些新因素,既有心理上的,又有生理上的。

1. 肯定性意志的心理要素

(1)首先得有意识地选择一条要走的路线。比如说,我同意我自己把右手举起、同意举这么高、同意举前面等。在此,欲望的目的得到了清楚地强调,不再具有任何外来的不确定性。在选择活动的范围内,我会感觉选项很丰富,会感觉我对它们进行了或多或少的思考,会感觉所有器官的准备状态都令人满意。

我们通过选择和排除来做准备,然后采用特定的选项,这种准备感和采用感是意识中的新要素,简单的反应性运动中并不存在类似的东西。对于反应性运动,在反应完成之前,我根本无法知道刺激的本质或运动的本质。但在这里,我知道我将要做出的运动是什么,并且知道我怎么执行它。简而言之,我很清楚地意识到了目的,而前面我们已经发现目的存在于刺激意志的欲望中。在这里,我感觉到自己把这个目的当作我自己当前的欲望而予以采用、接受和批准。

在我们自主地使用肌肉之前,我们会有一种与身体器官的分离感,会感觉到选择徒劳感,读者在尝试第一次动耳朵时就是如此。这时候,我们感觉像在寻找一个正确的按钮,一个可以放置杠杆的支点。我们清楚地搜索意识,而这个意识就定位在大脑一侧。

(2)其次,我们会感觉到这个目的在意识中对我越来越重要。目的持续存在于意识中,逐渐生长,最后超越了意志提出的其他所有要求。就好像脸颊在风的作用下开始从内向外膨胀,越来越大,最后到了我能承受的极限。但无论如何还是我在承受,并且我感觉是我自己在承受,没有人在帮我,也没有人阻止我。

这种扩张感、观念吸收感,也存在于反应性意识中。有时候,一个观念从感性背景中不请自来,昂首阔步地来到意识的灯光之下,其阴影遮住了前排的观众,并使我背叛了我的意志。不过,在这种情形中,目的感向前而顺其自然感(通过预期)向后流出了一个情感色彩,不自主的意识扩张则不存在这个色彩。

(3)肯定感:算了!我忍不住了!行动的时间已到,我要行动。这个肯定感绝对专属于自主生活,它是自我能动性的核心。反应性意识的爆发伴随着一种无助感,就好像控制不住自己胯下的马,但在这里,意识的爆发则被感觉为是对受控之马的驾驭,这就是严格意义上的意志意识。

(4)对肌肉的控制感。也就是感觉可以重新考虑,可以抑制这个意志肯定,这种感觉也能延伸到心理流。

(5)与肌肉系统的矛盾感。面对"你没有做"的指控时,我们会坚称"我试了",而这个理由也足够充分,詹姆斯称这个意识要素为"白瞎"努力。在这里,严格意义上的努力似乎是添加于意志感之上的东西。虽然内部力量呼之欲出,可无奈肌肉僵如枯木。伴随着这种矛盾感的还有困难感、阻抗感、意志感和更强烈的意志感,以及我们已经说过的消耗感。

(6)目的所属的关系复合体会得到增强和扩张。我们通过行动而更加理解行动,某个具体反应可与其他反应相比较而表明行动者的能力、精确性、强度,由此构成了一个衡量相似欲望能否在未来实现的重要尺度。

(7)运动时,我们会有独特的运动感觉,包括触觉、温觉和肌肉感觉。在一般条件下,如果没有真实的运动,这些感觉也将无法被感觉到。

2. 肯定性意志的生理要素

从生理角度来看,我们发现当自主反应得以稳固确立时,会有某些重大的现象发生。

(1)相应肌肉器官的复杂性会极大程度地变复杂。相比反射运动和冲动性运动的简单性和单一性,这是自主反应的最大特点。前者会激发一些重复出现的具体反应,这些反应所对应的肌肉要素以更加固定也更简单的方式组合在一起。相反,自主运动则会把这些反应的要素以无数种方式打乱、重排、重新结合。

(2)被意志征用的特殊肌肉会直接具有更多能量,肌肉在被自主征用的条件下可以完成更多工作。

（3）相比冲动性运动，自主运动中的反应更迅速、更确切、更精准，这种优势与目的的明晰度成正比。通过努力，可使用的肌肉越来越多，但是，通过不断重复努力，必需的肌肉越来越少。从这些方面来看，重复可以提升一个自主反应，因为它可以把目的的执行化作一个复杂的反射，这时候，意志只需要打开神经能量外流的阀门就行了。

（4）在教育的作用下，运动器官在整体上会保持一个持久的平衡，不再需要有意识的努力。婴儿必须学习保持抬头，而成人则总是积极地保持这一姿势。我们看到，成人在倦意不断加重的时候，他的头会低下，他会"点头"。所以，我们的身体一直处于肌肉紧张状态，这个状态被比拉德称为"静态收缩"。稍微注意一下我们自己的四肢，我们就能发现这些紧张状态，并能在不需要的时候释放它们。如果一个人无法有意识地放松肌肉，也就是说，如果他只能像木头一样坐或躺着，那么他永远也学不会如何正确休息，而肌肉的绝对休息会给我们带来巨大的放松。①

3. 否定性意志的心理因素

一种否定性意志行为还涉及其他一些额外的意识要素。

（1）我们会感觉到当前正在执行或即将执行的反应与我想要并且争取的目的之间有强烈的冲突，这种感觉比单纯的身意分离感更为积极。因为在这种情形中，我积极地反对了，我并不是催促一匹驽马，而是遏制一匹烈马。"虽然我动了，但是我曾经努力不去动"，这便是严格的否定性努力。

（2）如果被否定的是一个自主反应，那么我们就会感觉"自我被取消"，维持功能所必需的神经能量被抑制，这就是否定性意志。如果功能仍然继续，那么被否定的就是一个不自主反应，而我通过"否定性努力"而反对它。

（3）很多时候，我们都会感觉到无助，感觉自己在寻找方法以求间接地规避和

---

① 美国公众已经掌握了一些解除"静态紧张"的方法。以我自己为例，我会想象自己躺在一张漂流于平静海面的船上，不受任何打扰，或者会模仿睡眠时的状态，慢慢呼吸、长吸气、快吐气。每当无事可做时，我就会如此休息五分钟。

阻止神经能量释放,比如,我们会请别人帮助我们固定住受伤的胳膊,以此来阻止其反应。

(4)最后,肌肉和关节的运动停止会产生一些感觉。

4. 否定性意志的生理因素

否定性意志的生理机制是:

(1)肌肉的运动与那些实现被否定反应的肌肉运动相反,绝不向敌人鞠躬献媚的受害者会"身体后挺";当我们决定不笑的时候,我们会做出一张苦脸。

(2)另外,实验还表明,如果一个肌肉的反应被否定了,那么该肌肉会直接放松。

5. 同意感

许多人都认为同意感没有自主重要性,不过,鉴于同意感总是涉及一个观念或目的,并指出了我们对这个目的的积极态度(这个态度并不是简单的理解或信任),上述观点并不成立。我不同意尼亚加拉河瀑布的汹涌澎湃,但我确实同意我孩子去参观,后一种同意明显与我的意志相关。

6. 肌肉运动小结

通过探究努力所包含的要素,我们明确意识到了自我和肌肉阻抗之间的对立,在这一点上,意识是明确无误的。反应性意识中虽然也有自我感,但是这个自我是包含于一般肌肉适应倾向中的自我,而自主意识中的自我则是一个可以提前查看运动、可以进行选择和批准、可以抑制自身和进行谴责的自我。无论自我是什么,无论这个对立意识的含义是什么,它都是存在的,并且必须因此获得充分的承认。

7. 肌肉运动和注意

我们在前面提到了自主运动的几个特征,其中第一个就是准备感,也就是说,关联、选择和采用一个目的去实现。现在我们看到,这种从多个表象中选出一个表象的选择活动只能发生于注意中,它本身要么是不自主的,要么就是一个意志性肯定。如果是不自主的,那么它就是一个反应性意识问题,这时候所产生的运动也是不自主的。如果一个人只是随机地运动,没有时间思考或没有信息可供思考,比如说他通过投掷一个心理硬币来决定自己的选择,那么他的行为就根本不是自主的。

所以,在所有自主运动中,都会提前有一个对运动的意志性肯定,而不是去运动的意志,也就是说,先同意去关注一个特定的运动概念。一般来说,意志在意识中有两种截然分明的形式。我可以如我所愿地去关注一个运动观念,果断地把它放在意识中,但不做决策去执行这个运动。就算我确实做了这样的一个决策,我也是通过把注意集中到这个观念上并因此排除其他观念而做到的。如果我无法做出这样的决策,那么原因似乎就是我的注意力有缺陷,其他观念与这个运动观念共同占有注意,所以,使一个表象蔓延整个意识并渗入意志的是准备程度也就是自主注意。搞清楚自主注意是如何起作用的,也就明白了意志是什么,自主运动只是自主注意的特例。

8. 自主运动的发展

自主注意的发展有三个阶段:①自主注意瞄准一个表象,而这个表象又反过来刺激一个先天性的肌肉反应,这个阶段体现在儿童的暗示性和模仿性反应中。②自主注意瞄准一个运动表象,这个表象激发了运动。当我们尽力掌握新的肌肉动作组合并使其变为我们的目的时,我们就处于这个阶段。③自主注意瞄准一个目的,为了实现这个目的,我们需要借助一个肌肉反应。这样一来,我们就回到了第一个阶段。通过学习过程②,我们获得了新的适应反应,通过重复,这些新反应变成了先天性反应。(第一个阶段①一样的无意识手段。现以书写为例说明。我们的身体天生就能做出书写动作①,我们通过努力而改进这些动作②,然后我们把这些改进交给身体③)。

9. 神经论

任何认为意志具有一个统一神经基础的理论,都承认一个中枢过程之后会跟着一个传出过程。这个传出过程会激发一个肌肉反应,而该反应反过来又通过一个传入过程进入意识。现在,我们要进一步问努力感在这个序列中的确切位置,我们是什么时候感觉到努力的呢?是肌肉刺激的能量准备离开大脑时,还是传入过程向大脑报告实际发生的运动时?这个问题还可以精确地表述为:努力感是完全运动性的外向感觉呢,还是说它们也包括有神经感觉或者说内向感觉呢?

  前面我们已经分析了神经系统的一般构造,通过类比这个构造,我们可以去寻找一个来自外向过程或者说反应过程和内向过程或者说接收过程的意识要素,不过,我们不在此给出相应的正反证据。[①]

[①] 关于这一点,详见《心理学手册》第 2 册。

第 27 章

自 主 决 策[①]

  目的。我们在上一章中已经发现自主运动只是自主注意的特例。运动准备包括选择一个特定的表象,当有适当的观念性和运动性条件填满意识时,运动的完成就只是这个选择活动的重复。比如,我在十二点的时候决定和一个朋友在六点吃饭,我选择了这个行为并且决定完成它。但是,与此同时,其他观念(时间、当前的义务)则与这个我想要执行的行为一起存在于我的意识中,这时候,我的意志状态是目的,但当它表示的是一个更为持久的性格要素时,它便是意图。到了六点,这些与我的目的无关的表象就消失了,这时候我的意识中只有进餐行为,它完全占据了我的注意,我在六点钟的意志只是重复了我在十二点时的意志,只不过二者有不同的意识背景。在这两种情形中,我都得到了意志的所有直接结果。在第一种情形中,这些结果只出现在我的心理生活中,在第二种情形中,它们则通过我的肌肉进入了外部世界。如果我决定入室抢劫,那么就算在我行动之前就被抓到了,我也是一个盗匪。所以,只有一个意志性肯定,只有一个自主决策,并且是这个决策使我把注意倾注到一个表象上。

[①] 见《心理学手册》第 2 册第 16 章。

第一节　作为选择的自主注意

1. 动机律

我们认为自主选择是一个注意动作,它总是包含了一些意识分类标准。我们前面已经指出了一个注意动作所要处理的各类选项,这些选项是行为动因或动机,是任何能够代表主动的意识状态的情感倾向。前面已经表明,我们的整个个性就是一个自我表达的事物,它的表达方面就如它的接收方面一样真实而重要。所以,人在任何时候都会表现他自身,而他所表现的东西也是他身上一切寻求表现的要素所产生的结果。

此外,人的所有当前可能也都聚集在这些表现倾向中,这些倾向代表了他在行动时的全部自我或者说他的个性,因为他当前的环境条件能够使他的个性表现出来。如果这些条件同时有利于很多动机的表达,那么这些动机将会竞夺唯一的表达机会。比如,火车司闸员的手冻僵在铁闸上,这个强烈的疼痛就是一个驱使他放手的生理动因,但是他很快就会计算碰撞发生的概率或者说前方出现断桥的概率,而这种知性动机则促使他仍然忠于职守。在后一种动机下,他会想到受伤的乘客,想到受难者的喊叫声,这些想象画面又构成了一个新的情绪动机,为他带来了一股温暖的同情之流,使他迅速决定恪于职守。这个决策是这个人的决定,它表现了这个人的本性,他的本性按照具体环境给他提供的线路外露出来。所以我们说:首先,所有的自主决策都来自一个复杂程度不一的动机集合;其次,这个动机集合包括了当前所有可能的行为选项。

分析自主决策的情感基础时,我们指出了自主决策的不同刺激,而通过这个分析,我们也清楚地理解了第一个观点。这些刺激中的每一个都可能单独起作用,因为一方面,人摆脱不了他的肉身;另一方面,摆脱不了高级的理想;再一方面,摆脱不了他的情绪基调。

第二个观点表明,任何教人超越其动机的理论,都冷漠地看待这些动机,鄙视和拒绝这些动机,并单纯地要求我们去追逐一只萤火虫。去掉了一个人的所有动机,也就抹杀了这个人,自主决策的整个内容也会随之消失。要做决定,首先得有东西可被决定,但这个东西是一个事物的图像,它与我们自己有一些关系。我之所以决定去实现它,是因为它触动了我,它是我的动机。如果这个图像非常无趣,那么我也就根本不会想去实现它。我不能制造新的动机,也不会决定去做一个不能使我产生共鸣的事情。

2. 动机的本质

很明显,动机本身什么也不是,它只是一个名称,用来指代主体本性的部分表达,所以,我们绝不能把动机当作把能量消耗于意志上的力或互相对抗的力。这些心理学概念从来都不短缺"晦而无慧"的神话,除了动机,再没有什么意志可去对抗,也没有什么意志会彼此斗争。这里的互相斗争,是指每个动机都有自己的意志,或指没有什么共同生活的充分实现可以很好地满足所有动机。这时候就产生了一个原则,这个原则的不同适应形式代表了一个价值分级制度。我们选定一个价值,如果它是最好的,那么别的价值也会通过被否定而和这个被选定的价值一样得到促进;如果它劣于最好的价值,那么它会和其他价值一样因为它的满足而受到削弱。毕竟,所有这些价值都同属一个共同生活,所以,每一个价值的满足都会影响别的价值。那么,我们又是如何把它们当成在意识剧院中同台竞技的单独实体呢?其中,这个剧院对它们"一视同冷"。从某种程度上说,这些价值在鲜活意识的功能综合活动中,都是非常重要的要素。

3. 情感动机

我们前面把动机分为情感和目的这两大类。情感直接影响意志,无须在心中刻画,无须处理,无可避免,目的则是反思性动机、被刻画、被评价、被意识选择或拒绝。我们很容易看到,这两类动机的自主性价值处于心理生活的两个不同平面。如果所有的自主决策都得参考一个目的,那么,情感就只能通过增强特定目的的影响力而参与进来。当某个选项使我特别兴奋时,如果这个兴奋向我极力推荐一个不同于我的选项的选项时,它就影响到了我的选择。我的身体健康状况会改变我的观点和反应,这并不是因为它给我提供了一个新目的,而是因为它使这里的一个选项变得更亮,使那里的一个选项变得更暗,结果,它搞垮了注意,缩小或扩大了我们的考虑范围,给整个知性活动设定了一个更高的音调。所以,真正的自主决策都是关于目的的,并且只关于目的。

4. 自主统合

那么,一个目的又是如何变为一个自主决策的呢?它是如何获得意志的肯定的呢?仔细检验意识就会发现,无论从哪个方面来看,构想目的与构想其他任何东西都是一样的。这是一个普通的统合操作,通过这个操作,新的意识内容要素与旧有的表象复合体整合为一个新的整体。新目的形成的前提是它与旧目的相协调,旧目的本身是一个单独的复合体,它们通过吸收新的经验要素,而变为了一个新的复合体。注意在这个要素序列中移动,对这些要素进行抓取、建联、保留和选择,并最终生成一个新的整合产物,当这个产物逐渐变大而占据整个意识时,我们就得到了一个意志性肯定。只要目的复合体的要素不再作为部分而发挥作用,而是通过它们自己的活力引起注意运动,并且注意也把它的整合内容当作一个大的情境,那么就会有意志性肯定形成。

比如,我们已经习惯于深思熟虑后去执行一个指定的经营政策。这是思考、情感和过去行为综合产生的结果,是一个整合产物、一个运动情境,它包括了我所有的动机,代表着我当前的自主态度。当朋友给我提供新信息时,我会本能地关注这些信息。正是通过这种注意,这些信息便进入了我的意识,变成了情境的一个新构成要素。如此一来,其他每个要素也都会得到调整。当我再次下定决心,准备凭借相对稳定的统合结果控制这个情境时(这时我会立即投入行动),我就获得了一个意志性肯定。

没有一个目的曾经产生过这个结果,我不会采用一个目的而完全否定其他的目的。相反,我采用的是整个情境,这个情境包括了所有这些目的,而每一个目的也都向这个情境贡献了自身的意义。确实,行为的紧急性会使我们只局限于非常少数的表达。我要么去看戏,要么就走开,但是这两个选项都不能表达我的心声。

无论我是决定去看戏,还是决定走开,我都会清晰地意识到我并不是在实现我的理想意志情景。与其实现其中一个目的,我会选择折中,这样一来,哪个目的都没实现。

所以,自主统合与一般统合的区别仅仅在于它有明显的运动参照。我们已经看到,这个参照存在于所有的统合活动中,任何意识状态都离不开它。但是,当我以行动为目的时,我会更多地感觉到我的综合活动要素的运动特性。一般来说,我的决策仅仅就是批准,也就是同意我去"执行一个动作"。当我批准一个事情时,就等于同意了它。这个同意就是自主决策,但它并不如行为的自主决策那样充分。当我知道这个决策牵涉到我自己的命运,知道必须由我来执行时,我会感觉到充分的情绪性温暖和实在性,它们会给目的新的情感色彩,甚至会从根本上改变结果。

5. 控制性动机

所以,控制性动机是最终赢得了意志肯定的动机,但我们很难发现都有什么东西受它控制。控制性动机在获得意志的肯定之后就消失了,因为这时候,意志性肯定就成了一个凝聚了所有动机的新目的。意志性肯定外化成行为,而这个行为不受主导动机支配,同样,它也不能控制自主决策本身。由于每个动机都参与了结果的产生,所以每个动机都有一定的控制作用。控制性动机相对于其他动机的优势,在于它成了最终的行为表达通道,而其他动机则无此殊荣。从这个意义上说,它可以控制其他动机,不过,也只能在这个意义上。

6. 细思

分裂、平衡和未决状态通常被称为细思,现在,我们已经看清了细思的本质。细思的持续时长取决于选项的复杂性、动机的影响力的均衡性和选择的紧迫性,细思过程的彻底程度因人而异。一般来说,仔细思考过的、缓慢做出的决策最为靠谱,尽管我们也看到,有时候一个突然出现的概念性感觉,会让我们看到真理不为人知的一个方面。细思过程还涉及另外一个重要的动机,这个动机是被我们称为"谨慎"的心理状态。之所以会产生这个动机,是因为我们意识到匆忙决策会招致危险。

7. 选择

选择就是意志性肯定本身，选出了一个目的后，选择过程便得以终止。选择就是自主决策，无论它所作用的内容是什么，我们都不把它当作意志的一般形式，而是把它当作从多个目的中选出一个目的的具体选择，一个选项通常就是一个特殊的、被构想出来的目的。在选择过程中，我们会感觉到参与细思活动的部分选项仍然在持续，选择活动不会为了决定去满足一个欲望而扼杀另一个欲望。我们通过知性统合操作来选出一个选项，而这个操作可能需要不断地重复来维持自身。我们需要不断地回想我们的信念建立在什么基础之上，这样才能不失去它们。一个曾经被成功征服的欲望或冲动如果又揭竿而起，我们就会失去我们所取得的伟大道德胜利。所以，选择就是我们感觉到我们解决了一个仍然可能是问题的问题。选择是一个带有问题感的自主宣言，只要我们的决策不再需要被我们思考，它们就不是严格的选项了，而是成了性格的要素。

8. 潜在选择和最终选择

我们可以把行为方案的执行过程分为两个阶段，即潜在选择和最终选择。潜在选择是指那些源于他的性格、性情、个人偏好等的决策，潜在选择包括所有的情感动机，所有默默起作用的、未被意识到的刺激，另外，它还包括由主体的性格、记忆和知识提供的目的，简而言之，潜在选择代表的是我根据本心做出的决策。在选择朋友时，我们会对一个潜在选择更有把握。这种选择基本上不会一天一变样，它代表了我们最大的生活洪流，代表了我们的活动、观点和兴趣所遵循的习惯路线，关于这些，我们会在后面做出更多的讨论。

相反，最终选择是真正的、主动的、产生影响的选择，它是对各种信息进行细思后的结果，是所有真实条件的协调和折中。当旁观者看着一个选择，然后问"他做了什么"而不是问"他本人最想要什么，或他的行为满足他的理想了吗"时，这个选择就是一个最终选择。此外，在细思的最后阶段，我们会为了落实自主决策而修改潜在选择，这个修改是借助一些更不重要也更为无趣的选项完成。我们看到，残酷的当前环境谋杀掉了许多可爱的愿望。另外，潜在选择和实际选择之间的间隔或大或小，而这个间隔的大小将决定一个人是思想开放之人，还是本真之人。前者容易接收新的暗示、观点和情绪诉求，他的行为习惯还没顽固到挡住新的自主反应通道的地步。后者则"不是如此，他们就像是以岩石为基的房子"。对于一个潜在选择基本上就是实际选择的人，只有地震才能撼动他。

9. 选项感

我们说选择的一个特征就是选项开放感。仔细检验一个自主决策过程后就会发现，这种情感存在于自主决策之前（细思期间）或之后。在自主决策之前，可能选项实际上都是竞选控制性动机这一席位的候选者。我们知道，其中会有一个，并且只有一个，会成为最终的表达渠道。每一个选项都有资格参选，这么说的原因还在于，结果是不可预见的，因为意识还没有达到能够产生任何结果的阶段。不过，这两点考虑已经说出了自主决策前的选项感的全部含义，这种情感会因为义务感而变得更加复杂。

前面已经说过，自主决策之后，动机仍然存在，这时候，被细思过的动机再次蜂拥而至。当我们经过一个艰苦卓绝的细思过程而做出决策后，我们甚至会常常回忆这个决策过程。不仅会回忆，我们还会感觉另外一个选项也是可行的，感觉我们可能对问题有了新的认识，感觉我们的决策做反了。同样地，我们对选项会有两种情感，第一，对于一个已经完成的选择，我们感觉选择的条件仍然存在，就像是努力的余音或战场上的残烟。第二，感到选择条件又再次凝聚，感到又开始为一个新的问题做准备，所以，后一种情感与自主决策前的情感类似。相应地，选项感只是感到了同时性动机或对这类动机的回忆。

不过，自主决策本身则不带有选项感，相反，我们感觉自主决策本身是一个极为排他的、特定的事物。它终结了选项，使意识被单独一个统合表象占据。如果我同时注意两个事物，那是因为它们两个都是我要的，这两个事物放在一起就构成了我的目的。目的本身只有一个，并且不可分割。细思的停止伴随着一种宽慰情绪，这种情绪是非常令人愉悦的；相反，犹豫不决时，内心冲突的基调则是非常痛苦的。

10. 道德选择

道德选择的动机基础是道德冲动，实际上，不包含道德情感的决策也就没有这个基础。然而，只要我们忽略或可能忽略决定行为对错的因子，那么自主决策过程的所有阶段就有了一个新的色彩。在思考与道德无关的选项时，我们会考虑权宜性，但是在思考道德选项时，我们会还得考虑道德正确性。在建构一个行为理想时，每个被构想的目的都有相对适合或相对不适合之分，这种相对性将决定该目的的价值。

道德动机有两个特征参与了细思过程。首先，道德动机并不是一个可以取代其他目的的、被构想的目的。我们发现，道德理想并非不可表达，相反，通过调整其他目的之间的相对关系，我们可以实现这个理想。所以，道德动机的实现并不是靠回避普通的行为条件，或靠其自身的抽象追求。道德动机不会给它自己一个独特的表达渠道，但它会支持普通选项序列中的某个选项，认为在道德价值的梯度上，这个选项更有价值。

其次，我们前面已经说过，道德动机出现时，我们会感觉到绝对命令的权威。在判定一个选项的权宜性时，我可以不带任何愧疚和遗憾地否决它，但是，当我判定这个选项的道德正误性时，我其实就是在承认一个至高无上的权威。

11. 选择和习惯

就如在其他地方一样，习惯律在自主决策的范围内也大有用武之处，几个目的可以通过重复而联合在一起。复杂的自主决策序列可以非常紧密地整合在一起，如此一来，单独一个意志性肯定，就能启动一个协调良好的运动反应序列。同样，此处也有两大习惯观。

首先，因为联想接管了思维的工作，所以，我们无须去自主迁移我们的注意，也不必花费努力去选择、安排和完成。所以，意识表层变得更加平静，注意也可以去开辟新的领域。单独一个自主运动中包含的这种要素组合，可称为动作。所以，打开一本书，翻至想要看的页面，就是一个动作。在几年的儿童岁月里，我们通过无数次努力、失败和不完全失败,才习得了这个动作,所以,动作就是我们前面说的"运动直觉"。

其次,这些动作也是以相似的方式分离的,它们最终在我们称之为性情的东西中失去了它们的个性。我们的动作变得越来越相似,我们的日常手段越来越程式化,我们的满足过程随着我们的教育而变化,并最终返回来受制于冲动。简单地说,在我们的能动范围内,所有东西都会在习惯的作用下,变得越来越固定、越来越统一。

结果,目的返回到了情感状态,而我们的自主生活,也在清晰意识的范围内变得更加受限制,就连反抗习惯的能力本身也是一个习惯问题。当一个习惯没有破碎的倾向时,它就是一个根深蒂固的习惯。

所以,教师十分有必要清楚理解自主选择律的产生和发展。无论在什么时候,我们都需要给儿童设置多样化的任务。我们应该思考、说明和鼓励克己性选择。我们应该不遗余力地让儿童清楚意识到别人对他的要求,这样一来,他所养成的习惯才能惠及他人,才会闪烁着德行之光。

12. 知性努力的形式

前面我们介绍了肌肉努力的特征,这些特征其实也存在于知性努力上。实际上,肌肉努力只是知性努力的一个特例。跟上思维的步伐,压制一个情绪,规整意识流等努力,也都伴随有强制感、艰辛感和阻抗感。如果我们可以成功地把注意集中在欲望客体上,我们就赢了这场战争,因为,这个客体会占据整个意识,获得意志的支持。

具体的知性努力可以表现为下定决心、矢志不渝、持之以恒、永不言败,所有这些都表明了坚强的意志。这些形式表明我们多多少少已经习惯了利用注意,说明这种习惯获得了控制力,并开始成为个体的标志,这些能够反映个体性格的知性努力,尤其与潜在选择有关。

第二节　性　　格

抛开形而上学上的性格不说,性格这一概念在严格意义上依附于人格的主动方面,也就是说,性格是一个人的基础部分。虽然性格很大程度上就是指他自己,但我们是通过它的外在表达来解读它的。行为是一个人的唯一充分表达,所以,性格是指当前的主体,也就是一个可能的行为人。这个概念也包括持久性的概念,性格代表的是一个人最固定、最具习惯性,因此也是最为无意识、最原始、最本真的部分。

虽然性格是人格的最持久表达,但它并不是一个静止的事物,相反,它会不断进步和发展。性格的变化和发展在生命早期最为显著,另外,也正是这种变化和发展,向我们充分揭示了教育问题。我们前面说过,在生命早期,心理功能的整体生长得依靠生物体的生长。后来,心理功能的生长就变得更加独立,它开始在自主选择律的支配下不断发展。但在这两个时期中,无论是心理功能还是身体功能,都受制于整体人格所在环境的影响。

我们也许会用"先天才能"来指人的天资,天资是一个人的起点,是他通过遗传得来的。天资包括一个人的发展潜能,与外部条件无关,不过,潜能却只有在外部条件下才能发展。另一方面,我们认为,一个人自出生以来所遭遇的全部外部条件会影响他的性格,我们可以称这些外部条件为环境。

所以,关于当前性格的本质,我们要问的是:天资如何在环境的作用下发展?要回答这个问题,我们仍然用得着顺应律和习惯律。

性格通过选择而发展,这些规律正是通过选择起作用的。选择在性格发展中的作用,就相当于神经反应在具有感知能力的有机体中的作用。神经反应在一定程度上可以进行选择和适应,此外,这种适应貌似会在习惯律的支配下固定在神经结构中。选择同样是具选择性和适应性的,面对选择,我们倾向于去执行那些源自性格的习惯性行为。

天资对新环境条件所做的反应,清楚地体现在最终选择中。一个人的潜在选择代表了他原来就有的东西。潜在选择的任何变化都来自外界环境的影响,如此一来,人可能最终会因为有了新的顾虑而选择了一个新选项。他把这个顾虑放入他的细思活动,使它也成了他的动机之一,如此一来,也就流露了他的一个欲望(念头或偏好)。现在这个欲望对他来说更重要,因为他曾经养护过它。性格是一个表达性的事物,它通过适应它的社会环境而向前发展。

所以,一个人在任何时候的潜在选择都是他过去的全部最终选择。自主选择的链条从第一次选择延伸到现在,其中每一环都包括有这些要素,一个人的第一次选择就已经蕴含了他自己对他所在环境的适应。实际上,正是通过这些环境压力,通过肌肉阻抗、强烈的痛苦和饥饿提出的必须要求,自主选择才得以产生。

此外,很容易看到,环境可以从三个方面影响性格的发展。

首先,它会给选择提供一个新的目的,这一点我们前面已经看到。

其次,它会对我们的预期选项产生一个有意识的影响。我们在决策时会考虑到未来、环境和命运,如此一来,性格变得柔韧,意志变得谨慎,行动也变得有条件。这个环境结果其实就是习惯律以更复杂、更精致的方式起作用的结果。千篇一律的经验会使我们习惯于行动,参差无类的经验会使我们习惯于怀疑和谨慎。后者更少发生,因为我们更容易看到经验之间的相似性。但是,反思性思维确实会倾向于考察经验的相对价值,以此使人怀疑自己的观点,降低自身行为的热情。也就是说,习惯的天敌是犹豫不决,它能毁坏自主决策,因为,正是习惯使自主决策变得自发而冲动。

最后,在自主决策最早出现之前和之时,环境就已经具有了重大影响力。在幼儿期,外界权威就主宰着孩童的实际选择,并因此影响他性格的形成,这一点非常重要,有些研究者甚至在"命令语"中发现了所有后来权威(包括道德权威和法律权威)的基础。无论如何,对儿童的观察在很大程度上表明,父母的权威性暗示将决定儿童的倾向并塑造他的习惯。哪怕是在身体欲望的问题上,喜恶也可以在很大程度上受到控制,模仿和暗示会启动已经变成习惯的反应。父亲无意识树立的坏榜样,是最有说服力的道德教材之一,性格的道德传染与疾病的生理传染一样直接和无意识。此外,早期的社会条件、家庭、学校和玩伴会创造一个环境,这个环境使得天资实际上无法在生命早期选择自己的表达方式。从教育层面上看,环境的影响力更为巨大,因为正是在这个时期,儿童开始获得那些可以充当道德感出发点的概念。

第三节　由注意创立的动机

进一步考察真实的自主注意方法,我们似乎就会发现,前面说的动机律有很多明显的例外。我们知道,注意可以增强一个心理状态。仅仅思考一个动机,就可以提高这个动机在我们心目中的重要性,可以使它在我们的细思活动中发挥压倒性的影响,并且最终可以使我们相信它是我们最想要的。这么看来,就算注意没有创立新的动机,它至少也是创立了旧动机的新强度。如果这个新动机占据了注意,而致使其他旧动机受冷落,那么上述效果将会更夸张。一个很重要的问题是:注意的行使本身是否也受某个动机驱动?它是否独立于前面说的天资和环境?对此,考虑到几个原因,我们必须作否定回答。

1. 这种结果通常源于非自主注意

一个突然出现的外部刺激就可以使注意发生变迁,使其集中在一个次要选项上,并且如此改变自主选择的方向。一个财迷心窍的强盗在谋划一个抢劫方案时,因为听到周围一个无关紧要的噪音,而联想到了危险,于是放弃了这个打算。任何能使注意偏离其最轻车熟路的路线而另谋他就的偶然事件,都能够修改选择,所以,为了把陪审团的注意从慈悲为怀的想法上转移,律师会展示血淋淋的凶器、渲染暴行的残酷,企图用强烈的情绪来引起陪审员们的注意。在上面这些例子中,除了环境和响应环境的性格要素,就再也没有其他因素了。

2. 动机强度的变化分类

第一种是不自主注意类,就如前面所说;第二种是细思类。如果我根本无意于这个问题,不会因为某个动机的强度提升了就更加偏向它,那么这就明显是一种不自主注意的情形,属于反应性意识的范畴。但是一旦我有了这种偏好,一旦我想要援引什么机体的、心理的或情绪的动机来增强这个特殊选项,我其实就已经做出了选择。不过,这时候我会欺骗自己说我正在试图做出一个公正的决策,绝大多数情形都属于后者。在这些情形中,我们意识到了前面被我们称之为情感的一大类自主刺激。比如,我们可以意识到习惯在影响自主决策。如此一来,我们就看到,那些一直都与人格的基本基调密不可分、模糊不清的身体和情绪状态,其实是习惯的要素。

所以,我们也许可以总结说,此种现象只是注意的神秘性的一个方面。细思活动通过注意而得以发生,而选择则是细思的结果。当我们完全处于细思范围之外时,我们只会返回去做反射活动,而不是从事完全无条件的活动。

第四节 意志的自由

通过参考前面的内容,我们至少可以清楚地阐述意志自由的问题,也许用"人的自由"来代替"意志的自由"会更好理解。想到自由,我们便会拿它与物理因果条件对比,不过,这种对比从本质上来说具有误导性。自由意志是一个有争议的话题,下述理论也许可以指出争议所在。

1. 非决定论

这种理论认为选择是绝对无条件的,认为意志或行使意志的主体我行我素,从不受动机、大脑活动或外部环境的影响。纯粹的非决定论也称为偶然论,反对这种意志观的意见如下。

(1)非决定论完全缺少心理学基础,意识中根本不存在这样绝对的、不受动机驱动的选择。

(2)这种理论只给了我们两个选项:意志与它的社会和物理环境完全没有关系,所以,它也完全不受这些环境的影响,意志的运动是偶然的、随意的。如果事实确实如此,性格的统一性和稳定性将无法解释。

(3)非决定论的拥护者通常说该理论能解释人们对道德责任和义务的兴趣,不过这个理由并不必要,因为无亲无故的意志将不会对任何权威尽责,并且,如果它的运动是偶然的,那么它不受任何规律支配。认为意志不受动机支配,就等于认为主体本身不能进行任何自主表达,那些拥护非决定论的人主要就是没明白这一点。

2. 外部决定论

有人会想尽一切办法把自主选择拉入自然因果的范围,有人认为自主意识或关系意识中的任何活动都有其相应的驱动力,所有这些人就都是外部决定论的信徒。根据这个理论,动机是彼此相关的力量,是大脑原因结出的果,而所谓的自主决策就是我们对力量冲突结果的意识。这是我们已经解释过的意识"副现象"论的一部分,这个理论也招致了下面几点批评。

(1)该理论回避了从外部过渡到内部也就是从一个大脑过程过渡到意识的困难,忘了我们尚未跨过这条介于内外之间的峡谷。假设存在一个统一的心理—身体联系是一回事,假设意识是一个副现象则是另外一回事。就算我们可以确证决定论,这个被确证的决定论也是一个把自主决策还原为其他意识状态的决定论,而不是一个完全抹去意识的决定论。

(2)我们不能用物理因果律来解释意识中的动机。从任何角度(除了物理类比的角度)来看,这个理论都是一个荒唐的假设,自然因果的符号论从来都无法用于解释动机。在动机的领域内,因果律又体现在何处呢?表明婚姻规律、犯罪规律的统计数据,只是证明了人具有共同的本性,具有共同的动机,并且证明了各种肯定和否定选择都是相等的,海边溺亡事故的数目也是如此。我们既可以说,所有溺亡者都是因为掉到水中并在水下待得太久而淹死的,也可以说,总数上的规律性说明个体选择的因与果,这两种说法都同样合理。

(3)物理因果活动无法类比注意的选择、增强、省略和综合活动。只要不去进一步解析生理功能,反射反应就是这种功能的最纯粹类型。不过,即便对于自主决策背后的大脑过程,我们也必须假设反射会有方向的变化。就算守恒律像我们认为的那样支配着整个大脑,最终产生的反应,也只能在选择性意识在场时,才能做它们自己。为了证明这个观点,我们必须把统合活动简化为联想活动,并把联想活动只当作一个大脑动力功能。

(4)事实上,我们不知道有什么外部影响可以强迫意志。当我们确实影响了另一个人时,这个影响是通过我们对他内在性格(心理习惯)的原有认识而产生的,而非是凭借什么特定的手段。实际上,如果没有其他的观点可以反对动机决定论,我们可以用动力的复杂性来解释这个事实,不过在有意识的选择综合现象中,这个事实似乎更容易被解释。

3. 内在决定论

这个理论认为人身上存在一个实现律,也就是实现自身并通过自身实现一个普遍的意识。这个实现律在意志中得到了发展。所以,一个人的最深层本质必然可以表现在每个选择动作中。每个选择动作都自由地表达了这个人的本质,也因此表达了他作为世界一分子的本质。不过,与此同时,每一个这样的动作也都无意识地实现了一个更大范围的、把所有个体都包括在内的发展。

这个理论在心理范围内是成立的,任何内在的东西都必然存在于其所属之物的本质中。所以,对于心理学来说,意志只是表达了一个人本身的本质,不管怎么说,这是一个形而上学理论。

4. 自由是自我表达

现在,我们只在小范围内表述我们的观点。通过思考动机,我们发现了几点:①选择从来都是有动机的。②被选择的目的综合了所有的当前动机,并且无法通过其中任何一个动机得到充分表达。③这个综合活动是一个独一无二的活动,我们无法用物理力合成来类比它。

要解释上面这些观点,我们只能假设,选择背后的那个存在,本质上包括了动机和自主决策。动机不会变为自主决策,自主决策也离不开动机。动机是对这个存在的部分表达,而自主决策则是对它的全部表达。在心理发展律的支配下,动机变成或者说激发了自主选择。这个规律与大脑发育的关系,是我们所假设的那个心理—身体联系的高级形式。这个联系是真实的,尽管如此,它不会偏向发展律的任何一方。我们已经说过,这似乎使我们看到了机体和自主决策这对矛盾的潜在统一。

所以,如果自由是受过去选择和当前环境制约的自我表达,那么自由就是一个现象。这个现象无论在哪个方面都说明,自主决策既取决于实际的意识内容,也取决于周围环境。一方面,自主决策在意识流的推送下寻求运动表达;另一方面,运动意识需要通过周围环境而外化为运动。自由选择是一个综合活动,无论什么时候,活动结果都取决于参与活动的要素,不过这个结果并不是由这些要素引起的。这就好比逻辑推理建立在假设之上,但其起因并不是假设,推理和选择都表达了意识原则的本质和意识生活的独特方法。

5. 自由感

自由感似乎又大致由两种其他情感共同构成,即选项感和能动感或力量感。能动感与其说是一个原始的感性状态,不如说是一个被感觉到的回忆。能动感在很大程度上取决于我们对当前运动选项的过去刺激或过去抑制的记忆。普莱尔认为,只有当我们能够积极地抑制每个运动时,才算得上有真正的意志。很明显,这并不适用于模仿性自主决策,因为在模仿性自主决策中,我们是第一次尝试那个运动。不过在这些情形中,其他运动在过去的自主决策足以使我们记起力量。这种力量感或能动感可能很快就不再局限于具体的肌肉运动,而是扩展到只能通过肌肉反应实现的目的。我们前面看到,选项感也出现于自主决策之前,或者说,选项感也是起因于回忆。所以,我们用以批判选项感的理由,也可以用以批判自由感,自由感取决于我觉得我自己或者说我自己的统合活动需要在将来解决的意识分裂。自主决策之时并没有自由感,相反,意志一旦发出命令,我们就会有不可撤销感、一锤定音感,也就是说,我们会感觉到我们已经把自我扔在了一个道德悬崖上空。

6. 责任感

动作一旦做出,我们就会有一种新情感,即责任感。责任感产生于意志的刺激已经盖上了"个人所有"的印戳时,我不会感觉到要对我自己的欲望、冲动、情绪负责,除非我通过选择批准了它们。责任感是对过去选择的一种情感,就如自由是对未来选择可能性的情感一样。由于所有最终选择都附带有责任感,所以责任感也称为自然责任感。责任感只是指我们感觉到我们的行为以及行为结果为我们所有,如果动机条件包括一个由外部权威施加的命令,那么责任就成了法理责任。如果我们在做决策时感觉到要考虑义务的命令,那么责任就成了道德责任,对错误行为的道德责任感会迅速演变为悔恨。

第五节 自主决策的效果

1. 表达性效果

我们前面已经提到过自主注意的直接效果。从生理方面来说,我们会感觉整个头部集中在某个地方,当然主要集中在接收刺激的感觉器官上。在视觉注意中,头部皮肤向前拉,集结在额头上。实验表明,被注意器官的供血会增加。当我们集中注意去想象或思考时,我们的眼睛会向上转动、会转圈。这时候,我们会有探索感或搜寻感,并且这种感觉被定位在头颅背部。做出巨大努力时,会往后倾、下巴紧缩,所有这些表现都附属于努力本身所瞄准的以及其到目前为止所完成的促进作用或抑制作用。

这些表达性变化与其说是注意的效果,不如说是注意的伴随物,它们与自主决策的关系,就如表情与心理兴奋的关系。总体上看,这些表达性变化是反射和自主注意所共有的,并且可以人工制造。我们可以刺激一个无脑动物,使其表现出高度注意的样子。

2. 严格意义上的效果

自主注意会更多地引起肌肉紧缩和抑制,我们正尝试着人为制造这些效果,因为我们相信,如此一来,作为自决之物的意志将会水落石出。菲尔认为,我们可以采取机械手段（重量、高气压、躺着的姿势）来增加运动力量、运动速度和运动精度，而这额外的力量来自该系统的其他部分。贝克拉尔认为，最极端的肌肉紧张状态就是自主注意引起的静止状态或静态收缩状态，认为注意是对神经力量的最极端消耗。他指出，注意一旦扩散和中止，肌肉便会立即得到完全放松，到达完全的休止状态，这种情况见于睡眠。罗卜和其他人发现，毁坏了某些运动中枢后，相关的四肢会有一个更长的休止期，这时候，我们需要更多的自主努力才能动用它们。有人认为，在这种情形中，我们动用了身体其他区域的神经力量。动物会自主地协调自己的行走动作，而沙文发现，我们可以通过刺激某些感觉神经而人为地制造出这种协调。

实验研究也说明我们可以在某种程度上人为制造这些效果。为什么不是每个这种生理变化都会或者说都必须有一个生理起因？生理学为什么不能在一些例子中发现这个起因？但是，就算我们能人为制造注意效果，这又与自主决策有何关系呢？实际上，这只能证明，守恒律在大脑活动中占据一个显而易见的地位。为了解释意识与神经系统的关系，我们已经提出了两个假设，而根据其中任何一个假设，自主决策都可能是支配心理发展的唯一律法。

3. 身体控制

我们把极端复杂的检查和反检查系统称为身体控制，这个系统在成人生活中发展缓慢。如果婴儿的早期努力就已经明显受到意识的指导，那么我们将会发现，这种指导利用的是一般的感觉—运动律。关于这一规律，我们已经在"暗示"章节中介绍过。所有这一切的基础都是自发的、反射的和本能的运动，如果这些运动是令人痛苦的，那么它们可能会通过痛苦的直接抑制效应而减弱。如果这些运动是令人愉悦的，那么它们可能会继续。如此一来，感觉和运动之间就形成了一个联系，通过这个联系，苦乐记忆变成了激发适应性反应的刺激。这种原始的自我保存律可见于低等生物中。低等生物不会做出深思熟虑的选择，并且只需要做出小范围内的适应反应就可以继续生存。但对于人类婴儿来说，这并不足够。人类生活极为复杂，所以婴儿的肌肉要足够灵活，但这种灵活性还不能满足偶然的或本能的运动经验的迫切需求。所以,婴儿有很长一段时间要付出艰辛努力,他不仅一生下来就厌恶痛苦,他还会想尽办法去避免痛苦;不仅会得到暗示,还会持续模仿;不仅亲身经验,而且会自主实验,他所有的教育都受外部指导的支持。如此一来,肌肉系统为了满足生命需求而在总体上受自主控制,并为了工作或偏好需要而遵循具体的指导。

这种控制会延伸至部分反射功能,如咳嗽、打喷嚏、颤抖,会覆盖到一些自动过程,会打破本能并对本能要素进行重新部署,只有那些与大脑存在有机联系的肌肉才能为意志所用。不过,在这些肌肉中,有些从来也未受过自主控制,因为它们没被使用过。比如,经过不断的努力后,耳朵肌肉可以用于移动耳朵。

4. 道德控制

类似地,冲动和欲望受合理活动律支配。儿童期的不合理放纵会通过自然惩罚而得到部分更正,但是,在这个范围内,直接结果和间接结果之间的冲突使得痛苦和快乐不足以指导生活。长期的谨小慎微,辅以父母老师的劝诫,将会使这些结果相互平衡。我们通过服从而学会自制,对人的尊敬慢慢会变成对中庸的尊敬,服从会慢慢变为谨慎控制。道德控制的发展过程与谨慎控制密切相关,但是我们看到,道德控制的运行律已经存在于道德命令中。道德命令设定了它自己的服从类型,并管理自己的惩罚措施。

此外,就如身体控制会变成潜意识的神经刺激和收缩状态(这是身体直立、身体平衡和身体习惯动作所必需的状态)一样,心理和道德控制也会发生这种变化。和谐的心理生活必然是心理流有序的生活,其中,想象服从事实,联想符合逻辑,情绪仅具其应有之力,意志行于细思之后。所有这些都是一个渐变的结果,最终结果的色彩将由心理平衡程度决定。这种平衡是我们通过自己的选择和努力而有意识取得的平衡,自主决策会越来越遵从意图法则——对的或错的。感觉世界中存在一个普通而固定的感性库,同样,心理世界中也存在许多相对稳定的意志—刺激,也就是说存在有性情。所以,道德选择会变得习惯化,选择的正确性会变成一个人的德行。

第六节　自主决策的理性方面

1. 力量直觉

前面我们已经简要地指出了力量直觉，通过分析努力，我们发现努力的最终基础就是自主注意。无论努力具有什么形而上学有效性，我们都通过亲身努力而得到了自我能动性和他者能动性这两个概念。我们通过知性综合活动明白了时间和空间都是直觉，我们认为理想就是超越了知性建构的、被我们感觉到的真理概念，同理，我们必须在自主决策活动中识别出一个起管控作用的能动原则或者力量原则，这个原则是一切意志经验的实质。

2. 义务直觉

前面我们已经指出了义务感的绝对本质，我们发现义务不仅是命令性的，而且是普遍的。换句话说，义务支配着意志活动，是意志活动的本质。知道了要执行义务的正确性或"必须"性后，义务就成了对我们这些凡夫俗子最具约束力的事情。